我国居民消费差距的测度、分解及税收调节作用分析

王斐然 ◎ 著

中国财经出版传媒集团
中国财政经济出版社

图书在版编目（CIP）数据

我国居民消费差距的测度、分解及税收调节作用分析/王斐然著. --北京：中国财政经济出版社，2023.8
ISBN 978-7-5223-2391-6

Ⅰ.①我… Ⅱ.①王… Ⅲ.①居民消费-研究-中国 Ⅳ.①F126.1

中国国家版本馆 CIP 数据核字（2023）第 142819 号

责任编辑：闫　娟　李肇晗　　　　责任校对：张　凡
封面设计：陈宇琰　　　　　　　　责任印制：刘春年

我国居民消费差距的测度、分解及税收调节作用分析
WOGUO JUMIN XIAOFEI CHAJU DE CEDU FENJIE JI SHUISHOU TIAOJIE ZUOYONG FENXI

中国财政经济出版社 出版
URL：http：//www.cfeph.cn
E-mail：cfeph@cfeph.cn

社址：北京市海淀区阜成路甲 28 号　邮政编码：100142
营销中心电话：010-88191522
天猫网店：中国财政经济出版社旗舰店
网址：https：//zgczjjcbs.tmall.com
北京财经印刷厂印刷　各地新华书店经销
成品尺寸：170mm×240mm　16 开　13 印张　188 000 字
2023 年 8 月第 1 版　2023 年 8 月北京第 1 次印刷
定价：68.00 元
ISBN 978-7-5223-2391-6
（图书出现印装问题，本社负责调换，电话：010-88190548）
本社质量投诉电话：010-88190744
打击盗版举报热线：010-88191661　QQ：2242791300

前　　言

党的二十大报告指出，全体人民共同富裕取得更为明显的实质性进展是基本实现社会主义现代化的重要目标。其中，居民实际消费水平差距要缩小到合理区间是实现这一目标的重要特征。为确保该目标的顺利实现，必须紧密围绕当前我国人民日益增长的美好生活需要和不平衡不充分的发展之间的主要矛盾统筹推进各项工作。其中，分配制度作为促进共同富裕的基础性制度，是需要学界关注的重要内容。鉴于此，本书以居民消费差距作为研究对象，通过程度测度、变化趋势、形成机制系统分析当前现状和形成原因，然后以政府主要的收入分配工具税收为抓手，分析其对居民消费差距的调节作用，以期为我国收入分配制度改革、优化税制结构、缩小消费差距提供科学的决策依据。

本书围绕上述命题，共由 7 个章节构成。其中，第 1 章和第 2 章作为本书的研究基础，不仅构建了本书的研究框架，而且系统性阐述了本书的研究背景和研究意义、相关文献综述、研究方法和创新点、制度背景和相关理论基础。第 3 章和第 4 章聚焦我国居民消费差距问题，通过手工搜集数据、拓展测度维度、构建数理模型、多维指数分解等方式对我国居民消费差距的程度测度、变化趋势、形成机制进行了系统性分析。第 5 章和第 6 章分别聚焦当前我国居民消费差距的主要矛盾——城乡居民消费差距和次要矛盾——城镇居民消费差距，综合运用和拓展基尼系数数理模型、MT 指数、投入产出价格模型、拉氏指数和二次型近乎完美需求系统（QUAIDS）模型等方法，分别考察了我国主要税种和减税降费政策对居民消费差距的调节作用。第 7 章是结论与政策建议，在对本书主要结论进行梳理的基础上提出针对性的政策建议。

这本著作是在我博士毕业论文基础上进一步完善而成，主要完善之处在于：一是对原有的研究结构进行优化，促使研究结构更加严谨；二是对原有研究内容进行完善，一方面剔除部分冗余内容，促使研究思路更加清晰，另一方面根据需要对研究内容进行补充和丰富；三是结合时事背景发展和研究前沿动态，根据研究可行性更新原有研究数据，促使研究具有一定时效性。本书部分内容曾公开发表于国内重要学术期刊《税务研究》《财经科学》《财经问题研究》《浙江工商大学学报》。本书能够得到出版首先得益于中央财经大学中国财政发展协同创新中心对青年老师的支持和资助；其次，感谢我的博士后合作导师马海涛教授、博士生导师陈建东教授和论文合作者马骁教授在相关文章撰写中给予的指导；最后，感谢中国财政经济出版社提供的帮助和支持。书中不足之处，敬请批评指正。

目　　录

第1章 导　论

1.1 研究背景及意义

1.1.1 研究背景

党的十八大以来，党中央立足国内外复杂多变的严峻形势，对我国社会经济发展阶段的特征认识不断深化，同时始终坚持实施扩大内需战略。2013年，党中央对经济形势作出增长速度换挡期、结构调整阵痛期和前期刺激政策消化期“三期叠加”的重要判断，提出我国经济发展进入新常态，要构建扩大内需长效机制；2015年，为回答新常态下关于发展的思路、方向、方式等一系列理论和实践问题，习近平总书记提出创新、协调、绿色、开放、共享的新发展理念，并结合扩大需求的需要，强调供给侧结构性改革；2017年，党的十九大明确提出，我国经济已由高速增长阶段转向高质量发展阶段，同时人民日益增长的美好生活需要和不平衡不充分的发展之间的矛盾成为我国社会的主要矛盾；2020年，党的十九届五中全会作出构建新发展格局的重大部署，给出了推动高质量发展的实施路径，并把扩大内需上升到战略基点的高度；2022年，党的二十大再次强调，高质量发展是全面建设社会主义现代化国家的首要任务，需要把实施扩大内需战略同深化供给侧结构性改革有机结合起来；2022年，中共中央、国务院印发了《扩大内需战略规划纲要（2022－2035年）》，对实施扩大内需战略的总体要求和具体任务进行了长远谋划。可见，实施扩大内需战略不仅是我国建设社会主义现代化国家新征程道路上的战略抉择，更是实现更好满足人民日益增长的美好生活需要的高质量发展的现实要求。

历经新时代十年的伟大变革，我国强大的国内市场逐步形成，消费在经济发展中的基础性作用不断强化。从总量看，最终消费支出占国内生产总值的比重始终保持在50%以上；从结构看，居民逐渐从生存型消费迈向发展型消费，全体居民恩格尔系数在2021年降至29.78%，达到联合国划分富足标准[①]，同时人均服务性消费支出比重增至44.17%，较2013年上涨11.31%；从模式看，以网络购物、移动支付、线上线下融合等新业态为特征的新型消费成为引领消费增长的重要动力，2021年实物商品网上零售额占社会消费品零售总额比重达24.5%[②]。然而，新冠疫情的冲击和国内外复杂的经济形势，使得中国消费两极化的现象日益凸显。在消费升级的宏观特征下，线上低价电商平台拼多多成交额的加速增长，居民储蓄存款金额的明显上升，使得“不敢消费、不愿消费、不便消费”成为中国消费者的真实写照，随之引发的是对“消费降级”现象的争论。那么，是什么造成这种背离的消费现象？参考国内一些学者的研究（阳义南和章上峰，2016；黄嘉文，2016；荣晨等，2021）可以看出，贫富差距和分配体系公平性不足是抑制居民消费需求，导致其美好生活需要无法得到满足并产生焦虑、被剥夺感的

① 国研中心王一鸣：中国恩格尔系数降至30%以下，达到联合国富足标准［EB/OL］.（2018－03－24）［2022－12－21］. http：//www.sohu.com/a/226273210_100001551.

② 国家统计局：2021年社会消费品零售总额增长12.5%［EB/OL］.（2022－01－17）［2022－12－21］. http：//www.stats.gov.cn/tjsj/zxfb/202201/t20220117_1826591.html.

重要原因。一方面，低收入水平居民受到自身经济条件限制无法消费，高收入群体由于消费需要有限而不去消费，当财富更多地积聚在少数人手中的时候，会抑制整体居民消费需求的增长。另一方面，消费代表的是对社会资源的索取，高收入群体带有炫耀性质的奢侈的、不合理的消费所表现出社会资源分配不均衡会进一步加剧由住房、医疗、养老、教育等支出压力增长所产生的社会焦虑和不满情绪（周广肃和李沙浪，2016）。因此，缓解贫富差距是扩大内需战略有效落实的必然选择，并且有必要从更能反映居民真实福利水平的消费端（邹红等，2013）测度当前我国居民贫富差距，并就其形成机制进行分解。

税收参与了国民收入循环的全流程（吕冰洋和郭雨萌，2022），是调节收入分配的基础性制度安排。党的十八大以来，我国逐步建立起税种科学、结构优化、法律健全、规范公平、征管高效的现代税收制度，在调节分配、促进共同富裕方面发挥了重要作用，主要体现在以下三个方面：第一，税制结构优化取得显著进展。2011 年，企业所得税、个人所得税等直接税合计占税收收入的比重为 28.4%[①]；到 2021 年，直接税比重为 36%[②]，上升 7.6 个百分点。第二，与收入分配相关的主要税种改革取得明显突破，税收公平性增强。一方面，将工资薪金所得、劳务报酬所得、稿酬所得、特许权使用费所得四项所得归为综合所得，初步建立起综合与分类相结合的个人所得税制度。另一方面，设立高档化妆品、超豪华小汽车税目，加强消费税的收入分配调节功能。第三，大规模减税降费政策的实施有效降低了宏观税负、微观企业和居民税收负担，使得居民部门和非金融民营企业部门可支配总收入份额有所提高，从而优化了国民收入分配格局（张车伟等，2020）。尽管如此，间接税在税收收入中占比较高的问题尚未得到真正解决，吕炜等（2022）

---

① 新华社："十四五"现代财税体制如何加快建立？——来自财政部的权威解读［EB/OL］.（2021 - 04 - 08）［2022 - 12 - 21］. http：//www.gov.cn/xinwen/2021 - 04/08/content_5598274.htm.

② 人民日报：党的十八大以来，财税体制改革纵深推进——强化资金和政策保障 推动高质量发展［EB/OL］.（2022 - 05 - 18）［2022 - 12 - 21］. http：//www.mof.gov.cn/zhengwuxinxi/caijingshidian/renminwang/202205/t20220518_3811188.htm.

指出，持续性的减税降费是导致近年来宏观税负和间接税比重下降的首要因素，优化税制结构仍是税制改革的重难点。党的二十大指出，扎实推进共同富裕，完善分配制度，构建初次分配、再分配、第三次分配协调配套的制度体系，并且着重强调了税收等财税工具的调节作用。税收作为完善分配制度的突破口，须紧扣共同富裕的目标和要求，进一步优化调整。此外，持续性的减税降费政策加剧了我国财政收支矛盾，为保障国家财政安全，必须优化减税降费政策，实现精准高效。因此，系统分析我国税制中增值税、消费税、企业所得税和个人所得税等主要税种对我国居民消费差距的影响，科学评估减税降费政策对于调节居民消费差距的效果，对于进一步优化我国税制结构和减税降费政策提质增效具有重要意义。

1.1.2 研究意义

本书可能具有的理论意义包括如下三点：一是整理运用省级收入分组数据对我国居民消费差距进行测度分析，为科学认识我国居民消费差距现状提供参考。二是构建城乡居民消费差距变化的数理模型，为分析城乡居民消费差距的变化走向和是否经历拐点提供理论参考。三是综合运用和拓展基尼系数数理模型、投入产出价格模型、二次型近乎完美需求系统（QUAIDS）模型分析主要税种及税收政策变动对居民消费差距及分类支出消费差距的影响，为政府充分发挥财政收入分配职能提供了理论依据。

本书可能具有的现实意义体现在如下方面：一是全面分析我国居民消费差距的程度大小、变化趋势、形成机制，有利于政策制定者更加科学系统地了解造成我国居民消费不平等和内需不足的难点和堵点，从而为政府的精准施策提供了目标指引，助力更快达成释放居民消费潜力的政策目标。二是系统分析我国税制中四大主要税种和减税降费政策对居民消费差距的调节作用，对于推动现代税收制度建设，构建初次分配、再分配、第三次分配协调配套的收入分配制度体系，实现国家治理体系和治理能力现代化具有重要作用。

1.2　文献回顾与评述

作为居民贫富差距的一个重要维度，国内外学者对消费差距展开了全面且深入的讨论。结合研究目标，本书着重从下面三个方面对文献展开回顾：其一，消费差距的度量及变化趋势；其二，消费差距的形成机制；其三，税收与消费差距。

1.2.1　消费差距的度量及变化趋势

（1）消费差距的度量方法

关于消费差距的度量，学者们大多是将衡量收入差距的指标运用在研究消费差距的问题上，最早是被国外学者用来讨论美国的消费差距问题。通过梳理文献，发现有下列五种指标被广泛应用于衡量居民消费差距。

一是基尼系数（Gini Coefficient），该指标由Gini（1912）提出，满足强洛伦兹一致性原则以及庇古-多尔顿转移支付原则，是当前经济学中用来度量差异最常用的指标。基尼系数的计算往往会根据用来计算的数据的分布不同具有不同的数学表达式，但是都具有相同的内涵（Dorfman，1979）。基尼系数应用最常见的领域是来衡量收入不平等，被认为是最重要的衡量收入差异程度的指标（Sen，1997；Sloman，2000；Champernowne和Cowell，1998）。基尼系数也常常被国内外学者用来研究各国的消费差距，比如Garner（1993）对于美国，Silber（1999）对于瑞士，Barrett等（2000）对于澳大利亚，解垩（2008）对于中国，Idrees和Ahmad（2010）对于巴基斯坦，Gorodnichenko等（2010）对于俄罗斯，Fotros等（2011）对于伊朗，等等。

二是泰尔指数（Theil Index），该指标源自信息理论中对信息熵的度量，后来被Theil（1967）发展为一种度量差异的新指标。消费泰尔指数是指将消费和人口因素都考虑在内后，通过总体中各群组所占的消费权重与人口权重得到的衡量消费差异的指标，在区间［0，1］中取值，越小表示越平等。与基尼系数相比较，泰尔指数的最大的优点是，能够通过分解得出组内差距与组间差距对于总体差距变动的贡献率，因此适合度量不同地区或不同消费群体的消费差异程度。此外，基尼系数计算时对于低收入阶层的消费赋予较低权重，从而对中间收入阶层的消费变动相对敏感，而对低收入阶层的权重变化相对不敏感。与之相比，泰尔指数能够更好地反映两端收入阶层的消费的变化（王少平和欧阳志刚，2007）。

三是变异系数。在统计学中，用来测量变量离散程度的常用指标有方差和标准差。以度量消费差距为例，对于方差和标准差而言，其数值依赖于消费的平均水平，有可能在消费分配相差很大的情况下，反而出现较小的消费方差或标准差。并且，在比较两组数据的离散程度时，比如中美的消费差距，由于两组数据可能具有不同的绝对水平或量纲，用方差和标准差得出的结果可能不具有可比性。变异系数是对方差的改进，通过估算与均值的离差来度量差异程度，其公式是标准差与均值之比，从而避免了研究对象的绝对水平和研究对象之间量纲不同的影响，增加了可比性。与方差和标准差一样，变异系数的数值是所研究对象数据离散程度的一种绝对值，衡量的是一种绝对差异，而非基尼系数和泰尔系数给出的相对差异。Cai 等（2010）、Asad 和 Ahmad（2011）采用变异系数作为衡量消费差距的指标之一，结合其他指标，分解测度了中国城镇与巴基斯坦的消费差距。

四是分位数之比，该指标通过直接比较研究范围内不同阶层之间的消费比值来度量分配状况，结果表示的是阶层之间的相对差异。由于指标具有计算的简单性，并且可以灵活地度量出不同消费阶层之间的消费差异状况，因此在国内外研究消费差异的文献中被广泛使用（Krueger 和 Perri，2006；Brzozowski 等，2010；邹红等，2013；Lise 等，2014）。其中，文献中常用到的分位数之比有 90% 比 50%、75% 比 25%、50% 比 10% 和 90% 比 10%，分别表示高消费群体与中等消费群体的消费差距、中高消费群体与中低消费群体的消费差距、中等消费群体与低消费群体的消费差距以及高消费群体与低消费群体的消费差距。该指标使用方法简单，但由于只选取了样本中对应群体的信息来衡量差异程度，是一种比较粗略的度量，因此不能完全代表样本总体的差异程度。

五是阿特金森指数，该指标由 Atkinson（1970）提出，将收入差距与社会福利函数结合起来，首先定义了一个平均分配等值，其内在含义是：当社会中每个人取得的收入都为平均分配等值收入时，所产生的社会总福利值与当前实际收入不均时所得到的社会总福利值相等。在应用阿特金森指数研究消费差距问题时，首先要计算出平均分配等值消费（c_ε），然后度量消费差异的阿特金森指数 $A = 1 - c_\varepsilon / \bar{c}$，其中 $\bar{c}$ 为平均消费。从该指数可以看出，当 c_ε 越接近 $\bar{c}$，阿特金森指数值越小，表明社会消费越平等。对于任何分布，阿特金森指数的取值范围为[0, 1]，当取值为0时，表明社会消费完全平等。此外，平均分配等值消费还受差异相对厌恶系数 ε 的影响，该参数表示对社会差异的相对厌恶程度，取值范围为［0，+∞］，ε 越大表明社会更重视消费公平，此时赋予低消费群体相对更大的权重。因此较之于基尼系数，阿特金森指数能够通过调整相对厌恶系数 ε，来改变对分配变化的敏感程度。相比于其他指标而言，由于计算的复杂性，单独采用阿特金森指数研究消费差异的研究较少，往往是和其他指标结合使用。比如 Kaplanoglou 和 Rapanos（2016）基于家庭支出调查（HIES）数据，运用基尼系数和阿特金森指数方法，研究了2008年和2013年间金融危机发生前后希腊的消费差异变化。结果表明，源自居民在生活耐用品消费支出差距的加剧，导致金融危机前后希腊居民的消费差距程度大幅度上升。与此同时，在将阿特金森指数中风险厌恶系数分别取值0.5、1和2时，2013年希腊的消费差距相比于2008年金融危机前的消费差距分别大约增长33%、24%和12%，显示出用更重视低收入群体的阿特金森指数测量出消费差距的增长幅度最小，表明低收入群体在金融危机中受到的消费分配改变相对较低。解垩（2008）同时利用阿特金森指数和基尼系数研究了城乡居民健康消费差距的问题，两种测度指标都表明农村的健康消费差异程度明显要大于城市：在差异相对厌恶系数分别取0.5、1、1.5和2时，阿特金森指数逐渐增大，意味着居民健康消费差距越大，为达到平均分配而进行的健康消费再分配所带来的福利收益越大。

（2）消费差距的时间趋势

基于对消费差距的测度，学者们通常会进一步对消费差距的时间趋势展开研究。Cutler 和 Katz（1992）率先关注到了美国消费差距的时间趋势，发现 19 世纪 80 年代呈现上升趋势，但近年来的研究表明，美国的消费差距上升趋势已经发生逆转，目前处于下降通道（Meyer 和 Sullivan，2013；Attanasio 和 Pistaferri，2014）。同时，这些研究比较了收入差距的时间趋势，发现美国的消费差距要小于同期收入差距，收入差距扩大对经济福利差异的负面效应低于预期。除美国外，还有一些学者对其他发达国家的消费差距的时间趋势做了研究。Blundell 和 Etheridge（2010）采用英国家庭支出调查数据（FES）研究了英国家庭福利差距的变化趋势，结果发现在 19 世纪 80 年代早期，消费差距与收入差距同时呈现快速增长的趋势，但在 19 世纪 80 年代后期二者的趋势变化开始分化，消费差距的增长态势趋于缓和，收入差距仍保持较快增长。这种趋势分化特征同样发生在澳大利亚（Barrett 等，2000）、加拿大（Brzozowski 等，2010）和日本（Lise 等，2014）等主要发达国家，而相对完善的转移支付制度、税收制度和社会保险制度是促成上述结果的重要原因。

另有一些学者关注到了发展中国家消费差距的变化趋势。Keane 和 Prasad（2002）采用波兰家庭预算调查（HBS）数据研究了 1985 年至 1997 年间的消费差距变化趋势，发现其与收入差距的变化基本一致，都表现先增长后减小然后再增长的趋势，且二者之间没有发生明显分化。Gorodnichenko 等（2010）采用俄罗斯纵向监测调查数据（RLMS）研究了 1994 年至 2005 年俄罗斯的收入与消费差距的变化，同样发现消费与收入差距的变化趋势没有发生严重背离。还有对巴基斯坦（Asad 和 Ahmad，2011）、希腊（Kaplanoglou 和 Rapanos，2016）的研究发现消费差距出现严重加剧现象。尽管如此，这些研究仍然表明再分配机制对于抑制不平等现象和贫困加剧起到重要作用。

国内学者对中国消费差距的时间趋势的研究尚未形成一致结论。Qu 和 Zhao（2008）较早关注了中国城乡收入与消费差距问题，研究发现城镇居民消费增长率的快速上涨导致了城乡消费差距在 1988—2002 年急速加剧，这与城乡收入差距的加剧发生期（1995—2002年）并不相同。Cai等（2010）利用中国城镇住户调查数据，发现中国城镇地区的收入与消费差距在1992—2003年呈现几乎相同的上涨趋势，并且消费差距大于收入差距。邹红（2013）采用1989—2009年中国营养与健康调查（CHNS）数据研究中国消费差距与收入差距的大小和变化趋势，同样发现消费差距一直大于收入差距，但是二者呈现不同的时间趋势，消费差距呈现下降趋势而收入差距呈现上升趋势。杨中卫等（2016）的研究则为这种趋势差异给出了一种解释，通过测算1997—2012年中国居民的收入与消费基尼系数，发现居民的消费差距和收入差距都呈现倒U型变化，但不同的是，消费差异的变化拐点发生在2003年，而收入差异的变化拐点发生在2008年。此外，不同于Cai等（2010）和邹红（2013）的结果，杨中卫等（2016）的研究表明消费差距要小于同期收入差距，该结论与杨继东（2013）运用分位数比较的测算结果相一致。

1.2.2 消费差距的形成机制

当前学界对消费差距的形成机制的研究可以大体归纳为两类：一类研究从消费差距本身出发，考虑消费差距在不同类别、不同群体和不同地区间存在的巨大差异，重点考察这些维度消费差距对总体消费差距的贡献，研究方法多采用指数分解法。一些研究重点关注了群体之间的消费差距。比如，解垩（2008）采用Sundrum（1990）提出的基尼系数分解方法测算了我国1993—2006年我国城乡居民健康消费差距，指出城乡居民之间对健康消费差距是导致总体居民健康消费差距的主要原因，农村居民内部健康消费差距高于城镇居民内部消费差距，在2000年前者为0.2968，而后者仅为0.1567，差距达到峰值。Singh等（2016）采用1983—2012年印度消费者支出调查（CES）数据研究食品消费支出差距的时间趋势变化，根据子群分解结果，食品消费在农村地区间的差异程度要大于城市地区间差异。还有一些学者关注了不同消费类别差距对总体消费差距的贡献。Garner（1993）运用基尼系数要素分解法研究了美国分项消费差距状况，结果表明造成美国居民消费差距主要原因在于三种类型的消费差距，家庭经营消费、衣着与服务消费以及娱乐消费。Silber（1999）采用1990年瑞士消费调查（CS）的截面数据对总体消费差距做出测算，结果表明用家庭规模修正后的个人的消费差距基尼系数为0.230，低于家庭消费差异基尼系数（0.253）。与此同时，根据基尼系数要素分解的结果，在考虑消费单项支出占总消费支出比重后，对标准化后个人消费差异贡献最大的两项分别是住房消费差异（25.2%）和交通与通信消费差异（18.7%）。其余类似的研究还有Idrees和Ahmad（2010）指出巴基斯坦消费差异主要在教育支出方面，杨中卫（2016）发现文教娱乐与交通通信消费差异是中国消费差距扩大的主要来源，等等。

另一类研究多是从消费差距背后的社会经济发展因素出发，全面分析形成消费差距的成因。其中，收入作为决定消费的重要因素，一直以来受到学界的重要关注。Keynes（1936）的“绝对收入理论”指出由于收入与消费二者之间存在边际消费倾向递减的基本规律，从而消费的增长并不会和收入的增长同步。但是，该理论被后来Duesenberry（1949）和Modigliani（1949）所提出的“相对收入假说”与Friedman（1957）提出的“持久收入假说”所质疑。Duesenberry（1949）和Modigliani（1949）发现消费者的当期消费并不会随着收入的改变而立刻改变，而是与过去最高收入水平相关，从而表现出一定的消费黏性。Friedman（1957）则将收入分为持久收入与暂时收入，指出消费水平的高低更多取决于家庭持久收入的多少，暂时收入的变化一般不会对当期消费水平产生巨大影响。鉴于消费与收入之间的密切关系，收入差距被认为是造成消费差异的主要原因（Krueger和Perri，2006；罗楚亮，2006；Cai等，2010），不少学者利用实证分析方法证实了这一观点，但对于导致消费差距变化的收入冲击更多是来自暂时性收入波动还是永久性收入波动尚未得到一致结论（Blundell等，2008；邹红，2013；杨继东，2013；Heathcote等，2014）。

除了收入以外，国内外文献还从人口结构、城市化、宏观政策以及其他视角研究了消费差距的成因。从人口结构老龄化视角分析消费差距形成机制的研究相对比较丰富，主要是从微观层面在生命周期假说和持久收入理论（LC - PIH）的框架下进行探讨，多数研究结果表明人口老龄化导致的人口结构变化是形成消费不平等的重要原因（Deaton 和 Paxson，1994；Ohtake 和 Staio，1998；曲兆鹏和赵忠，2008；Zhang 和 Xiang；2014）。城市化对贫富差距的影响的研究最早来自 Lewis（1954）和 Kuznets（1955），他们认为贫富差距会随着城市化进程的推进呈现先上升后下降的倒 U 型趋势，一些学者则据此讨论现阶段我国消费差距的趋势状态（高帆，2014；王健和赵凯，2020），还有一些学者从城市化进程中城市倾向经济政策（陆铭和陈钊，2004）、金融非均衡发展（鲁钊阳和黄津，2012）、产业结构升级（徐敏和姜勇，2015）等视角探究了其对居民消费差距的影响。政府制定合理的宏观政策对缓解居民消费不平等具有重要作用。如周广肃等（2020）的研究表明，政府实施的新型农村社会养老保险对于缩小农村居民消费不平等具有积极作用，而且对于减小中低收入家庭之间的消费差距的作用更加显著。于井远和王金秀（2020）的研究发现，政府加大基本公共服务支出能够减小城乡居民消费差距。

1.2.3 税收与消费差距

（1）税收的收入分配效应

税收作为收入分配的重要工具，深度参与了三次分配的全过程，并在不同分配环节发挥了不同的作用（梁季，2021）。在初次分配过程中，生产要素由市场评价贡献、贡献决定报酬机制是其中的关键（高锡文，2022），税收主要强调效率兼顾公平。现有文献从两方面展开研究：一是税收总量（吕冰洋和禹奎，2009）；二是税制结构（岳希明等，2014）。其中增值税因具有“中性优势”，可以最大程度发挥市场作用而被学界重点讨论（于海峰和葛立宇，2023）。再分配是在初次分配的基础上，通过税收、转移支付、社会保障等方式对资源进行一定程度的重新分配，旨在最终形成“中间大，两头小”的橄榄型收入分配结构。税收是再分配中最为重要的财税工具。从直接税来看，直接税税负不易转嫁，调节作用更为明显，更为富裕的社会成员以此对公共金库做出更多贡献（贾康等，2018）。学界研究的重点聚焦于个人所得税（Bird 和

Zolt，2005；岳希明和徐静，2012；徐建炜等，2013）、企业所得税（万莹，2013）、房地产税（Fischel，1992；Cornia 和 Slade，2006；张平和侯一麟，2016），以及其他（Wagstaff 等，1999；李林木和汤群群，2010）。从间接税来看，消费税的调节作用相对突出（刘蓉和熊阳，2020）。第三次分配主要是指使用来自国内、国际的各类社会捐赠所开展的公益慈善和社会救助活动，因此第三次分配的基础是慈善捐赠（贾康等，2018）。税收主要以税式支出形式参与第三次分配，体现出财税对于公益慈善事业和社会救助活动的发展具有导向作用。税式支出即为政府以税收优惠的形式“让利”，学界普遍认同税收对于慈善捐赠的重要作用，如 Reece（1979）提出慈善捐赠的税收是非营利组织获得捐赠额的决定性变量，证明了税收与捐赠之间存在着替代甚至是完全替代的关系，并有证据证明税收弹性在捐赠种类和时期存在异质性（Raimondo，1986；Randolph，1995）。具体与我国财税制度结合时，现有文献研究主要集中于三方面：一是加大企业和个人捐赠的优惠力度（李旭红，2021；刘鹏岩和杨晓妹，2022）；二是考虑开征遗产税和赠与税（Batchelder，2009；苏京春，2017），在具体制度设计时，可通过税前扣除、税收抵免、递延纳税等多种方式“让利”（郭佩霞和梁倩，2015）；三是可以从财政方面对于慈善事业予以直接资金支持（李冬妍，2008）。

上述研究关于税收的收入分配效应研究大多是从居民收入端进行分析，还有一些学者则从消费端进行了考察。一方面，基于整体视角分析税收与居民消费差距的关系。陆远权和张德钢（2015）研究了税制结构对城乡消费差距的影响，发现以间接税为主体的税制结构对缩小城乡居民消费差距具有抑制作用。罗美娟和何姣（2021）利用省级面板数据发现地方政府税收努力程度对缩小城乡居民消费差距具有积极影响，增加民生性财产支出是其中的重要机制。王梦珂和唐爽（2021）利用具有城乡家庭异质性的 DSGE 模型研究发现，在宏观税负稳定的前提下，消费税税率的提高会扩大城乡居民消费差距，而提高劳动税和资本税的税率有助于缩小城乡居民消费差距，通过组合调整多个税种税率，能够同时实现调节城乡居民消费且达到缩小城乡居民消费差距的效果。

另一方面，聚焦某项税种的改革举措对居民差距的调节作用。万莹和陈恒（2020）通过构建42部门CGE模型分析2019年我国增值税减税改革的政策效应，发现增值税税率下调和加计10%抵减政策会加大城乡居民之间的消费差距。徐润和陈斌开（2015）研究了2011年个人所得税费用扣除标准上调对居民消费的影响，发现城镇居民家庭的消费绝对增长额度要大于农村家庭，从而扩大了城乡居民消费差距。

（2）消费需求模型及其对税收政策的评估

在需求系统的选择上，常用的模型有扩展的线性支出系统模型（Expend Linear Expenditure System，ELES）和近乎完美需求系统（Almost Ideal Demand System，AIDS）。后者由诺贝尔经济学奖得主安格斯迪顿提出，能够在一阶条件下近似于任何一种需求系统模型（Deaton和Muellbauer，1980），具有较强的经济解释能力。然而AIDS模型具有一定的局限性，主要体现在模型假定中被研究商品的支出份额会随着收入水平的上升而呈现线性变化，属于2秩需求系统。然而在实际情况中物品的恩格尔曲线更可能呈现出一般的非线性曲线（Lewbel，1991；Hausman等，1995）。因此，Banks等（1997）在AIDS模型基础上加入一个二次项，扩张成为二次近乎完美需求系统（Quadratic Almost Ideal Demand System，QUAIDS），该模型属于3秩需求系统，反映了商品随着收入的增长从奢侈品变为必需品的可能性。由于QUAIDS模型继承了AIDS模型的所有优点，因此逐渐被国内外学者所采用（Blundell和Robin，1999；Dybczak等，2010；Zhen等，2014；胡发刚，2016）。

消费需求系统模型能够通过分析由税收导致的商品价格改变造成的居民商品需求弹性的改变，因此被认为是评估税收政策改革的重要工具（Banks等，1997）。国内外学者对这方面多有应用。如Lin等（2011）运用AIDS模型分析对含糖饮料征税对饮料需求的影响，他们的研究结果表明对含糖饮料征税，不论是低收入家庭还是高收入家庭都会降低他们对含糖饮料的消费；此外，由于低收入家庭对于含糖饮料的价格变化较为不敏感，而高收入家庭对饮料种类的选择更加丰富，替代效应更强，因此征税造成的价格上涨反而会使得低收入家庭降低更多对含糖饮料的摄入。童锦治等（2012）基于ELES模型研究了增值税扩围对居民消费福利及消费量的影响，结果表明对于适用营业税的居民服务消费项目在转征增值税后适用增值税低税率能够更好兼顾扩大居民消费和维护低收入群体消费福利。Ahmed 等（2013）运用 AIDS 模型估算对巴基斯坦 6 大类（食品、衣着、居住、交通通信、能源、其他）商品采取统一税率对居民消费福利的影响，结果表明在统一税率制度下，消费者只用花费当前消费支出的 90% 就可以维持当前整体福利水平。Jansky（2014）利用 QUAIDS 模型对捷克增值税改革进行评估，文章比较了改革前 2012 年的增值税税率（含 12% 和 14% 两档）、2013 年公布的增值税改革方案（含 15% 和 21% 两档）以及 2013 年实际执行的增值税改革方案（17.5% 一档），结果显示实际实施的方案大大刺激了居民对外出就餐消费和奢侈品、家居物品的需求数量（分别平均增长了 4.58% 和 3.07%），但降低了居民对其他服务商品和交通娱乐的消费需求（分别降低了 3.24% 和 3.12%），与之相对应的政府税收收入大约减少了 2.3 亿捷克克朗。类似的研究还有 Zhen 等（2011）、Dharmasena 和 Capps（2012）和 Aepli（2014）等。

1.2.4 研究评述

通过梳理上述国内外文献可以看出，相较于讨论收入差距的研究，对消费差距开展研究的文献虽然相对较少，但也有不少讨论。但这些研究对下面这些现实问题的回应相对较弱，相关研究仍有待进一步深入：

一是如何更加科学地测度我国居民消费差距？已有文献对我国居民消费差距的测度或是利用宏观有限的统计分组数据，或是利用微观调查数据，前者忽略了较大的组内差距，后者存在测量误差（许宪春，2013），都会导致在度量消费差距时出现低估现象，无法准确刻画居民消费不平等。本书采用省级按收入水平分组数据进行居民消费差距测度，能够在一定程度上克服上述问题，对于更加真实了解我国居民消费差距状况提供新的参考。

二是如何看待我国居民消费差距的变化趋势？已有文献对我国居民消费差距变化趋势的看法并未达成一致，一些研究认为消费差距与收入差距在变化趋势上没有一致性，另一些研究认为二者是处于同步变化的。造成这种差异的原因可能在于受到过往数据限制，在衡量居民收支时对于城镇居民和农村居民使用不同的口径。另外，现有研究也并未从理论上揭示消费差距变化趋势，且从单一维度的测度上来看缺乏全面性。本书利用城乡住户一体化调查制度实施后统一口径的城乡居民收支数据，从时间跨度、比较分析、测度维度、形成机制等方面，以城乡居民消费差距为研究对象，对其变化趋势进行系统性研究。

三是我国目前税制状况是否能够有效调节居民消费差距？已有文献多通过税收政策变化前后消费中含税量变化进行分析，忽略了居民面对价格变化而实际可能产生的消费行为变化。同时，现有文献利用消费需求系统模型分析税收政策多基于线性支出系统，忽略了消费者的恩格尔曲线可能呈现非线性状态。因此，本书利用投入产出价格模型结合拉氏指数分析税收政策调整引起的居民各类消费的价格效应，同时采用QUAIDS 模型分析居民实际消费行为的变化探索对消费差距的影响。

1.3 主要内容与分析框架

全书共分为 7 章，研究框架如图 1 – 1 所示。具体章节内容安排如下：

第 1 章为导论。主要介绍本书的研究背景和研究意义、相关文献、框架结构、研究方法和创新点。

第 2 章为制度背景与理论基础。在制度背景部分，主要梳理了改革开放以来我国收入分配制度和税收制度的改革历程。在理论基础部分，着重从税收公平理论、税负转嫁理论、税收对居民消费差距的影响机理作出论述，并简要给出相关理论在本书的应用。

第 3 章为我国居民消费差距进行测度和分解——基于省级收入分组的分析。这部分在对消费差距的度量方法基尼系数进行详细讨论的基础上，利用可获得的省级按收入水平分组的居民消费数据分别测算了城镇、农村、全体居民的消费差距，并进一步从要素和群体两个视角对消费基尼系数进行分解，探讨造成我国居民消费差距的主要原因。

第 4 章为我国城乡居民消费差距的变化趋势：1978—2019 年。当前我国居民消费差距的主要矛盾是城乡居民消费差距，本章以此作为研究对象，首先利用基尼系数构建了城乡居民消费差距与城镇化之间的数理关系，系统分析了城乡居民消费水平和城镇化在城乡居民消费差距变化趋势中的作用。之后，通过构建新的城乡居民消费差距的测度指标，分析了不同类别收入差距和政策制定者容忍度对城乡居民消费差距变化的影响。

第 5 章为中国税制对城乡居民消费差距的影响效应研究。本章通过将税负因素引入基尼系数，利用 MT 指数考察了“营改增”前的 2009—2012 年和“营改增”后的 2014—2016 年我国税收制度对城乡居民消费

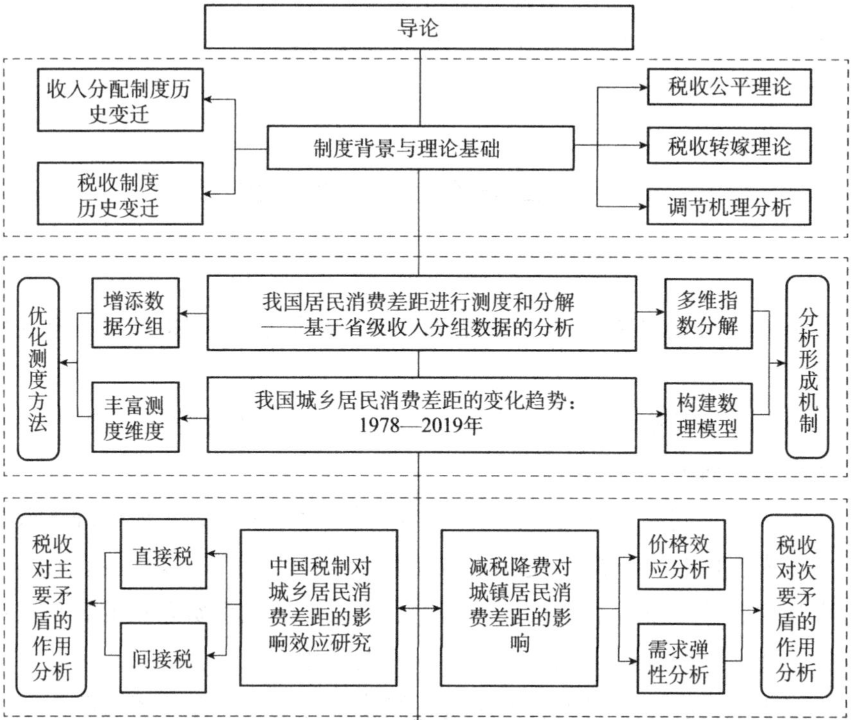

图 1－1　研究框架

差距的调节效应。

第6章为减税降费对城镇居民消费差距的影响——基于价格效应的消费行为分析。本章通过 QUAIDS 模型估计不同收入水平城镇居民的各类支出弹性，之后综合利用投入产出价格模型和拉氏指数模拟减税降费政策对各投入产出部门和各类消费支出的价格效应，进而通过分析不同收入水平城镇居民消费支出变化来评估减税降费政策对城镇居民消费差距的作用效果。

第7章为研究结论与政策建议。主要给出本书的主要结论，并提出相应的政策建议。

1.4　研究方法

本书采用定性与定量相结合的分析方法开展研究。

本书采用的定性分析主要是文献回顾法，通过对国内外已有研究的回顾，参考了对消费差距的测度、税收负担的分析和消费需求系统模型在评估税收政策方面的应用，从而为本书研究的开展奠定基础。

此外，本书采用了丰富的定量分析法，包括：

第一，基尼系数的计算、分解及扩展。本书在尽可能扩展宏观分组数据的基础上使用基尼系数对我国居民消费差距进行测算，以提高测算结果的准确性，同时通过多种分解方法，比如要素分解、群体分解、消费水平与人口因素分解，分析我国居民消费差距的主要因素，并进一步利用征税前后居民消费基尼系数的比较分析考察税收对居民消费差距的调节作用。

第二，投入产出价格模型与拉氏指数。考虑到税收征管、税收优惠及税收在不同部门的转嫁等因素，利用能够反映经济系统中各部门投入产出关系的投入产出表，综合运用投入产出价格模型和拉氏指数计算出居民不同消费类别的价格效应。

第三，二次型近乎完美需求系统（QUAIDS）模型。由于 QUAIDS

模型允许居民对各类商品的支出份额随着消费总支出增长的增长呈现二次型变化，从而能够更好地区分必需品与奢侈品，因此本书采用 QUAIDS 模型描述不同收入水平城镇居民对各类商品的需求状况，以分析面对减税降费政策后不同消费类别的价格效应时不同收入水平城镇居民的支出变化及相应的消费差距变化。

1.5 研究创新

本书可能的创新之处主要有：

一是研究数据方面，本书使用的省级收入分组数据具有更多的分组数，能够更加精确地测算我国居民消费差距。现有文献利用宏观数据测算居民消费基尼系数时多使用国家统计局公布的收入分组数据，会产生由于分组数量过少而导致测算结果存在低估的问题。因此，本书在从数理推导中证实分组数会显著影响基尼系数测算结果的基础上，整理汇总省级按收入水平分组的城镇和农村居民家庭的消费支出数据对居民消费基尼系数进行测算，为现有文献作出重要补充。将研究结果与已有文献的测算结果进行比较分析，有助于更加全面和细致了解我国居民消费差距的现状。

二是研究方法方面，本书利用拉氏指数拓展了投入产出价格模型在税收政策评估方面的分析应用。现有文献利用投入产出价格模型估计税收政策带来的价格效应一般停留在各投入产出部门的价格效应分析，本书借鉴价格指数思想，在估计出投入产出部门的价格效应的基础上，利用拉氏指数进一步估计了居民不同消费类别的价格效应变化。研究结果丰富了税收政策评估的效应分析，为减税降费的提质增效提供了有利指引。

三是研究视角方面，本书提出度量城乡居民消费差距的新视角，尝试构建包括消费、消费能力和政策容忍度三个要素城乡消费差距指标，是对现有文献多使用单一维度进行测度的有力补充，并为相关政策的制定提供更具价值的参考。此外，本书基于居民对各类商品支出份额可能会随着总支出呈现二次型变化的事实，利用QUAIDS模型分析不同收入水平居民对其所消费各类商品可能存在的税负转嫁情况，丰富已有文献对该方面的研究。

四是研究结论方面，本书的研究发现是对已有研究的重要补充。整体而言，我国居民消费差距呈现下降趋势，当前我国居民消费不平等的主次矛盾分别是城乡居民消费不平等和城镇居民内部消费不平等。城镇化对缩小城乡居民消费差距起到重要作用，且相较于城乡居民收入差距，城乡居民消费差距更容易受到城镇化的影响。从税制整体出发，经历过“营改增”后，我国目前税制的四大税种——增值税、消费税、个人所得税、企业所得税——对于改善城乡居民消费差距都具有正向调节作用。从税收政策出发，当前围绕增值税指定的减税措施，能够在一定程度上减小城镇居民内部的消费不平等，但仍需注意中低收入群体之间的消费差距。

第 2 章

制度背景与理论基础

2.1 制度背景

自 1978 年改革开放以来，随着经济体制改革的不断推进和深化，我国收入分配制度也经历了从传统计划经济体制下平均主义的分配方式到与社会主义市场经济体制相适应的以按劳分配为主体、多种分配方式并存的分配制度的发展演变。同时，逐渐形成以税收、社会保障与转移支付为主要手段的再分配调节机制，从而形成了较为完善的收入分配体系。本节根据改革开放以来党和国家关于收入分配和税收制度改革的重要政策和文件精神，对我国收入分配制度和税收制度的改革的变迁进行梳理。

2.1.1 我国收入分配制度的历史变迁

依据重大会议表述和收入分配制度的政策导向，将改革开放以来的收入分配制度分为以下四个历史发展阶段：克服平均主义；效率优先、兼顾公平；兼顾效率和公平、更加重视公平；促进共同富裕。并抽象出收入分配制度的演进逻辑，如表2－1所示。

表2－1　　改革开放以来中国收入分配制度演进

发展阶段	政策依据	逻辑特征
第一阶段： 1978—1986年	1. “认真执行按劳分配的社会主义原则，按照劳动的数量和质量计算报酬，克服平均主义”“交足国家的、留够集体的、剩下的全是自己的”。（1978年，党的十一届三中全会） 2. “职工劳动所得同劳动成果相联系……要扩大工资差距，拉开档次……共同富裕决不等于也不可能是完全平均”。（1984年，《中共中央关于经济体制改革的决定》）	克服平均主义——以实事求是、解放思想为基本出发点，克服平均主义和吃大锅饭问题，确立按劳分配原则，激发生产效率。
第二阶段： 1987—2011年	1. “在促进效率提高的前提下体现社会公平”。（1987年，党的十三大报告） 2. “兼顾效率与公平”“运用包括市场在内的各种调节手段，既鼓励先进，促进效率，合理拉开收入差距，又防止两极分化”。（1992年，党的十四大报告） 3. “建立以按劳分配为主体，效率优先、兼顾公平的收入分配制度，鼓励一部分地区一部分人先富起来，走共同富裕的道路”。（1993年，党的十四届三中全会） 4. “初次分配注重效率，再分配注重公平”。（2002年，党的十六大报告） 5. “初次分配和再分配都要处理好效率和公平的关系，再分配更加注重公平”。（2007年，党的十七大报告）	效率优先、兼顾公平——按劳分配和按生产要素分配相结合，明确生产要素按贡献参与分配，在效率公平权衡问题上，坚持效率优先，逐渐重视公平问题，且分配方式逐渐多元化。
第三阶段： 2012—2019年	1. “初次分配和再分配都要兼顾效率和公平，再分配更加注重公平”（2012年，党的十八大报告） 2. “形成合理有序的收入分配格局”“清理规范隐性收入……扩大中等收入者比重，努力缩小城乡、区域、行业收入分配差距，逐步形成橄榄型分配格局”。（2013年，党的十八届三中全会） 3. “调整国民收入分配格局，规范初次分配，加大再分配调节力度”“实行有利于缩小收入差距的政策，明显增加低收入劳动者收入，扩大中等收入者比重”。（2015年，党的十八届五中全会） 4. “坚持在经济增长的同时实现居民收入同步增长、在劳动生产率提高的同时实现劳动报酬同步提高”。（2017年，党的十九大报告） 5. “坚持多劳多得，着重保护劳动所得，增加劳动者特别是一线劳动者劳动报酬”“健全劳动、资本、土地、知识、技术、管理、数据等生产要素由市场评价贡献、按贡献决定报酬的机制”。（2019年，党的十九届四中全会）	兼顾效率和公平、更加重视公平——让全体人民共享经济发展成果，落实到居民收入增长和劳动报酬提高同步于经济增长上。

续表

发展阶段	政策依据	逻辑特征
第四阶段：2020 年至今	1. “全体人民共同富裕取得更为明显的实质性进展”“探索通过土地、资本等要素使用权、收益权增加中低收入群体要素收入……完善再分配机制，加大税收、社保、转移支付等调节力度和精准性”“发挥第三次分配作用，发展慈善事业，改善收入和财富分配格局”。(2020 年，党的十九届五中全会) 2. “坚持居民收入增长和经济增长基本同步、劳动报酬提高和劳动生产率提高基本同步，持续提高低收入群体收入，扩大中等收入群体，更加积极有为地促进共同富裕”。(2021 年，《中华人民共和国国民经济和社会发展第十四个五年规划和 2035 年远景目标纲要》 3. “在高质量发展中促进共同富裕，正确处理效率和公平的关系，构建初次分配、再分配、三次分配协调配套的基础性制度安排”。(2021 年，中央财经委员会第十次会议) 4. “扎实推进共同富裕，完善分配制度，构建初次分配、再分配、第三次分配协调配套的制度体系”。(2022 年，党的二十大报告) 5. “共同富裕是社会主义的本质要求，是中国式现代化的重要特征。坚持以人民为中心的发展思想，在高质量发展中促进共同富裕，正确处理效率和公平的关系，完善收入分配格局，构建初次分配、再分配、三次分配协调配套的基础性制度安排，加大税收、社保、转移支付等调节力度并提高精准性，扩大中等收入群体比重，增加低收入群体收入，合理调节高收入，取缔非法收入，促进社会公平正义，促进人的全面发展，增强内需发展后劲”。(2022 年，《扩大内需战略规划纲要（2022—2035 年)》)	促进共同富裕——全面建成小康社会后，开启全面建设社会主义现代化国家新征程，把握新发展阶段，贯彻新发展理念，构建新发展格局，在高质量发展中促进共同富裕。

从表 2 - 1 可以看出，随着我国经济社会发展阶段的变化，针对分配问题的观念从兼顾公平到更加重视公平，我国分配制度的建设与改革重点也从克服平均主义变为促进共同富裕。共同富裕意味着社会财富分配的公平正义，在新时代，将更加关注效率与公平之间的矛盾、着力解决收入分配差距较大的问题。

2.1.2 我国税收制度体系的历史变迁

在税收制度方面，我国已逐步建立多税种、多层次、多环节调节的现代税制框架，改革开放税制结构演进主要可以分为以下三个时期：税制体系逐步完善时期、统一税制与多种税改时期、税制体系深化改革时期。从我国税制结构的演进来看，1994 年间接税比重大约为直接税的 3 倍，而后直接税比重逐渐提高，间接税比重逐渐下降。在不同时期中税种数量也经历了多次变化，如表 2－2 所示，从 1950 年的 18 个税种增加到 1994 年的 23 个，再经过精简到 2020 年的 18 个税种。此外，在多次税制改革中，旧有税目大多经过改革或停征取消等方式进行了调整。

表 2－2　　我国税制体系的演进历程

时期	代表性政策文本	税制结构	税种
税制体系逐步完善时期：1978—1993 年	1. 1980 年颁布《中华人民共和国个人所得税法》。 2. 1983 年制定《国营企业所得税条例》和新的《集体企业所得税条例》。 3. 1984 年发布《国务院批转财政部关于在国营企业推行利改税第二步改革的报告的通知》，将工商税按缴纳对象划分为产品税、增值税、盐税和营业税；增加资源税等税种。	直接税（9 种）	工商所得税、城市房地产税、车船使用牌照税、船舶吨税、契税、屠宰税、农业税、牧业税、牲畜交易税
		间接税（4 种）	工商税、工商统一税、集市交易税、关税
统一税制与多种税改革时期：1994—2012 年	1. 1994 年正式实施《国务院关于实行分税制财政管理体制的决定》。 2. 1997 年发布《契税暂行条例》。 3. 2001 年实施《车辆购置税暂行条例》。 4. 2006 年废止《中华人民共和国农业税条例》。 5. 2009 年修订后的《中华人民共和国增值税暂行条例实施细则》等正式实施，全面实施消费型增值税。 6. 2012 年发布《财政部国家税务总局关于在北京等 8 省市开展交通运输业和部分现代服务业营业税改征增值税试点的通知》，开始“营改增”试点。	直接税（17 种）	企业所得税、外商投资企业和外国企业所得税、个人所得税、城镇土地使用税、房地产税、城市房地产税、耕地占用税、固定资产投资方向调节税、车船使用税、资源税、车船使用牌照税、印花税、契税、屠宰税、筵席税、农业税、牧业税
		间接税（6 种）	增值税、消费税、营业税、城市维护建设税、土地增值税、关税

续表

时期	代表性政策文本	税制结构	税种
税制体系深化改革时期：2013—2020 年	1. 2016 年发布《财政部国家税务总局关于全面推开营业税改征增值税试点的通知》，全面推行“营改增”。 2. 2017 年公布《国务院关于废止〈中华人民共和国营业税暂行条例〉和修改〈中华人民共和国增值税暂行条例〉的决定》。 3. 2017 年修改《中华人民共和国企业所得税法》。 4. 2018 年修改《中华人民共和国个人所得税法》。 5. 2018 年正式实施《中华人民共和国环境保护税法》。 6. 2019 年发布《2019 年中华人民共和国消费税暂行条例》，调整消费税征收范围、环节、税率。 7. 发布《财政部税务总局关于支持个体工商户复工复业增值税政策的公告》等减税降费政策。	直接税（12 种）	企业所得税、个人所得税、城镇土地使用税、房产税、耕地占用税、契税、车船税、车辆购置税、资源税、印花税、烟叶税、船舶吨税
		间接税（6 种）	增值税、消费税、土地增值税、城市维护建设税、环境保护税、关税

从表 2－2 的梳理可以看出，我国的税制改革是一个不断完善和优化的过程，旨在适应国家经济发展的需要，提高税制的效率和公平性。党的十八届三中全会提出“财政是国家治理的基础和重要支柱”的新论断，将以往作为经济范畴、经济领域要素之一的财政提升到国家治理层面，使其功能和作用得到全面提升和拓展。因此未来税收制度改革应该立足于我国现阶段经济发展的阶段性特征，同时致力于适应和配合各个领域的改革联动。

2.2　理论基础

2.2.1　税收公平理论

公平作为人类永恒的追求和向往，在学界中的讨论也经久不衰。税收公平作为公平范畴中的重要组成部分，同样也是古今学者们关注的焦点。我国古代最早关于税收公平思想的记载出现在《尚书·禹贡》中："禹别九州，随山浚川，任土作贡。"其中最后一句意思是说要根据土地的肥瘠分等级征税。西方的税收公平理论是由英国古典政治经济学代表人物威廉·配第（William Petty）在 1662 年其论著《赋税论》中首次提出，税收应包括"公平""确实""便利""节省"四原则。在此基础上，1776 年亚当·斯密（Adam Smith）在《国富论》中严谨论述并表明了公平原则在税收中的重要性。斯密指出，税收的分摊应该由公民"按他们各自的能力成比例地进行；就是说与他们在政府保护下各自获得的利益成比例"，由此给出税收公平原则的两条理论：量能原则和受益原则。其中，前者强调税收应根据纳税人的纳税能力进行支付，即纳税能力大者多纳税，纳税能力小者少纳税，无纳税能力者不纳税；后者强调纳税人纳多少税应根据其从政府所提供的公共服务中获得的利益多少来确定，即享受利益多者多纳税，享受利益少者少纳税，不享受利益者不纳税。而究竟以哪种原则来确立税收公平的标准，学术界则展开了漫长的讨论，不同历史阶段不同经济学家对税收公平含义都有不同的理解，如维克赛尔（Johan Gustav Knut Wicksell）、林达尔（Erik Lindahl）、马佐拉（Ugo Mazzola）、阿道夫·瓦格纳（Adolf Wagner）、理查德·A. 马斯格雷夫（Richard A. Musgrave）等，但并未得到一致的结论。事实上，以其中任何一种原则为标准都存在片面性，绝对公平的纳税尺度也很难以被找到，同时税收公平也随着社会经济的发展被赋予更多内涵。比如，要为市场上的所有经济主体创造一个有利于公平竞争的税收环境，对客观存在的其他非生产经营因素所造成经济主体间级差收入，需要通过税收进行二次调节，以创造一个公平竞争的市场。尽管如此，税收公平原则仍然被公认为是税收的首要原则，从提出到现在一直被理论界和实务界奉为圭臬，一直指引着各国政府制定政策、推动税制改革。

2.2.2　税负转嫁理论

税负转嫁是商品经济中的普遍现象，是指纳税人通过一定途径将其所应该缴纳的税款全部或者部分地转嫁到他人身上的一个过程。广义的税负转嫁同时包含了税负转嫁的最终结果税负归宿，即税负最后实际的负担者。税负转嫁问题自被西方经济学家提出以来，经过众多学者的发展和完善，在税收理论体系中占有重要地位。税负转嫁理论分为绝对说和相对说两大流派。税收转嫁绝对说又可分为绝对转嫁论与绝对不转嫁论。税收绝对转嫁论是指一切税收都可以转嫁，以“均等分布说”为典型，由于每个人都会消费，税收最终通过辗转均等分布到每个人身上，由所有人共同负担。税收绝对不转嫁论是指某一种税收（对地租征税）无论如何不会转嫁。与绝对说相对应的是税收转嫁相对说，该学说认为税负能否转嫁并不是绝对的，而是受到价格和供求关系的影响。如果对商品生产者课税会造成商品价格上升，那么税负会转嫁由消费者负担，否则生产者负担全部税负。同时，如果物价上涨导致了供求关系变化，那么税负可能由生产者和消费者共同负担。根据转嫁的途径可以分为前转、后转、辗转与叠转以及混合转嫁。

自马歇尔将供求论、边际效用论等前人经济理论融合在一起，建立了以均衡价格为核心的经济体系后，对税收转嫁与归宿的研究在方法论上产生革命性影响。随着19世纪后半期经济学边际主义革命，福莱明·简金（Fleeming Jenkin）在1871年在局部均衡框架内对税负转嫁和归宿进行分析，通过研究因征税导致的供给曲线和需求曲线的位移变化来分析税负归宿。在局部均衡框架中，对商品自身价格变化的研究仅限于其自身供求曲线的变化，忽略了其他商品或生产要素的价格和供求。瓦尔拉斯（Walras）认为：产品的价格除了受自身供求关系的影响，还受到生产该产品所涉及的所有生产要素的影响。因此他将边际分析应用于一般均衡模型，分别对生产三要素土地、劳动和资本课税和产品课税的税负归宿进行研究。瓦尔拉斯奠定了税负转嫁和归宿在一般均衡理论框架下分析的基础，随后的经济学家，比如哈伯格（Harberger，1962）在一般均衡理论框架下对公司税的研究，只是在瓦尔拉斯的分析框架下具体地深化。

下面主要对局部均衡框架下商品的供求弹性变化对税负转嫁的影响做具体论述。商品税负转嫁是通过价格来实现的，而价格又是由商品的供求关系所决定的，因此商品的需求与供给弹性和税负转嫁有着紧密联系。需求弹性表示商品或生产要素的需求量对其价格变化的反应程度，计算方式为商品或生产要素的需求量变化率与其价格变化率的比值，用E_d表示。供给弹性与需求弹性对应，表示商品或生产要素的供给量对其价格变化的反应程度，可以由商品或生产要素的供给量变化率与其价格变化率的比值计算得出，用E_s表示。

第一种情况，需求完全无弹性，即$E_d=0$。如图2-1所示，当需求完全无弹性，即$E_d=0$时，需求曲线D是垂直于横轴的一条直线，此时商品的需求量为Q_0，且不随着商品的价格变化而发生改变，意味着购买者面临该商品价格变化时，不会增加或减少其购买量。因此，政府对该商品课税而导致的价格上涨不会影响购买者的消费需求，因此征税产生的税负可以完全向前转嫁最后由购买者负担。在图中的表现为：当政府对某商品征税后，商品的供给曲线由原来的S移动至S_1，新的供给曲线S_1与需求曲线D相交决定了均衡时的市场出清价格P_1，此时的需求量仍为Q_0，与征税前一致。价格上涨幅度为$P_1-P_0=T$，即为税负大小，此时完全由购买者负担，换言之，购买者是税收的最终归宿。

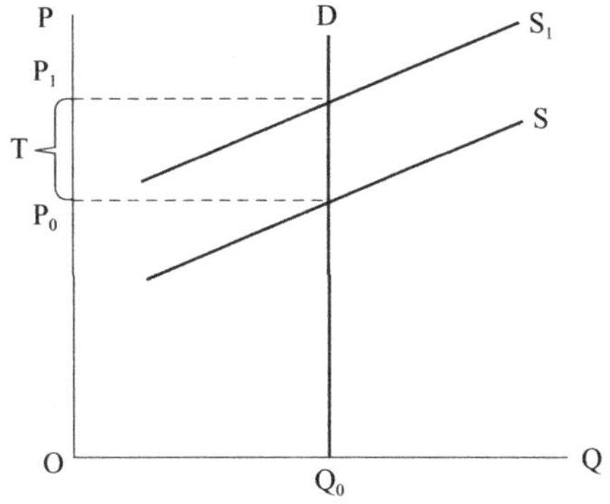

图2-1　需求完全无弹性与税负转嫁

第二种情况，需求完全富有弹性，即$E_d\to\infty$。如图2-2所示，当需求完全富有弹性，即E_d趋近于正无穷时，需求曲线D是垂直于纵轴的一条直线，与纵轴的交点P_0即是市场出清时的价格，且不随着商品的供给变动而变化。这是因为，此时购买者对商品的价格变动会做出完全反应，无论上涨或下降，会对应减少或增加其购买量。如图所示，在政府对商品课税以前，商品的供给曲线为 S，与需求曲线的交点为市场出清时商品的购买量 Q_0，价格为 P_0。由于政府对该商品征税，因此商品的供给曲线向左发生位移至 S_1，与需求曲线 D 相交决定了市场出清时的购买量 Q_1，此时价格仍为 P_0。可以看出，在购买者的需求弹性完全富有弹性时，政府向商品供给者课税，供给者无法通过涨价的方式将税负转嫁给购买者，因为任何幅度的涨价都会导致需求者减少相应的购买量，从而使市场出清时商品的价格保持不变。因此，此时的税负完全向后转移由供给者负担。

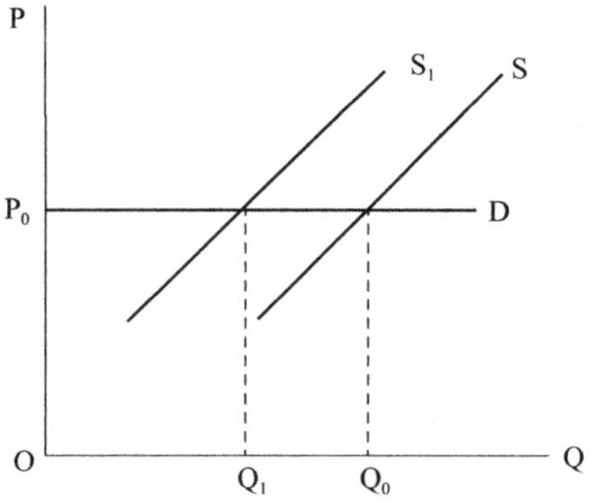

图 2－2　需求完全富有弹性与税负转嫁

第三种情况，供给完全无弹性，即 $E_s=0$。如图 2－3 所示，当供给完全无弹性，即 $E_s=0$ 时，供给曲线 S 是垂直于横轴的一条直线，当供给者面临商品的价格发生变化时，不会增加或减少其供给量，供给曲线决定了供给量 Q_0。因此，政府对该商品课税而导致的商品生产成本上涨会造成供给者得到的净利润的下降，但不会影响供给者的供给量。从图中可以看出，在政府对某商品征税前，需求曲线为 D，此时供求平衡时的购买量与价格分别是 Q_0与 P_0，当政府对该商品征税后，需求曲线向下移动至 D_1，新的市场出清时的购买量仍为 Q_0，价格为 P_1。所以，当供给完全无弹性时，供给者不会通过涨价方式转嫁给购买者，税负完全由供给者承担。

第四种情况，供给完全富有弹性，即 $E_s\to\infty$。如图 2－4 所示，当供给完全富有弹性，即 E_s 趋近于正无穷时，供给曲线 S 是垂直于纵轴的一条直线，表示供给者会对商品价格的变化做出完全反应，改变其供

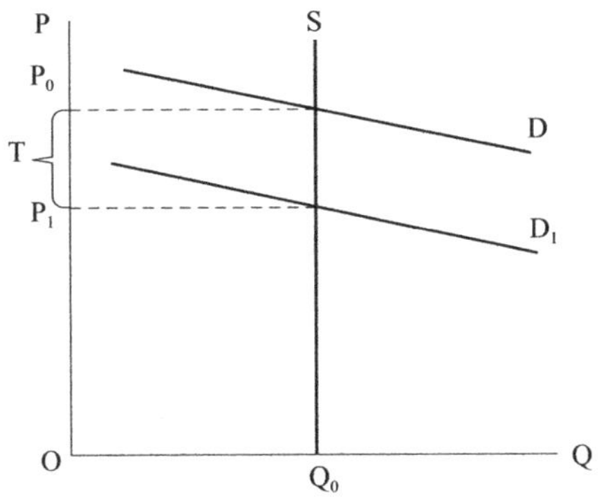

图 2－3　供给完全无弹性与税负转嫁

给量。因此，当政府征税造成商品价格上涨时，供给者对价格上涨反应强烈，为保持其收取的价格不变，会提高商品价格使税负转嫁给需求者。如图 2－4 所示，在政府对商品课税以前，商品的供给曲线为 S，与需求曲线的交点为市场出清时商品的购买量 Q_0，价格为 P_0。由于政府对该商品征税，因此商品的供给曲线向上发生位移至 S_1，与需求曲线 D 相交决定新的市场出清时的购买量 Q_1 和 P_1。可以看出，当供给者的需求弹性完全富有弹性时，政府向商品供给者课税，供给者会通过涨价的方式将税负转嫁给购买者，购买者是税负的最后归宿。

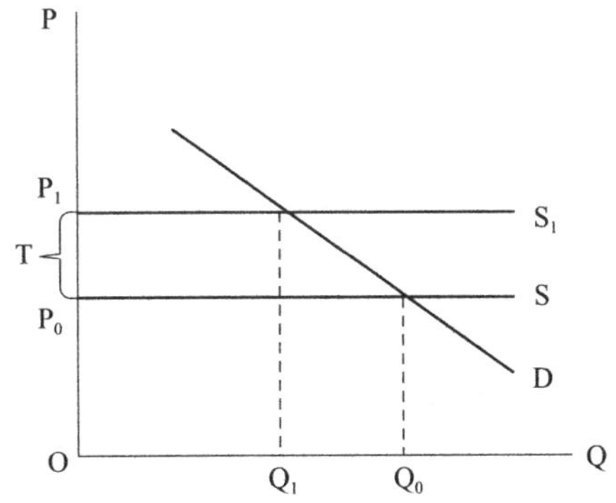

图 2－4　供给完全富有弹性与税负转嫁

第五种情况，需求与供给都富有弹性。在现实经济的一般情况下，大多数商品的需求和供给都是有弹性的，即既不是完全无弹性，也不是完全富有弹性。如图 2－5 所示，假设在完全竞争市场条件下的某一商

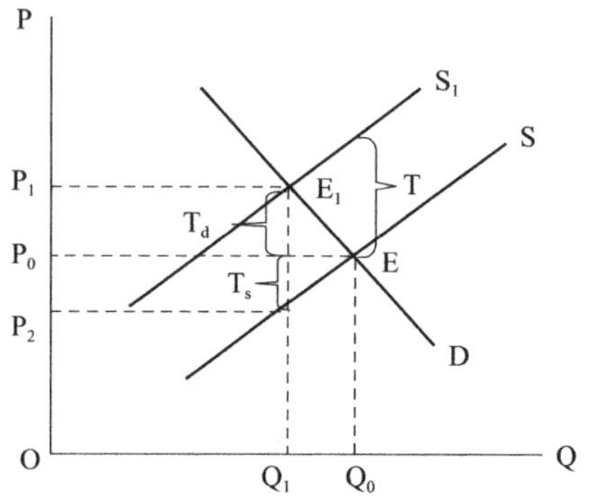

图2－5　需求与供给都富有弹性与税负转嫁

品征税的供给和需求都有弹性，即供给和需求曲线都有一定斜率，政府对该商品课税，税额为T。征税前，该商品的供求达到均衡状态E时的市场出清价格与商品数量分别为P_0和Q_0。在征税后，供给方为了减少其税收负担，会提高商品价格，降低其供给，供给曲线向上发生位移至S_1，此时与需求曲线相交于E_1，均衡状态时价格与商品数量分别为P_1和Q_1，其中$P_1>P_0$，$Q_1>Q_0$。在新的均衡状态E_1时，供给者的不含税价格由P_0下降至P_2，其价格变化量为P_0-P_2，即为单位商品应该缴纳的税收量T_s；需求者得到商品时的价格由P_0上涨至P_1，价格变化差额为P_1-P_0，即为需求者单位商品的税收量T_d；将T_s与T_d相加即为税负T。

下面讨论供求弹性对税负转嫁的影响。如前文所述，需求弹性表示某一商品需求量对其本身价格变化的反应程度，由需求量变化率与价格变化率的比值得到。通常情况下，需求量的变化与价格变化负相关，即需求曲线是向右下倾斜的曲线，因此需求弹性为负数，但往往在考察需求价格弹性时取绝对值。除了图2－1和图2－2中呈现出的需求弹性分别趋向正无穷（$E_d\to\infty$）和零（$E_d=0$）的两种情况以外，经济学家还把需求弹性分为三种类别：其一，$E_d>1$，表示需求量的变化率大于价格的变化率，意味着当商品价格上涨或下降，商品对应需求量会出现较大的减少或增加，此时需求曲线在形态上比较平坦，与纵轴夹角大于45度；其二，$E_d=1$，表示需求量的变化率与价格变化率恰好相当，此时需求曲线与纵轴夹角等于45度；其三，$E_d<1$，表示需求量的变化率

小于价格的变化率，意味着当商品价格上涨或下降，商品对应需求量会出现较小的减少或增加，此时需求曲线在形态上比较陡峭，与纵轴夹角比45度小。

根据需求曲线的形态，在图2-6中，需求曲线 D_1 相对于需求曲线 D_0 形态相对平缓，说明前者的需求弹性的绝对值要大于后者。如果商品的需求曲线为 D_0，在对供给者课税前，供给曲线S与需求曲线 D_0 在相交于 E^*，此均衡状态下的商品价格与需求量分别为 P^* 和 Q^*。依据图2-5的分析，在对供给者课税后，税额导致供给曲线向上发生位移至 S_1，与需求曲线 D_0 相交于 E_0，均衡状态时价格与商品数量分别为 P_0 和 Q_0，此时需求者的税负额为 P^*-P_3，供给者的税负额为 P_0-P^*。同理，当商品的需求曲线为 D_1 时，对供给者课税前的均衡状态时商品价格与需求量同样为 P^* 和 Q^*，对供给者课税后的均衡状态时价格与商品数量分别为 P_1 和 Q_1，相对应的需求者与供给者的税负额分别是 P^*-P_2 与 P_1-P^*。通过需求曲线分别为 D_0 和 D_1 时需求者和供给者的税收负担可以发现，显然有 $(P^*-P_3)>(P^*-P_2)$ 以及 $(P_0-P^*)<(P_1-P^*)$。

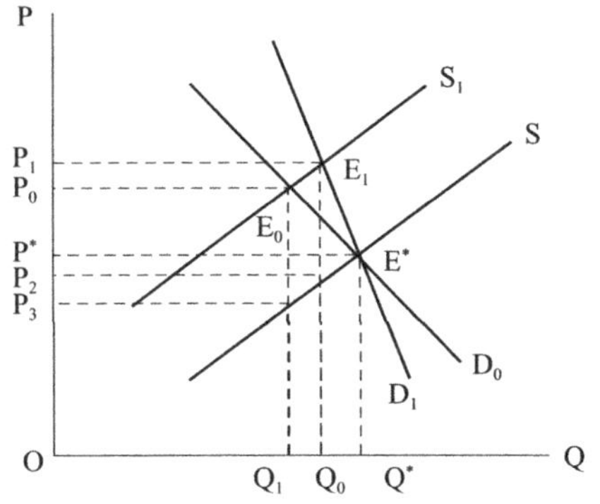

图2-6 需求弹性对税负转嫁的影响

根据上述分析可以看出，需求曲线的弹性越小，对商品价格的变化越不敏感，当商品因为课税而价格上涨时减少的购买量越小，从而需求者对应承担的税负则越大，供给者承担的税负越小。反之，商品的需求曲线弹性越大，意味着需求者对于商品价格变化更加敏感，在商品价格上涨时会降低较多的购买量，因此需求者对应承担的税负越小，供给者分担的税负越大。换言之，商品需求弹性越小，税负向前转嫁的可能性越大。同时，结合图2－3、图2－4和图2－6可以得出，商品供给弹性对税负转嫁的方式与需求弹性恰好相反，即供给弹性越大，税负向前转嫁的可能性越大，需求者承担更多税负，反之则供给者承担更多税负。此外，当供给弹性大于需求弹性时，税负前转的可能性较大，需求者的税收负担大于供给者；当供给弹性小于需求弹性时，税负后转的可能性较大，供给者承担的税负要大于需求者。

2.2.3 税收调节居民消费差距的机理分析

（1）税收对居民消费的调节效应

根据西方消费理论，影响居民消费决策的最重要的两个因素分别是收入水平和商品价格。通常情况下，税收对居民消费行为产生的影响可以被归纳为收入效应和替代效应。

税收的收入效应是指政府征税会降低居民实际可支配收入，导致居民降低商品购买量。当政府对一般商品课税引起价格上涨时，对消费者来说，其实际收入相对下降，消费能力降低；当政府进行减税引起商品价格下降时，消费者的实际收入相对上升。当政府直接对工资课税，比如个人所得税，消费者的实际可支配收入减少，降低消费水平；反之，则会增加商品购买量，如图2－7所示。图2－7中，横轴和纵轴分别表示商品X和Y的需求数量。在一定收入水平下，纳税人对这两种商品的购买量组合成一条直线，即AB，也是纳税人的预算约束线。此时，纳税人的消费偏好由无差异曲线I_1来表示，代表消费者在同等效用下在两种商品之间选择不同组合的轨迹，其下凹形状由凯恩斯的边际倾向递减规律决定，且与预算约束相切于点M。当政府对消费者征税导致消费者可支配收入下降时，消费者的预算约束线向下平移，由AB位移至CD，税额为AC乘以商品Y的价格。此时CD与另一条无差异曲线I_2相切于点N，在该点消费者达到预算约束下降后的两种商品组合效用的最大化。

税收对消费的替代效应是指当政府对某种商品课税以后，导致商品相对价格发生改变，从而影响消费者对不同商品需求量的一种影响。比

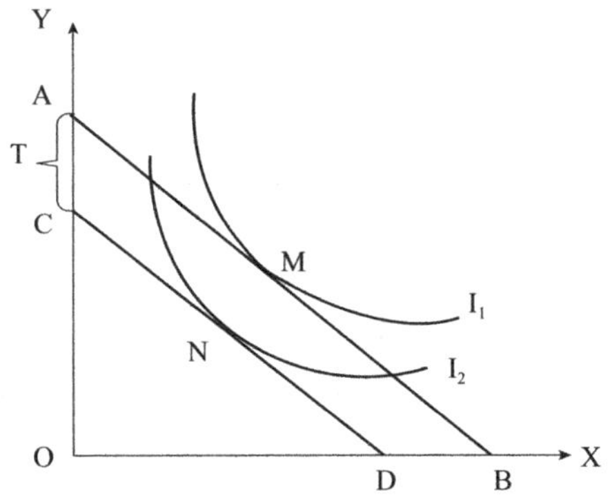

图 2-7　税收对消费的收入效应

如课税的商品价格相对高于非课税的商品价格，低税率的商品价格相对高于高税率的商品价格，从而使得消费者可能减少课税商品的购买量，增加非课税商品的购买量，降低高税率商品的购买量，提高低税率商品的购买量，即产生了税收对消费的替代效应，如图 2-8 所示。在图 2-8 中，在一定收入水平和给定商品 X 和 Y 的价格下，纳税人对商品 X 和 Y 的购买量组合成一条直线，即 AB，也是纳税人的预算约束线，在政府课税前，消费者对两种商品的最佳选择为点 M。假定政府对商品 X 征税，则商品 X 的价格相对于商品 Y 会增加，因此消费者可能会减少商品 X 的购买量，则商品 X 和 Y 的组合线由 AB 转移至 AE，与无差异曲线 I_2 相切于点 N，即是新的最佳选择点。由此可见，在政府对商品 X 征税后，在收入水平不变的情况下，消费者改变了购买商品的选择。

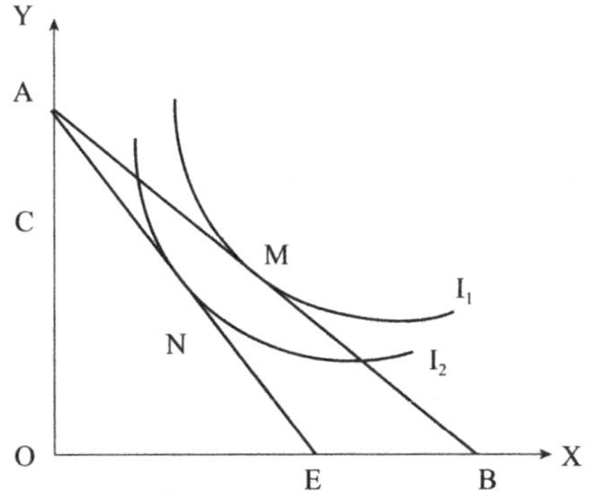

图 2-8　税收对消费的替代效应

此外，税收的替代效应还受商品自身需求弹性、消费者的收入水平和政府征税范围的影响。其一，就商品自身性质而言，需求弹性大的商品，比如奢侈品，消费者对于商品的价格变化更敏感，面对课税造成的相对价格上涨，消费者会更大幅度降低消费量，则替代效应越明显；反之，对于需求弹性较小的一般生活必需品，由于生活需要，即使征税会使得价格上涨，消费者也不会或较难找到替代品，则消费量不会发生大的变化。其二，消费者收入水平对替代弹性的影响源自不同收入水平消费者对于同一商品的需求弹性的差异。对某一商品课税多造成的价格上涨，低收入者由于其主要收入要维持基本生活需要，对价格变化较为敏感，因此会降低对该商品的购买，而高收入水平者一般对商品价格变化不敏感，因此不会因征税而减少消费量。其三，从政府课税范围来看，如果课税范围较小，课税商品的相对价格变化较明显，就很可能改变消费者对该商品的购买量，如果课税范围较大，商品价格广泛提高，意味着消费者的实际收入水平，即购买力的下降，更容易造成税收的收入效应而非替代效应。

（2）税收对居民消费差距的影响机理

税收对消费差距的影响机理需要分税种讨论。

对于所得税而言，其征税对象是要素价格，其负担者就是要素所有者，税负通常不易转嫁。所得税的税种主要包括个人所得税和企业所得税。对于个人所得税来说，税收主要通过改变居民的可支配收入来影响居民消费，更多体现的是税收对消费的收入效应。实行累进税率的个人所得税会使得高收入群体的税收负担较高，而低收入群体承担的税收负担较低甚至不用承担所得税，使得高收入群体感知到可支配收入水平的下降从而减少消费支出，低收入群体由于不受个人所得税的影响从而其消费水平相对不受影响，进而缩小了居民之间的消费差距，促进了消费公平。企业所得税的情况稍显复杂，一方面，企业所得税通过对企业利润进行课税减小了资本所有者的资本收益，降低了资本所有者与劳动者之间收入差距，从而促进消费公平。另一方面，企业是市场经济的参与主体，课税可能会使资本所有者通过降低劳动者工资或提高商品价格的方式降低消费者实际购买能力，从而不利于缩小消费差距。

对于货物与劳务税而言，其征收通常发生在生产和消费环节，容易产生税负转嫁现象，商品的供给与需求弹性决定了其税负由生产者和消费者承担的比例。消费者使用可支配收入进行消费，从而承担了一定比例的货物与劳务税，进而降低了其购买力。由于不同收入水平居民对同一商品的需求弹性并不相同，因此各收入水平居民承担的税收负担比例随之不同，从而会影响不同收入水平居民的实际购买力，进而对消费差异产生影响。比如，就奢侈品而言，低收入群体居民可能不会进行消费，或即使消费也会由于其收入水平原因对奢侈品的价格变化较为敏感，而高收入群体对奢侈品的价格变化敏感程度可能较低，因此对奢侈品的课税通常情况下会使得高收入群体的税收负担更大，从而降低了高收入水平居民的实际购买力，进而缩小了居民消费差异。总之，货物与劳务税主要是通过影响商品和劳务的价格来实现对居民的实际购买力的影响，从而对不同阶层之间的消费差距产生间接调节作用。

2.2.4 理论基础的应用

围绕研究目标，本书重点梳理了税收的公平理论和税负转嫁理论，并论述了税收调节居民消费差距的机理分析。总体来看，税收的公平理论和税负转嫁理论是贯穿本书实证部分的理论基础。

税收公平理论为如何正确看待税收对消费差距的调节作用提供引导。在第4章和第5章的实证部分，本书研究了我国个人所得税、企业所得税、增值税、消费税、营业税以及减税降费政策对城乡居民消费差距和城镇居民消费差异的影响。通过将税收因素嵌入消费基尼系数，研究了征税前后对消费基尼系数的影响，并利用MT指数探索了课税是否有利于促进消费公平。

税负转嫁理论主要应用于税收负担的计算。第5章在假定税负完全向前转嫁的情况下，利用法定税率和城乡居民的实际支出数据计算各自的税收负担，同时结合所得税和货物与劳务税对居民消费差距的影响机理采用不同的计算方式：在研究征收个人所得税对居民消费差距的影响时，将个人所得税的负担根据居民消费倾向进行调整后嵌入消费基尼系数计算，体现税收对居民消费差距的收入效应，即在没有个人所得税情况下，居民可支配收入增加；在研究企业所得税对居民消费差距的影响时，需要同时考虑企业所得税对居民收入水平的直接影响和税负转嫁对居民消费水平产生的间接影响；在研究增值税、营业税和消费税对居民消费差距的影响时，通过剔除居民消费中的税负因素，来比较征税前后的消费基尼系数。第6章利用投入产出价格模型测算了各投入产出部门的有效税率，在与城镇居民消费支出进行匹配后测算了城镇不同收入水平居民的税收负担。投入产出价格模型的设定隐含了税负在不同部门的转嫁。进一步地，本书第6章利用QUAIDS模型的估计结果测算了不同收入水平城镇居民的支出弹性和需求弹性，假设其他条件不变的情况下，在局部均衡框架下对商品课税可能造成的税负转嫁进行分析。

第3章

我国居民消费差距的测度与分解
——基于省级收入分组数据的分析

3.1 引言

消费差距是衡量福利差距的重要维度，缩小居民消费差距是推动实现共同富裕必须实现的目标。正如习近平总书记在《扎实推动共同富裕》一文中强调，居民收入和实际消费水平差距缩小到合理区间是全体人民共同富裕基本实现的重要特征。学者们则重点从三个方面论述消费差距的重要性：一是信息层面，消费能够同时反映居民流量收入水平和存量财富积累状况，并且能够代表消费主体对社会服务资源的索取程度（邹红等，2013；揭昌亮和石峰，2015）；二是数据层面，消费数据相比较收入数据更不容易被刻意隐匿，同时具有更强的数据稳定性；三是学理层面，居民福利效用是直接关于消费的函数而非是关于收入，后者仅是居民实现效用和福利的中间环节，而前者才是在综合收入等各类因素后所产生的最终结果（李清彬，2023）。因此，相比收入差距，消费差距更能够反映真实的居民福利差异，也更值得被关注和警惕。

鉴于上述因素，消费差距的测度和成因成为学者们的研究重点。对消费差距的测度研究，学者们大多是把衡量收入差距的测度方法应用于对消费差距的度量，比如基尼系数、泰尔系数、变异系数、分位数等（解垩，2008；邹红等，2013；高帆，2014；Lise 等，2014），并从收入分布拟合（孙豪等，2017）、误差修正（罗楚亮和颜迪，2020）、价格差异（宋泽等，2020）、考虑公共服务支出（李清彬，2023）等多个方面力图提高消费差距的测度精度。对消费差距的成因研究可以按照研究方法归纳为两类：一类研究利用分解法分析不同地区、不同消费类别对总体消费差距的贡献度（陈志刚和吕冰洋，2016；孙豪和毛中根，2017；范晶和高艳云，2023）；另一类研究则使用计量方法分析不同因素对消费差距的作用方向（胡日东等，2014；程名望和张家平，2019；周广肃等，2020）。

本书拟在前人研究的基础上从数据基础方面进行拓展：已有研究对居民消费差距的测度或是利用宏观有限的统计分组数据，或是利用微观调查数据，由于前者忽略了较大的组内差距，后者存在测量误差（许宪春，2013），都会导致在度量消费差距时出现低估现象，无法准确刻画居民消费不平等。因此，本书通过整理省级收入分组数据度量我国居民消费差距，同时利用基尼系数的子群分解法和要素分解法分析构成我国居民消费不平等的主要因素。

3.2 研究设计和数据来源

3.2.1 消费基尼系数的估算

（1）消费基尼系数的一般表达

基尼系数作为一种衡量总体不均等的指数，不仅满足强洛伦兹一致性原则和庇古-多尔顿转移支付原则，还具有较好的横向可比性，因此在基尼（Gini）教授于 1912 年提出后，该指数被广泛地应用于测算各个领域内的差异状况，比如教育（杨俊等，2008）、人力资本（李亚玲和汪戎，2006）、碳排放（Teng 等，2013；Chen 等，2016）。当然，国内外很多学者也利用基尼系数对消费差距进行测量（Silber，1999；解垩，2008；Fotros 等，2011）。基尼系数最常用的计算公式如下：

$$G = \frac{1}{2n^2\bar{c}}\sum_{i=1}^{n}\sum_{j=1}^{n}|c_i - c_j| \quad (式 3-1)$$

其中，n 表示样本量，$\bar{c}$ 表示样本消费支出均值，c_i、c_j 表示第 i 和 j 个样本的消费水平。

基尼系数对收入差距的测度本质上是对洛伦兹曲线的几何解释。如图 3－1 所示，洛伦兹曲线是 Lorenz（1905）提出的揭示在收入由低到高进行排序后人口百分比与其相对应下的收入百分比之间的关系曲线。图中对角线表示完全平等线，即如果测算目标总体内收入完全平等时的洛伦兹曲线；反之如果目标总体内单个个体得到总体全部收入，则洛伦兹曲线是完全差异线；在一般情况下，洛伦兹曲线呈现图中曲线形式。基尼系数的几何解释则是图中洛伦兹曲线与对角线所围成的面积 S_A 与对角线下面积总和 S_{A+B} 的比值。由于 $S_{A+B} = \frac{1}{2}$，因此基尼系数可以表示为：

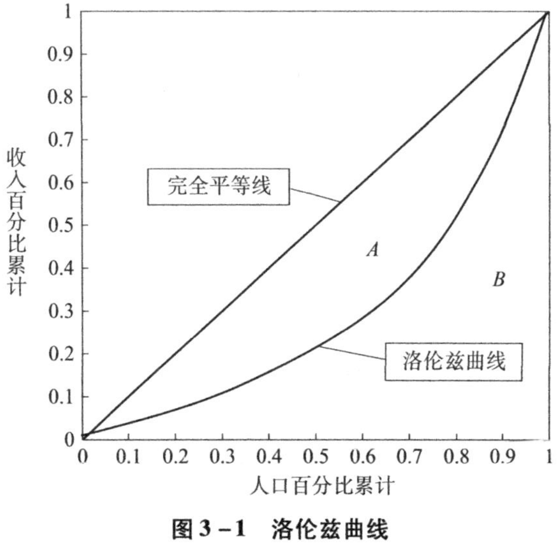

图 3－1　洛伦兹曲线

$$G = \frac{S_A}{S_{A+B}} = 2S_A = 1 - 2S_B \qquad (式3-2)$$

G 的取值范围是 [0，1]，比值越大即差异程度越高。

在计算消费基尼系数时，根据居民消费数据的特征，可以采用相对应的方式来进行计算分析。当居民消费数据是离散数据，即原始消费数据是离散分布时，S_B 可以表示为 $S_B = \frac{1}{2}\sum_{i=0}^{n-1}(F_{i+1} - F_i)(C_{i+1} + C_i)$，结合式 3-2，此时消费基尼系数可以表示为：

$$G = 1 - \sum_{i=0}^{n-1}(F_{i+1} - F_i)(C_{i+1} + C_i) \qquad (式3-3)$$

其中，F 表示消费累计密度函数，消费 $C_{i+1} \geqslant C_i$。

当居民消费数据是连续分布时，$S_B = \int_0^1 C(p)\mathrm{d}p$，则消费基尼系数可以表示为：

$$G = 1 - 2\int_0^1 C(p)\mathrm{d}p \qquad (式3-4)$$

其中 p 表示最低消费居民的消费占全体居民总消费的比重。

实际上，式 3-3 和式 3-4 在本质上是相互统一的，这是因为以连续性分布函数计算出的消费基尼系数也是通过对消费离散数据进行拟合得出的。一般来说，对于微观数据，可以通过上述方法直接拟合洛伦兹曲线计算基尼系数。由于本章对居民消费基尼系数的测算采用的是来自统计年鉴的宏观数据，因此不适用上述直接拟合洛伦兹曲线的方法。

（2）基于宏观数据的消费基尼系数计算方法

基于宏观分组数据计算基尼系数的方法通常可以归纳为函数加总法和子群分解法两类。

第一类是函数加总法。该方法是指利用官方公布的分组数据，通过选取拟合优度较好的居民目标分布函数来得到居民的目标分布状况，再依据测算目标分布与基尼系数的关系估算实际基尼系数。

函数加总法在计算收入基尼系数时得到了广泛应用。Wu 和 Perloff（2005）利用 1985—2011 年的《中国统计年鉴》提供城乡居民家庭收入分组数据还原居民收入分布状况，据此得出对应的居民收入基尼系数；胡志军等（2011）分别采用威布尔分布、对数正态分布以及 beta

第 2 类（B2）分布拟合了 1985—2008 年的中国居民收入分布状况，结果表明 B2 分布拟合优度最佳，并以此测度了总体居民收入基尼系数；张萌旭等（2013）进一步表明多参数分布函数对居民收入分布的拟合效果要优于两参数分布函数，其中四参数的广义第 2 类 beta 分布（GB2）的拟合效果最好。在测度消费差距方面，孙豪等（2017）在假定居民消费分布符合 GB2 分布的前提下，利用《中国统计年鉴》公布的城镇居民家庭七分组数据和农村居民家庭五分组数据，应用此方法估算了 2002—2012 年城镇居民内部、农村居民内部以及全体居民的消费基尼系数。

总体而言，采用函数加总法计算基尼系数主要有三点局限：第一，基尼系数的计算结果在很大程度上会受分布函数选择的影响，不同的分布函数会导致计算结果显著不同，意味着估算结果稳健性不佳，并且到底哪一种分布函数能够最好地拟合居民收入或消费分布，现有文献并没有一致结论；第二，现有结果表明多参数函数的拟合效果会明显优于两参数分布函数，但是在对多参数函数进行参数估计时，计算的复杂性很可能导致估计结果产生较大误差，不能达到全局最优；第三，通过分组数据拟合得到的分布函数可靠性会受到分组数量的制约，因此以国家统计局公布的十分有限的居民分组数据为基础拟合出的分布函数及以此估算出的基尼系数也会具有较大误差。基于以上考虑，本章对于居民消费基尼系数的测算将采取子群分解法。

第二类是子群分解法。子群分解法是指先计算总体中不同子群的基尼系数，再通过一定计算公式进行加总从而得到总体基尼系数。该方法最早是由 Sundrum（1990）提出，通过假设总体由两个子群体构成，则总体的基尼系数表达式为：

$$G = P_r^2\left(\frac{C_r}{C}\right)G_r + P_u^2\left(\frac{C_u}{C}\right)G_u + \frac{P_u P_r \mid C_u - C_r \mid}{C} + G_0 = \alpha G_r + \beta G_u + G_{ur} + G_0$$

（式 3－5）

在式 3－5 中，α 和 β 分别代表两个群体内部消费基尼系数的人口系数；P_u 和 P_r 分别代表第一群体居民、第二群体居民的人口比重；C_u 、C_r 和 C 分别代表第一群体居民、第二群体居民和全体居民的平均消费支出；G_u 和 G_r 分别代表第一群体居民、第二群体居民内部消费基尼系数；G_0 表示交叉项，且大于0，是由两个群体之间的消费交叠部分所导致的，比如可能会有部分第一群体居民的平均消费比部分第二群体中居民的平均消费低的情况出现，交叠程度越高，G_0 越大。Lambert 和 Decoster（2005）给出其表达式如下：

$$G_0 = 2P_u P_r \frac{\int [1 - F_u(x)] F_r(x) \mathrm{d}x}{C} \quad \text{（式3-6）}$$

其中，$F_u(x)$ 和 $F_r(x)$ 分别代表两个群体的消费分布函数，因此在已知两个群体的消费分布情况下，可以估计出 G_0 。在式3-6中，各项占总体基尼系数 G 的比重即是各部分对总体基尼系数的贡献率。

由于在实际研究中，构成总体的子群体往往是在两个以上的，或者出于研究目的需要，需要把总体分解多个群体进行分析，比如研究中国东、中、西部地区间的消费基尼系数。因此在两群体分解的基础上，一些学者提出了按多群体分解加总基尼系数的方法，本章将采用的是 Shorrocks 和 Wan（2005）提出的方法，假设总体由 n 个子群体构成，则总体基尼系数的数学表达式如下：

$$G = G_g + \sum_{j=1}^{n} C_j P_j G_j + G(f) \text{ , } j=1, \cdots, n \quad \text{（式3-7）}$$

其中，G_g 表示不同子群体间的基尼系数；C_j 和 P_j 分别代表第 j 个子群体居民占全体居民的消费比重、人口比重；G_j 表示第 j 个子群体居民内部的基尼系数；$G(f)$ 表示交叉项，当 $n=2$ 时，$G(f)$ 即是 G_0 ，其大小取决于每个子群体之间消费分布的交叠程度，只有当每个子群体之间的消费分布不存在重叠现象时，$G(f)$ 才会等于0。

在应用上，陈宗胜和周云波（2002）引用式3-5测度了我国居民收入差异，但是在应用时省略 G_0 项，没有考虑城镇和农村居民收入数据重叠产生的影响，因此低估了我国居民收入基尼系数，这也是采用子群分解法计算总体基尼系数一直被诟病的原因。无论是按照两群体分解还是按照多群体分解，都无法完全避免由于不同子群体居民数据重叠而导致的交叉项，并且在群体分布不可知的情况下又难以求出交叉项，从而使得最终基尼系数的估算结果产生偏误（Cowell，2011）。

3.2.2　分组数对消费基尼系数测算的影响

前文提到，国家统计局公布居民收支数据时，只有城镇居民家庭按照可支配收入分成的七分组与农村居民家庭按照纯收入分成的五分组的分组数据，并不公开住户调查的样本原始数据，可见从统计年鉴中可获得的分组数据十分有限。但同时基尼系数的测算的准确性又显著受到分组数的影响，这是因为通过分组数据测算基尼系数时，往往会忽略组内基尼系数，因此过少的分组数会直接导致基尼系数测算结果误差较大，造成低估（Khan 和 Riskin，2001）。陈建东（2016）根据式3－7给出了分组数如何影响基尼系数测算准确程度的推导过程，具体如下：

假设当所有居民的消费被分为 n 组，且按照由低到高排序，此时不同群体之间消费数据不存在重叠状况，则交叉项 $G(f)$ 等于0，从而全体居民消费基尼系数为：

$$G = G'_g + \sum_{j=1}^{n} C_j P_j G_j \qquad (式3-8)$$

在所有居民按照消费从低到高排序后，为了方便推导，假设居民人口按照两等分组，则组间居民消费基尼系数为：

$$G = G'_2 \qquad (式3-9)$$

假设居民人口按照四等分组，则组间居民消费基尼系数为：

$$G = G'_4 = G'_2 + \sum_{j=1}^{2} C_j P_j G_j \qquad (式3-10)$$

假设居民人口按照八等分组，则组间居民消费基尼系数为：

$$G = G'_8 = G'_2 + \sum_{j=1}^{4} C_j P_j G_j \qquad (式3-11)$$

则假设居民人口按照 2^a（a 是整数）等分组，则组间居民消费基尼系数为：

$$G = G'_{2^a} = G'_2 + \sum_{j=1}^{2^{a-1}} C_j P_j G_j \qquad (式3-12)$$

结合式3－9至式3－12，可以证明：

$$G'_2 \leqslant \frac{1}{2},\ \sum_{j=1}^{2} C_j P_j G_j \leqslant \frac{1}{2^2},\ \sum_{j=1}^{4} C_j P_j G_j - \sum_{j=1}^{2} C_j P_j G_j \leqslant \frac{1}{2^3};$$

当且仅当居民人口是等分组时，上述不等式取等号成立。

因此可以得出：

$$\sum_{j=1}^{2^{a-1}} C_j P_j G_j - \sum_{j=1}^{2^{a-2}} C_j P_j G_j \leqslant \frac{1}{2^a} \qquad (式3-13)$$

式3-13表明，在居民人口等分组的前提下，分组数每增加1倍会使得对应全体居民基尼系数的增量以2的负1次方衰减，即分组数增加，基尼系数也会增长，但基尼系数的增量随着分组数的增加边际递减，呈现收敛。换句话来说，根据分组数可以确定误差的上限，比如样本数量被划分为32个等分组，那么基尼系数的误差不会超过$\frac{1}{32}$；如果样本被划分为128等分组，那么基尼系数的误差则不会超过$\frac{1}{128}$。应用上，陈建东（2016）通过利用安徽省和四川省住户调查数据进行研究分析，发现如果利用超过20组的分组数据对基尼系数进行测算，则计算结果与实际基尼系数的误差将小于1%。

3.2.3 按照消费类别对消费基尼系数进行分解

按照消费类别对居民消费基尼系数进行分解是分析居民消费差距的重要途径。居民消费具有多样性，按照2005—2012年《中国统计年鉴》的分类，居民消费支出可以分为八大类，包括食品、衣着、居住、家庭设备及用品、交通通信、文教娱乐、医疗保健和其他消费支出。各类消费支出在居民消费支出中占比存在差异且会随着时间发生变化，因此按照消费类别对消费基尼系数进行分解有助于分析各类消费对消费基尼系数的影响。具体方法如下所示：

假设总体有n个单位且每个单位的消费支出可以分为h类（$i=1, \cdots, h$），则具体方法如下所示：

$$G = \sum_{i=1}^{h} C_i G'_i \qquad (式3-14)$$

在式3-14中，G表示总消费基尼系数；G'_i是第i类消费的集中系数，由于在计算时的排序是按照总消费支出从低到高排序，而非该类消费支出的排序，因此也被称为伪基尼系数；C_i代表居民第i类支出占总消费支出的比重。当$G'_i > G$时，表明第i类消费支出差距将会加剧总体消费不平等；反之，当$G'_i < G$时，表明第i类消费支出差异将会缩小总体消

费不平等。$C_i \frac{G'_i}{G}$ 可以用来表示各类消费差距对总体消费差距的贡献率。

进一步，当利用式3－14对消费基尼系数的增量进行要素分解时，可以表示为：

$$\Delta G = G^{(1)} - G^{(0)} = \sum_{i=1}^{h} G'^{(0)}_i \Delta C_i + \sum_{i=1}^{h} C_i^{(0)} \Delta G'_i + \sum_{i=1}^{h} \Delta C_i \Delta G'_i \quad （式3－15）$$

其中，1表示报告期，0表示基期，$\Delta C_i = C_i^{(1)} - C_i^{(0)}$ 表示第 i 类消费支出占总消费比重在报告期和基期之间的变化额，$\Delta G'_i = G'^{(1)}_i - G'^{(0)}_i$ 表示第 i 类消费支出集中度在报告期和基期的变化额。总的消费基尼系数可以如式3－15分解成三项：一是由消费支出结构变化所产生的结构效应 $\sum_{i=1}^{h} G'^{(0)}_i \Delta C_i$；二是由各类消费支出集中度变化所引起的集中效应 $\sum_{i=1}^{h} C_i^{(0)} \Delta G'_i$；三是由两者共同变化所引起的综合效应 $\sum_{i=1}^{h} \Delta C_i \Delta G'_i$。

3.2.4　按照消费、消费位次及人口比重对消费基尼系数增量进行分解

洪兴建（2008）针对多群体估计出的基尼系数，提出一种根据各组消费水平变动、由消费水平变动带来的各组消费位次变化和各组人口权重变化为基础的基尼系数增量分解方法。该方法在陈建东（2016）和Ma等（2017）对我国收入差异的研究中多有应用。

具体来说，以 $C = (c_1, c_2, \cdots, c_m)$，$R = (r_1, r_2, \cdots, r_m)$，$P = (p_1, p_2, \cdots, p_m)$ 分别表示消费水平向量、消费位次向量和人口份额向量，基尼系数可以表示为 $G(C,R,P)$。对应的，第 t 期的消费水平向量、消费位次向量和人口份额向量分别为 $C = (c_{t1}, c_{t2}, \cdots, c_{tm})$，$R = (r_{t1}, r_{t2}, \cdots, r_{tm})$，$P = (p_{t1}, p_{t2}, \cdots, p_{tm})$。报告期和基期分别以 $t = 0$ 和1表示，从而基尼系数的增量可以被分解为：

$$\begin{aligned}\Delta G &= G(C_1,R_1,P_1) - G(C_0,R_0,P_0) \\ &= [G(C_1,R_0,P_0) - G(C_0,R_0,P_0)] + [G(C_1,R_1,P_0) - G(C_1,R_0,P_0)] \\ &\quad + [G(C_1,R_1,P_1) - G(C_1,R_1,P_0)] \\ &= M_C + M_R + M_P \qquad （式3－16）\end{aligned}$$

其中，M_C 表示消费效应，即当消费位次和人口比重保持在报告期 R_0 和 P_0 水平下不变时，消费水平变为 C_1 时对消费基尼系数增量的贡献；M_R 表示排序效应，即在群体人口比重仍然保持在报告期 P_0 水平下，由消费水平变为 C_1 导致消费位次发生变化为 R_1 时对消费基尼系数增量的贡献；M_P 表示人口效应，表示在消费水平和消费位次保持不变时，群体人口比重由 P_0 变化为 P_1 时对消费基尼系数增量的贡献。

对利用省级分组数据测算的消费基尼系数而言，利用该分解法能够更有效地研究消费流动对基尼系数变化的影响。相比之下，现有文献在使用国家统计局宏观分组数据时，较少的分组所产生的组间差距会导致即使各组居民消费增长，各组之间的相对位次也很难发生改变，从而难以判断出由位次变动产生的影响。比如在 Ma 等（2017）利用该分解法对我国城乡居民收入差距的研究中，城镇和农村两个群体居民的收入位次并没有发生改变，所以收入位次变动对城乡居民收入差距变化的贡献为 0。但是，群体内部的排序变化以及较高收入水平农村居民和较低收入水平城镇居民的排序变化所产生的基尼系数的影响实际上是被两个群体的收入水平变化所吸收了。

3.2.5 数据说明

本章节致力于在使用宏观数据的基础上尽可能提高对消费基尼系数的估算精度，因此采用现有文献使用《中国统计年鉴》公布的相对粗糙的居民分组数据无法满足本章节的需求。通过查阅，笔者发现在各省公布的统计年鉴中，同样会公布该省按照收入水平分组的城乡居民消费支出数据。鉴于各省统计年鉴的口径范围都以国家现行统计报表制度为准，所以各省份数据具有可比性。因此，本章拟通过搜集省级居民收入分组的支出数据来测算居民消费基尼系数。

通过对 31 个省（市、自治区）发布的统计年鉴、对应年份的省级住户调查年鉴、国家统计局发布的《中国统计年鉴》和《中国住户调查年鉴》进行整理，本书选定 2005—2016 年作为研究跨度。原因包括：第一，《中国统计年鉴（2006 年）》首次公布分地区常住人口的城乡构成数据。第二，2018 年后，多数地区的统计年鉴不再公布按收入水平分组的城乡居民家庭基本信息数据。此外，自 2013 年起，国家统计局在全国统一实施的城乡一体化住户收支与生活状况调查制度，在调查指标、抽样方法、调查过程、数据处理和数据发布方面进行统一化改革，在城乡划分范围、指标名称和指标口径同时发生变化，与 2013 年之前分开进行的城镇住户调查和农村住户调查数据不可比。同时，2013 年之前，住户调查年鉴所公开居民收支分组数据，包含城镇居民家庭按照可支配收入划分的七分组数据和农村居民家庭按照纯收入划分的五分组数据；2013 年之后，统一公开口径，对城乡居民皆按照可支配收入划分为五分组，并且仅公开收入分组的可支配收入水平，不再包含人口、就业、消费等家庭基本情况信息。故本章以 2013 年为节点，数据整理结果分为 2005—2012 年（见表 3 - 1）与 2013—2016 年（见表 3 - 2）展示。

表 3 - 1　2005—2012 年城乡居民家庭按收入水平分组生活性消费支出数据可获得性

年份 地区	城镇居民家庭数据								农村居民家庭数据							
	2005	2006	2007	2008	2009	2010	2011	2012	2005	2006	2007	2008	2009	2010	2011	2012
北京	√	√	√	√	√	√	√	√	√	√	√	√	√	√	√	√
天津	√	√	√	√	√	√	√	√	N	N	N	N	N	N	N	N
河北	T	T	T	T	T	T	T	T	N	N	N	N	N	N	N	N
山西	√	√	√	√	√	√	√	√	√	√	√	√	√	√	√	√
内蒙古	√	√	√	√	√	√	√	√	N	N	N	N	N	N	N	N
辽宁	√	√	√	√	√	√	√	√	N	N	N	N	N	N	N	N
吉林	√	√	√	√	√	√	√	√	N	N	N	N	N	N	N	N
黑龙江	√	√	√	√	√	√	√	√	N	N	T	T	T	T	T	T
上海	√	√	√	√	√	√	√	√	√	√	√	√	√	√	√	√
江苏	√	√	√	√	√	√	√	√	√	√	√	√	√	√	√	√
浙江	√	√	√	√	√	√	√	√	√	√	√	√	√	√	√	√
安徽	√	√	√	√	√	√	√	√	N	N	N	N	N	N	N	N
福建	√	√	√	√	√	√	√	√	√	√	√	√	√	√	√	√
江西	√	√	√	√	√	√	√	√	√	√	√	√	√	√	√	√
山东	√	√	√	√	√	N	N	N	N	N	N	N	N	N	N	N

续表

年份 地区	城镇居民家庭数据								农村居民家庭数据							
	2005	2006	2007	2008	2009	2010	2011	2012	2005	2006	2007	2008	2009	2010	2011	2012
河南	√	√	√	√	√	√	√	√	√	√	√	√	√	√	√	√
湖北	√	√	√	√	√	√	√	√	N	N	N	N	N	N	T	T
湖南	√	T	T	T	T	T	T	T	N	N	N	N	N	N	N	N
广东	√	√	√	√	√	√	√	√	√	√	√	√	√	√	√	√
广西	√	√	√	√	√	√	√	√	√	√	√	√	√	√	√	√
海南	√	√	√	√	√	√	√	√	N	N	N	N	N	N	N	N
重庆	√	√	√	√	√	√	√	√	√	√	√	√	√	√	√	√
四川	√	√	√	√	√	√	√	√	T	T	T	T	T	T	T	T
贵州	N	N	N	N	N	N	N	N	N	N	N	N	N	N	N	N
云南	√	√	√	√	√	√	√	√	N	N	N	N	N	N	N	N
西藏	√	√	√	√	√	√	√	√	N	N	N	N	N	N	N	N
陕西	√	√	√	√	√	√	√	√	√	√	√	√	√	√	√	√
甘肃	√	√	√	√	√	√	√	√	N	N	√	√	√	√	√	√
青海	√	√	√	√	√	√	√	√	N	N	N	N	N	N	N	N
宁夏	√	√	√	√	√	√	√	√	N	√	N	N	√	√	√	√
新疆	√	√	√	√	√	√	√	√	√	√	N	N	√	√	√	√
总计	29	28	28	28	28	27	27	27	13	14	13	13	15	15	15	15

注：“√”表示能够从该省本年统计年鉴（或调查年鉴）获得该年所需数据；“N”表示不能；“T”表示仅有按收入水平分组的生活消费性总支出数据，而无分类消费支出数据；总计为“√”数，下表同。

表 3－2　2013—2016 年城乡居民家庭按收入水平分组生活性消费支出数据可获得性

年份 地区	城镇居民家庭数据				农村居民家庭数据			
	2013	2014	2015	2016	2013	2014	2015	2016
北京	√	√	√	√	√	√	√	√
天津	T（老）	N	N	N	N	N	N	N
河北	T	T	T	T	N	N	N	N
山西	√（老）	√	√	√	√（老）	√	√	√
内蒙古	√	√	√	√	√	√	√	√

续表

地区＼年份	城镇居民家庭数据				农村居民家庭数据			
	2013	2014	2015	2016	2013	2014	2015	2016
辽宁	√（老）	√	√	√	N	N	N	N
吉林	√（老）	√	√	N	N	N	N	N
黑龙江	√（老）	N	N	N	N	N	N	N
上海	√（老）	T	T	N	√（老）	T	T	N
江苏	√	√	√	√	√	√	√	√
浙江	T（老）	N	N	N	T（老）	N	N	N
安徽	√	√	√	√	N	N	N	N
福建	√	√	N	N	√	√	N	N
江西	√（老）	√	√	√	√（老）	√	√	√
山东	N	N	N	N	N	N	N	N
河南	√（老）	√	√	√	√（老）	√	√	√
湖北	√（老）	√	√	√	T（老）	T	T	T
湖南	T（老）	√	√	√	N	√	√	√
广东	√（老）	√	√	√	√（老）	√	√	√
广西	√（老）	N	N	N	√（老）	N	N	N
海南	√（老）	√	√	√	√（老）	√	√	√
重庆	√	√	√	√	√	√	√	√
四川	√	√	√	√	T	T	T	T
贵州	N	N	N	N	N	N	N	N
云南	N	N	N	N	N	N	N	N
西藏	√（老）	√	√	√	N	N	N	N
陕西	√	√	√	√	√	√	√	√
甘肃	√（老）	√（老）	√	√	√（老）	√（老）	√	√
青海	N	N	N	N	N	N	N	N
宁夏	√（老）	√	√	√	√（老）	√	√	√
新疆	√（老）	N	N	√	√（老）	√	√	√
总计	8	19	19	19	7	14	14	14

注：有“（老）”表示从该省该年统计年鉴（或调查年鉴）获得的消费数据口径为城乡一体化调查改革前的老口径，反之则为新口径数据。

通过表3－1和表3－2可以发现：第一，城镇居民按收入水平分组生活消费支出数据较为完善，仅有贵州和山东在部分年份不能获得数据，而农村居民家庭按照收入水平的分组数据存在较为严重的缺失现象，尤其2009年之前有超过一半的省份没有公布分组数据；第二，虽然国家统计局从2013年在全国统一实施城乡一体化住户收支与生活状况调查制度，但并不是所有省份在其2013年统计年鉴中都公布了新口径数据，比如甘肃从2015年才开始公布新口径数据；第三，在城乡一体化住户调查制度实施后，部分省份取消公布城乡分组数据，因此在2013年以后能获得的省级按收入水平分组城乡居民家庭数据进一步减少。鉴于上述三点，本章对我国城镇居民、农村居民和全国居民消费基尼系数的测算以2013年城乡住户一体化调查为节点分为两阶段进行。

本章对2013年以前我国居民消费基尼系数的测算样本包括：一是以2005—2012年除去河北、山东、湖南和贵州以外的其余27个地区的按收入水平分组的城镇居民生活性消费支出数据，合计每年181组数据为样本测算我国城镇居民消费基尼系数；二是以2009—2012年15个可获得的按收入水平分组的农村居民家庭生活消费支出数据的地区，包括北京、山西、上海、江苏、浙江、福建、江西、河南、广东、广西、重庆、陕西、甘肃、宁夏、新疆，合计每年113组数据为样本测算2009—2012年我国农村居民消费基尼系数；三是以同时可以获得按收入水平分组的城乡居民家庭数据，合计15个省份每年212组为样本测算2009—2012年我国居民整体消费基尼系数。

在2013年以后城乡住户一体化调查制度实施后，2014—2016年按收入水平分组的城镇和农村居民家庭生活性消费支出及其构成数据不存在缺失的地区分别有17个（北京、山西、内蒙古、辽宁、江苏、安徽、江西、河南、湖北、湖南、广东、海南、重庆、四川、西藏、陕西、宁夏）和13个（北京、山西、内蒙古、江苏、江西、河南、湖南、广东、海南、重庆、陕西、宁夏、新疆），其中有12个（北京、山西、内蒙古、江苏、江西、河南、湖南、广东、海南、重庆、陕西、宁夏）地区的城乡数据皆不存在缺失。因此，2014—2016年我国城镇、农村和整体居民消费基尼系数的测算样本分别为17个省份每年89组数据、13

个省份每年 65 组数据以及 12 个省份每年 122 组数据。

以上样本的每组数据对应的人口比重为该组家庭占其所在省份家庭比例再乘以该省人口占样本省份总人口比重。以 2005 年为例，根据 2006 年《中国统计年鉴》公布的年末城镇人口数据，北京市城镇居民常住人口为 1286.08 万人，样本 27 个省份的城镇居民总人口数为 45958.81 万人，占比为 2.8%；根据 2006 年《北京市统计年鉴》，2005 年城镇居民家庭按照收入水平分为五组，其中低收入户家庭占比 20%。由此推算北京市城镇居民低收入户人口占样本城镇居民总人口的 0.56%。同时，为验证运用省级分组数据测算的基尼系数是否更精确，本章同时以 2005—2012 年《中国统计年鉴》公布的城镇和农村居民按收入水平分组的消费数据测算城镇、农村和居民整体的消费基尼系数。由于从 2014 年开始，国家统计局不再公布按居民收入分组的生活消费支出数据，故不对 2014—2016 年的结果作比较。此外，为剔除通货膨胀因素带来的影响，本章采用居民消费价格指数对居民消费支出进行调整，各地区城镇和农村的价格指数数据来自对应年份《中国城市（镇）生活与价格年鉴》和《中国价格统计年鉴》，其中北京、上海和重庆的农村居民消费价格指数用当年城镇居民消费价格指数替代。同时，鉴于直至 2016 年《中国价格统计年鉴》公布的居民消费价格指数口径才与城乡住户一体化调查改革后的新的居民各类消费支出口径匹配，因此在测算 2014—2016 年的居民消费基尼系数时不以 2014 年为基期进行价格调整。

最后，由于在国家及各省统计年鉴中得到的城乡居民分组数据是按照居民家庭收入水平分组，一般来说，在 2013 年以前城镇和农村居民家庭按照收入水平分为七分组和五分组，在 2013 年以后城乡居民家庭统一按照收入水平分为五分组。因此本章对消费基尼系数的测算的假定采用孙豪等（2017）对消费基尼系测算时的假定，即城乡居民家庭按消费水平分组与按照收入水平分组保持一致，换句话说，即家庭人均消费支出与人均收入水平排序相同。此外，本章测算出的消费基尼系数同样是家庭人均消费基尼系数，忽略了家庭内部消费差异。

3.3 城镇居民消费差距的测度结果及其分解

3.3.1 城镇居民消费基尼系数的测度结果

表3－3给出利用省级城镇居民收入分组数据估算出的2005—2012年城镇居民消费基尼系数，并与使用《中国统计年鉴》城镇居民家庭按收入水平七分组数据估算出的消费基尼系数与孙豪等（2017）利用函数加总法估算出的消费基尼系数结果作对比。

表3－3　　2005—2012年城镇居民消费基尼系数

年份	城镇全国分组 G_1	城镇省级分组 G_2	G_1 剔除价格因素 G_3	G_2 剔除价格因素 G_4	孙豪等（2017） G_5
2005	0.2759	0.2909	0.2759	0.2909	0.2859
2006	0.2756	0.2896	0.2756	0.2897	0.2853
2007	0.2666	0.2795	0.2666	0.2816	0.2759
2008	0.2746	0.2877	0.2746	0.2905	0.2843
2009	0.2727	0.2841	0.2727	0.2885	0.2817
2010	0.2697	0.2811	0.2697	0.2851	0.2796
2011	0.2653	0.2744	0.2653	0.2783	0.2737
2012	0.2539	0.2637	0.2539	0.2676	0.2628
平均值	0.2693	0.2814	0.2693	0.2840	0.2787

从表3－3可以看出：第一，利用《中国统计年鉴》公布的按收入水平七分组的城镇居民家庭消费支出数据计算得出的城镇居民消费基尼系数 G_1 在各年度明显低于利用省级181组数据计算所得出消费基尼系数 G_2，前者8年的平均值为0.2693，而后者8年的平均值为0.2814，比前者高4.5%，由此证明分组数过少确实会对基尼系数的测算结果产生偏差，造成低估。

第二，以2005年全国城镇居民生活消费价格为基期，由于不同收入水平的城镇居民消费支出所剔除的价格因素都是该年全国城镇居民生活消费价格，故只会改变每组城镇居民生活性消费支出的绝对值，不会改变每组之间的相对值，导致由全国分组数据估算出的城镇居民消费基尼系数保持不变，即 $G_1 = G_3$ 。但是，对于由省级分组数据计算得到的城镇居民消费基尼系数而言，把未剔除地区间城镇居民生活性消费价格变动因素得出的估算结果 G_2 称为“城镇居民名义消费差距”，把以 2005 年各地区城镇居民生活消费价格为基期，剔除地区间城镇居民生活性消费价格变动因素得出的估算结果 G_4 称为“城镇居民实际消费差距”，比较发现，除 2005 年以外，历年城镇居民名义消费差距都要小于同期实际消费差异，前者 8 年平均值为 0.2693，比后者平均值低 0.92%。由此可见，未考虑地区间消费价格变化因素可能会低估地区间消费差距，也就是组间差距，从而对消费基尼系数测算产生影响。该发现与江小涓和李辉（2005）加入地区间价格差异发现地区间实际收入差异要小于名义收入差异的结果相反。

第三，对比孙豪等（2017）利用函数加总法的测算出的城镇居民内部消费基尼系数 G_5 ，本章估算出的 G_2 和 G_4 要分别高出 0.97% 和 1.90%，鉴于孙豪等（2017）仅利用城镇居民七分组数据且未剔除地区间消费价格因素变动的影响，因此有理由认为他们的结果与真实消费基尼系数值相比较低。

此外，根据表 3－3 中结果，图 3－2 给出了城镇居民消费基尼系数的变化趋势：尽管在数值上存在差异，城镇居民消费差距的变化趋势却不受到影响。除在 2008—2009 年出现波动以外，城镇居民整体消费差距在 2005—2012 年呈现出下降趋势。

表 3－4 展示了以 27 省 181 组分组数据为样本估算出的 2005—2012 年城镇居民分类消费基尼系数未剔除各类消费地区间价格因素的名义值、剔除各类消费所对应的价格因素后的实际值以及二者的差异。可以看出：第一，对于属于生存性消费支出的食品类、衣着类和居住类来说，城镇居民内部在食品类消费中差距最小，居住类次之，在衣着类消费支出中差距最为明显，三项支出 8 年实际消费基尼系数平均值分别为 0.2146、0.2778 和 0.3007。这可能是相对于饮食与居住，衣着表现与

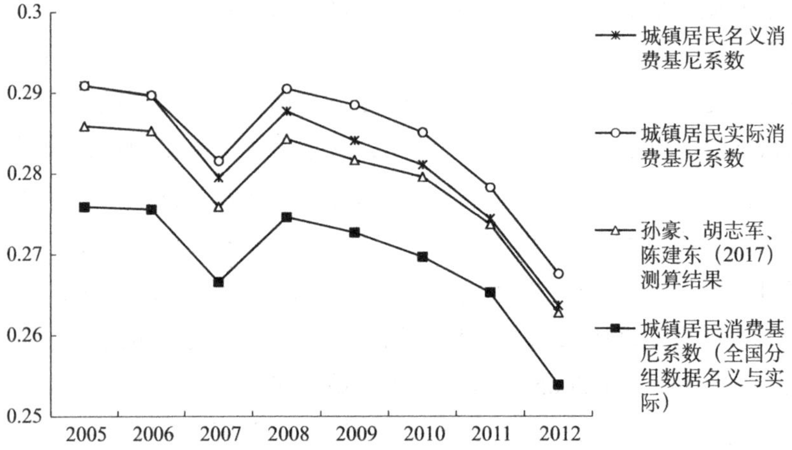

图 3-2　2005—2012 年城镇居民消费差异变化趋势

居民形象紧密挂钩，而社会竞争日益加剧使得居民更注重职业形象管理，从而在衣着档次上差异较为明显。

第二，家庭设备及用品、医疗保健、交通通信、文教娱乐和其他商品及服务等五类发展性消费基尼系数的 8 年均值分别 0.3471、0.2861、0.4407、0.3515 和 0.3939，城镇居民除在医疗保健支出方面较为平均以外，在其余四类支出方面的不平等水平都要高于生存性消费支出的三类支出。尽管把医疗保健支出放入发展性消费支出，但其属性较其余四类支出与居民的生存保障联系更加密切，因此差异程度较小。家庭设备及用品消费差距和文教娱乐消费差距虽然在数值上比较接近，却呈现出不同趋势。随着家用电器等设备用品的普及，城镇居民在该类消费支出不平等程度呈现下降趋势，从 2005 年的 0.3768 下降至 2012 年的 0.3162，降幅达 16.03%。反之，文教娱乐消费差距虽呈现先上升后下降的走势，但整体而言在 2005—2012 年城镇居民在该项消费上的分化程度加剧。此外，城镇居民在交通通信和其他商品与服务方面的消费差距最大，8 年的平均值分别达到 0.4409 和 0.3939。不同的是，交通通信消费差距在近年得到明显改善，下降幅度达 11.37%，而其他商品及服务消费差距在波动中有所上升，可能的原因在于在满足基本消费需求以后，部分城镇居民开始追求更高品质的商品和服务。

表 3－4　　　　2005—2012 年城镇居民分项消费基尼系数

类别		2005 年	2006 年	2007 年	2008 年	2009 年	2010 年	2011 年	2012 年	均值
食品	实际	0.2198	0.2188	0.2106	0.2201	0.2179	0.2147	0.2104	0.2044	0.2146
	名义	0.2198	0.2186	0.2054	0.2137	0.2094	0.2039	0.1997	0.1944	0.2081
	差异	/	0.0002	0.0052	0.0064	0.0085	0.0108	0.0107	0.0100	0.0065
衣着	实际	0.3189	0.3089	0.2867	0.3210	0.2937	0.2932	0.2947	0.2883	0.3007
	名义	0.3189	0.3093	0.2874	0.3212	0.2938	0.2931	0.2928	0.2852	0.3002
	差异	/	-0.0004	-0.0007	-0.0002	-0.0001	0.0001	0.0019	0.0031	0.0005
家庭设备用品	实际	0.3768	0.3656	0.3485	0.3469	0.3505	0.3404	0.3319	0.3164	0.3471
	名义	0.3768	0.3666	0.3497	0.3491	0.3521	0.3430	0.3358	0.3198	0.3491
	差异	/	-0.0010	-0.0012	-0.0022	-0.0016	-0.0026	-0.0039	-0.0034	-0.0020
医疗保健	实际	0.3042	0.2928	0.2933	0.3263	0.2782	0.2844	0.2578	0.2521	0.2861
	名义	0.3042	0.2918	0.2911	0.3224	0.2740	0.2786	0.2515	0.2454	0.2824
	差异	/	0.0010	0.0022	0.0039	0.0042	0.0058	0.0063	0.0067	0.0038
交通通信	实际	0.4607	0.4538	0.4538	0.4515	0.4495	0.4371	0.4127	0.4083	0.4409
	名义	0.4607	0.4549	0.4552	0.4515	0.4478	0.4362	0.4118	0.4071	0.4407
	差异	/	-0.0011	-0.0014	0.0000	0.0017	0.0009	0.0009	0.0012	0.0003
文教娱乐	实际	0.3370	0.3466	0.3394	0.3742	0.3623	0.3611	0.3517	0.3393	0.3515
	名义	0.3370	0.3438	0.3362	0.3701	0.3561	0.3556	0.3457	0.3324	0.3471
	差异	/	0.0028	0.0032	0.0041	0.0062	0.0055	0.0060	0.0069	0.0043
居住	实际	0.2697	0.2778	0.2719	0.3095	0.2846	0.2773	0.2844	0.2468	0.2778
	名义	0.2697	0.2766	0.2697	0.3069	0.2791	0.2709	0.2778	0.2401	0.2739
	差异	/	0.0012	0.0022	0.0026	0.0055	0.0064	0.0066	0.0067	0.0039
其他商品服务	实际	0.3923	0.3836	0.3737	0.4054	0.3855	0.3930	0.4146	0.4030	0.3939
	名义	0.3923	0.3851	0.3750	0.4069	0.3864	0.3948	0.4163	0.4040	0.3951
	差异	/	-0.0015	-0.0013	-0.0015	-0.0009	-0.0018	-0.0017	-0.0010	-0.0012

第三，地区间消费价格差异对不同支出类别消费基尼系数的影响存在差异。就整体而言，以 2005 年各类消费的消费价格为基准，剔除地区间价格变动差异因素以后，居民在家庭设备及用品类和其他商品及服务类两类消费基尼系数减小，而其余 6 类支出的消费基尼系数增大，意味着如果忽略地区间价格变动差异因素，会高估城镇居民在家庭设备及用品和其他商品及服务方面的消费差距，会低估其余几类支出的消费

差距。

表3-5给出了利用城乡一体化住户调查改革后可得到的17省的分组数据计算出的2014—2016年城镇居民整体消费支出及各分项支出的名义消费基尼系数。在新统计口径下，首先，食品烟酒、衣着和居住三种消费水平仍然比较平均，食品烟酒保持最小，但城镇居民在居住方面的消费水平差异超过在衣着类消费支出；其次，尽管交通通信和其他商品及服务的消费基尼系数仍然在所有分类支出消费基尼中数值最高，但城镇居民在其他商品与服务类的消费不平等程度要超过其在交通通信方面的消费不平等，成为消费水平不平等程度最显著的消费种类；最后，从2005—2012年与2014—2016年两阶段的均值来看，城镇居民在医疗保健和文教娱乐两方面的消费差距程度变化最为明显，其中医疗保健消费基尼系数的位次变化最大，在五项发展性支出的消费差距程度排名从末席升至第三，仅次于其他商品与服务和交通通信，而文教娱乐消费基尼系数的数值变化幅度最大，从0.3471降至0.2612，幅度达24.75%。

表3-5　　2014—2016年城镇居民名义消费基尼系数

年份	2014	2015	2016	平均值
城镇居民（省级分组）	0.2518	0.2584	0.2545	0.2549
食品烟酒	0.2076	0.2054	0.2053	0.2061
衣着	0.2774	0.2672	0.2630	0.2692
生活用品及服务	0.2922	0.2982	0.2984	0.2963
医疗保健	0.2940	0.3096	0.3103	0.3046
交通通信	0.3521	0.3385	0.3210	0.3372
文教娱乐	0.2707	0.2635	0.2494	0.2612
居住	0.2689	0.2877	0.2933	0.2833
其他用品及服务	0.3832	0.3749	0.3651	0.3744

注：由于在2016年才给出匹配城乡一体化住户调查的消费支出口径的居民整体及分项消费价格指数数据，因此本表结果是没有剔除地方价格变动差异的计算结果。

图3-3给出了2005—2012年和2014—2016年两阶段城镇居民总

体及分项名义消费基尼系数①。虽然两个时间段的统计口径及样本选择并不相同，但在消费基尼系数的变化趋势上可以给出一定参考。从图中可以看出：第一，总体、食品和家庭设备及用品的消费基尼系数进入一个平稳区间；第二，城镇居民在衣着、交通通信、文教娱乐和其他商品与服务方面的消费差距逐渐缩小，呈现下降趋势；第三，相较于2005—2012 年，城镇居民在居住与医疗保健方面的消费不平等程度有所上升，并呈现逐渐加剧的趋势，当然这也可能归因于统计口径的变化。

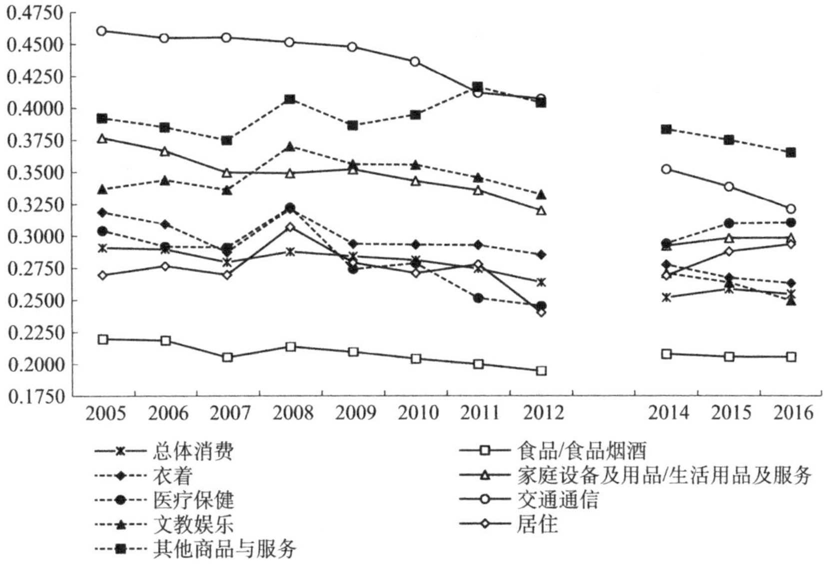

图 3－3　城镇居民总体及分类支出的名义消费基尼系数变化趋势

注：2014—2016 年“食品”消费口径名称变为“食品烟酒”，“家庭设备及用品”消费口径名称变为“生活用品及服务”。下同。

3.3.2　城镇居民消费基尼系数的分解

为了分析各类支出消费差距对总体消费差距的贡献，我们按照式

① 由于缺乏匹配的消费价格指数，从而无法计算 2014—2016 年的消费基尼系数，因此统一用未剔除地区间价格变动差异的名义值。下文同。

3－15 对各年总体消费基尼系数按照支出类别进行分解，得到表 3－6 和表 3－7[①]，并根据结果得到图 3－4。

表 3－6　2005—2012 年不同类型消费支出对城镇居民消费基尼系数的贡献

年份	食品	衣着	家庭设备及用品	医疗保健	交通通信	文教娱乐	居住	其他商品与服务
2005	0.2929	0.0671	0.0646	0.0549	0.2357	0.1606	0.0825	0.0417
2006	0.2915	0.0655	0.0628	0.0498	0.2381	0.1649	0.0861	0.0413
2007	0.2903	0.0596	0.0665	0.0436	0.2531	0.1676	0.0802	0.0391
2008	0.3119	0.0644	0.0698	0.0449	0.2115	0.1571	0.0895	0.0508
2009	0.2923	0.0674	0.0724	0.0440	0.2220	0.1633	0.0898	0.0488
2010	0.2876	0.0686	0.0767	0.0395	0.2316	0.1622	0.0872	0.0466
2011	0.2918	0.0735	0.0781	0.0355	0.2224	0.1677	0.0789	0.0521
2012	0.2905	0.0680	0.0764	0.0334	0.2372	0.1704	0.0702	0.0538
平均值	0.2936	0.0668	0.0709	0.0432	0.2315	0.1642	0.0831	0.0468

表 3－7　2014—2016 年不同类型消费支出对城镇居民消费基尼系数的贡献

年份	食品烟酒	衣着	生活用品及服务	医疗保健	交通通信	文教娱乐	居住	其他用品与服务
2014	0.2677	0.0591	0.0625	0.0530	0.1886	0.1034	0.2281	0.0377
2015	0.2632	0.0559	0.0691	0.0496	0.1776	0.1071	0.2356	0.0419
2016	0.2630	0.0543	0.0706	0.0498	0.1714	0.1048	0.2465	0.0396
平均值	0.2646	0.0564	0.0674	0.0508	0.1792	0.1051	0.2367	0.0397

从表 3－6 和表 3－7 中可以看出，在样本时间内，对城镇居民消费基尼系数贡献率最大的四类消费是食品、交通通信、文教娱乐和居住类消费，其余四类支出的消费支出差距对总体消费差距的贡献率维持在较

① 表 3－6 和表 3－7 的结果是由居民消费的名义值进行计算得来，这是因为如果对总体及分项消费支出按照各自对应居民消费价格指数进行调整，调整后的各类消费支出加总后数值与调整后的生活消费总支出在数值上并不相等，所以不具备分解条件。比如，2006 年北京低收入 20% 家庭人均生活消费总支出按照 2005 年居民消费价格指数调整后结果为 8831.52 元，八类消费支出按照各自 2005 年消费价格进行调整后加总结果为 8815.61 元，相差 15.91 元。可能的原因是：居民消费价格指数主要是根据居民家庭消费支出的构成结构加权后调整而来，而非简单加总。

低水平。其中，食品类支出差距对总体消费差距的贡献率稳居鳌头，其贡献率在两阶段的平均值分别为 29.36% 和 26.46%；居住类的平均贡献率变化最为显著，从 2005—2012 年的 8.31% 上涨至 2014—2016 年的 23.67%；医疗保健类和其他商品与服务类的消费差距的贡献率始终保持在较低水平，在两阶段前者的平均贡献率分别为 4.32% 和 5.08%，后者的平均贡献率分别为 4.68% 和 3.97%。结合表 3－4 和表 3－5 可以看出，虽然城镇居民的食品消费基尼系数最小，但由于食品类支出在总体消费结构中比重最大，所以仍然可能成为构成总体消费差距的最重要因素。其他商品和服务类的情况则正好相反，即使城镇居民在该项支出的两极分化情况更为严重，但该项支出在全部消费中占比较低，因而可能对总体消费差距的影响较小。交通通信类支出占比在两个阶段的消费结构中处于中间位置，但城镇居民在此类消费的支出差距却很显著，因此可能对总体消费差距的贡献率处于较高水平。由此可见，各类消费支出对总体消费基尼系数变化的作用方向可能源自该类支出的消费结构变动、该类支出的消费差距程度变动，或者是二者共同作用结果。因此，本章进一步采用式 3－15 按照结构效应、集中效应和综合效应对总体消费基尼系数进行增量分解。

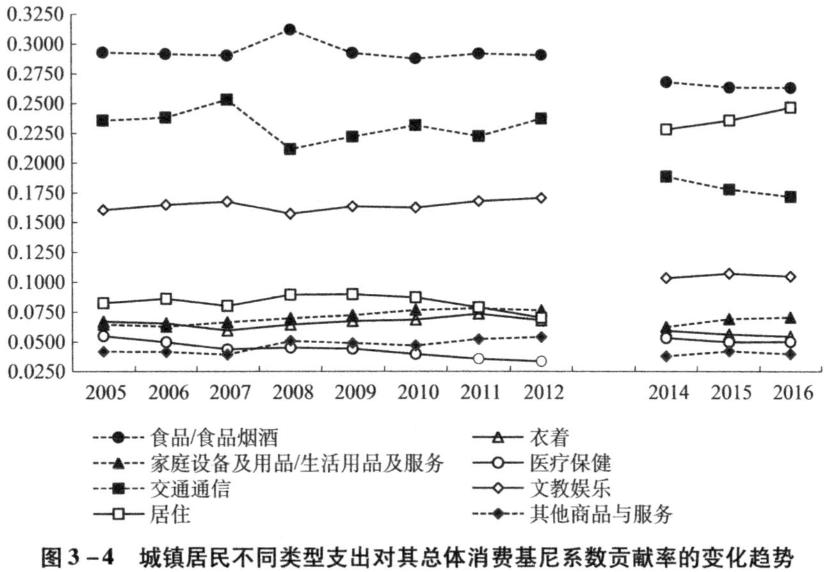

图 3－4　城镇居民不同类型支出对其总体消费基尼系数贡献率的变化趋势

根据表 3 - 8 所示，2005—2012 年城镇居民消费基尼系数下降了 0.0311，主要得益于城镇居民在各类消费支出的集中度的变化，其贡献率达到 106.47%。其中，城镇居民在食品类和交通通信类方面集中度的变化联合贡献了总集中效应的 61.46%。相反，城镇居民消费结构的变化对城镇居民总体消费差距具有负面影响，对消费基尼系数增大贡献了 9.78%，其中由交通通信消费引起的结构效应占全部结构效应的 183.37%，是决定结构效应为负的根本原因。此外，综合效应对这一时间段城镇居民消费差距起到微弱的正向调节作用，贡献了消费基尼系数下降的 3.33%。结合图 3 - 3 各项消费基尼系数的变化趋势，我们可以看出，在 2005—2012 年，除了其他商品和服务类消费差距的变化不利于缩小城镇居民整体消费差距以外，其余各项支出水平差距的变化都有助于城镇居民消费更加均衡，其中食品和交通通信类消费水平差距的缩小是改善城镇居民内部消费差距的最重要因素，二者对城镇居民消费基尼系数的缩小分别贡献了 30.56% 和 22.80%。

表 3 - 9 进一步给出了 2014—2016 年城镇居民消费基尼系数增量的要素分解结果。根据城乡住户一体化调查改革后得到的数据，这一阶段城镇居民消费差距增加了 0.0015，其中结构效应和集中效应分别贡献了其中的 44.39% 和 61.09%。在各项消费支出中，居住类支出是结构效应作用的主要决定因素，交通通信类对集中效应影响最大。结合图 3 - 3，虽然交通通信类消费差距程度的减小对这一阶段城镇居民整体消费不平衡具有正向调节作用，但是并不能抵消由居住类消费差距加剧造成的负面影响，导致城镇居民消费不平衡程度出现加剧的迹象。

表 3 - 8　2005—2012 年城镇居民消费基尼系数增量按要素分解结果

年份	基尼系数	项目	食品	衣着	家庭设备及用品	医疗保健	交通通信	文教娱乐	居住	其他商品与服务
2005	0.1988	集中系数	0.1596	0.1390	0.2303	0.1498	0.3478	0.2290	0.1628	0.2328
		占总消费比重	0.3647	0.0960	0.0557	0.0729	0.1348	0.1395	0.1008	0.0356

续表

年份	基尼系数	项目	食品	衣着	家庭设备及用品	医疗保健	交通通信	文教娱乐	居住	其他商品与服务
2012	0.1677	集中系数	0.1348	0.1082	0.1916	0.0897	0.2637	0.2284	0.1348	0.2222
		占总消费比重	0.3613	0.1055	0.0669	0.0625	0.1508	0.1251	0.0874	0.0406
变动	-0.0311	集中系数	-0.0248	-0.0308	-0.0387	-0.0601	-0.0841	-0.0006	-0.028	-0.0106
		占总消费比重	-0.0035	0.0095	0.0112	-0.0104	0.0161	-0.0143	-0.0134	0.0050
结构效应		0.0030	-0.0006	0.0013	0.0026	-0.0016	0.0056	-0.0033	-0.0022	0.0012
贡献率	-0.0978	占比	-0.1831	0.4320	0.8442	-0.5131	1.8337	-1.0784	-0.7168	0.3815
集中效应		-0.0332	-0.0090	-0.0030	-0.0022	-0.0044	-0.0113	-0.0001	-0.0028	-0.0004
贡献率	1.0647	占比	0.2728	0.0892	0.0651	0.1321	0.3418	0.0025	0.0851	0.0114
综合效应		-0.0010	0.0001	-0.0003	-0.0004	0.0006	-0.0014	0.0000	0.0004	-0.0001
贡献率	0.0330	占比	-0.0842	0.2832	0.4198	-0.6091	1.3120	-0.0084	-0.3648	0.0514
总计	1.0000	-0.0311	-0.0095	-0.0019	0.0000	-0.0053	-0.0071	-0.0034	-0.0046	0.0007
		贡献率	0.3056	0.0621	0.0006	0.1707	0.2280	0.1079	0.1486	-0.0235

表3-9 2014—2016年城镇居民消费基尼系数增量按要素分解结果

年份	基尼系数	项目	食品烟酒	衣着	生活用品及服务	医疗保健	交通通信	文教娱乐	居住	其他商品与服务
2014	0.1836	集中系数	0.1597	0.1302	0.1821	0.1466	0.2515	0.1683	0.2092	0.2383
		占总消费比重	0.3078	0.0833	0.0630	0.0664	0.1376	0.1128	0.2001	0.0290
2016	0.1851	集中系数	0.1649	0.1305	0.2042	0.1320	0.2313	0.1678	0.2134	0.2692
		占总消费比重	0.2952	0.0770	0.0640	0.0699	0.1372	0.1157	0.2138	0.0273
变动	0.0015	集中系数	0.0052	0.0003	0.0221	-0.0146	-0.0202	-0.0005	0.0042	0.0309
		占总消费比重	-0.0126	-0.0063	0.0010	0.0035	-0.0004	0.0029	0.0137	-0.0017
结构效应		0.0007	-0.0020	-0.0008	0.0002	0.0005	-0.0001	0.0005	0.0029	-0.0004
贡献率	0.4439	占比	-2.9098	-1.1974	0.2611	0.7434	-0.1626	0.7048	4.1626	-0.6020

续表

年份	基尼系数	项目	食品烟酒	衣着	生活用品及服务	医疗保健	交通通信	文教娱乐	居住	其他商品与服务
集中效应		0.0009	0.0016	0.0000	0.0014	-0.0010	-0.0028	-0.0001	0.0008	0.0009
贡献率	0.6109	占比	1.6854	0.0263	1.4670	-1.0202	-2.9280	-0.0594	0.8849	0.9440
综合效应		-0.0001	-0.0001	0.0000	0.0000	-0.0001	0.0000	0.0000	0.0001	-0.0001
贡献率	-0.0548	占比	0.7679	0.0224	-0.2568	0.6000	-0.1059	0.0170	-0.6773	0.6327
总计	1.0000	0.0015	-0.0005	-0.0008	0.0016	-0.0005	-0.0029	0.0004	0.0038	0.0004
		贡献率	-0.3041	-0.5166	1.0261	-0.3261	-1.8551	0.2756	2.4253	0.2748

3.4 农村居民消费差距的测度结果及其分解

3.4.1 农村居民消费基尼系数的测度结果

表3-10给出利用省级收入分组估算得出的农村居民消费基尼系数，并与利用《中国统计年鉴》中按收入水平五分组数据估计出的结果和孙豪等（2017）的估算结果进行比较。

首先，通过省级收入分组数据计算出的农村居民消费基尼系数 G_7 要大于使用全国农村居民五分组数据计算出的基尼系数 G_6，前者平均值比后者平均值高15.6%；其次，在2009年基期以后，有 G_9 同样大于同期 G_8，意味着如果忽略地区间农村居民消费价格变化的差异，同样会低估农村居民内部真实的消费差距；最后，虽然 G_9 与 G_{10} 的变化趋势几乎相同（如图3-5所示），但由于孙豪等（2017）对农村消费基尼系数的测算同样忽略地区间农村居民消费价格差异，并且仅使用农村居民五分组数据，所以笔者认为他们的结果存在低估。

表 3－10　　2009—2012 年农村居民消费基尼系数

年份	农村全国分组 G_6	农村省级分组 G_7	G_6 剔除价格因素 G_8	G_7 剔除价格因素 G_9	孙豪等（2017）G_{10}
2009	0.2299	0.2626	0.2299	0.2626	0.2477
2010	0.2288	0.2620	0.2288	0.2622	0.2462
2011	0.2013	0.2375	0.2013	0.2383	0.2157
2012	0.2014	0.2339	0.2014	0.2352	0.2155
平均值	0.2154	0.2490	0.2154	0.2496	0.2313

此外，通过与表 3－3 中城镇居民消费基尼系数的测算结果进行比较得出，省级 181 分组数据得出 G_2 仅比由全国七分组得出的 G_1 高 4.5%，小于 G_7 高于 G_6 的 15.6%，在佐证过于集中的分组数据会造成对基尼系数的低估的同时，说明农村居民的组内消费差距要大于城镇居民组内消费差距。原因可能有两方面：一方面，农村居民家庭按收入水平的五分组本身要少于城镇居民家庭按收入水平分组的七分组，更加集中的分组数意味着更大的组间差距，从而造成 G_6 对农村居民消费基尼系数的低估相较 G_2 对城镇居民消费基尼系数的低估更严重；另一方面则可能源于数据因素，G_7 的样本数为 15 省份 113 组，小于 G_2 的样本数 27 省份 181 组，导致 G_7 对全国农村居民的消费差距的测度精度差一些。因此在下一小节，本章将使用统一的样本和时间段对全国居民整体消费基尼系数进行测算。

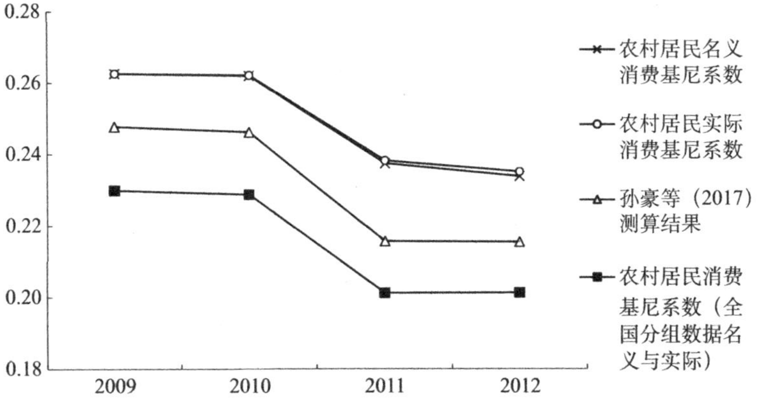

图 3－5　2009—2012 年农村居民消费差距变化趋势

表 3 - 11 给出了 2009—2012 年农村居民各类支出消费差距的名义值、剔除地区间各类消费价格变化差异后的实际值和二者的差值。可以看出：第一，农村居民在食品、衣着和居住等三类生存性支出的消费差距的实际值的平均数分别为 0.2294、0.2804 和 0.2956，表明农村居民在居住支出方面的消费分化最为严重。这可能是因为在农村家庭的住房绝大部分都是自建住房，并被赋予社会属性，象征着家庭在农村的财富、地位以及生活标准，所以收入水平高的农村居民家庭愿意投入更多的支出来提高居住条件，从而提高了农村地区居住支出的消费不平等程度。

第二，在五种发展性支出中，农村居民在文教娱乐和交通通信等方面表现出消费差距较为严峻，不仅程度最大，四年间的平均值分别为 0.3801 和 0.3471，而且下降幅度最小，分别仅为 4.17% 和 5.40%。农村居民在其他类商品与服务的消费基尼系数为 0.3214，虽然在水平上表现出较高的不平等，但从趋势上看正快速下降，四年间降幅为 18.52%，下降幅度仅次于农村居民在医疗保健支出方面的消费差距。得益于新农村合作医疗的全面覆盖，农村居民家庭的医疗保健消费基尼系数的降幅达到 30.68%。另外，家电下乡政策的实施也减小了农村居民在家庭设备及用品方面的支出差异。

第三，农村地区间价格差异因素同样会影响农村居民消费基尼系数的估算。如果忽略不同地区农村居民交通通信价格指数和其他商品与服务价格指数差异，则会高估与之对应的该项消费差异程度；对于其他六种支出而言，忽略地区间价格差异会低估农村居民在该项消费水平上的差异程度。其中，食品类支出消费基尼系数的估算受地区间该类消费价格指数影响最明显。

表 3 - 11　　2009—2012 年农村居民分项消费基尼系数

类别		2009 年	2010 年	2011 年	2012 年	均值
食品	实际	0.2272	0.2216	0.2343	0.2346	0.2294
	名义	0.2272	0.2183	0.2295	0.2314	0.2266
	差异	/	0.0033	0.0048	0.0032	0.0028

续表

类别		2009 年	2010 年	2011 年	2012 年	均值
衣着	实际	0.2915	0.2888	0.2705	0.2706	0.2804
	名义	0.2915	0.2869	0.2703	0.2683	0.2793
	差异	/	0.0019	0.0002	0.0023	0.0011
家庭设备用及用品	实际	0.2803	0.2743	0.2507	0.2468	0.2630
	名义	0.2803	0.2737	0.2507	0.2475	0.2631
	差异	/	0.0006	0.0000	-0.0007	0.0000
医疗保健	实际	0.2793	0.2809	0.2094	0.1936	0.2408
	名义	0.2793	0.2823	0.2085	0.1907	0.2402
	差异	/	-0.0014	0.0009	0.0029	0.0006
交通通信	实际	0.3590	0.3641	0.3257	0.3396	0.3471
	名义	0.3590	0.3647	0.3279	0.3402	0.3480
	差异	/	-0.0006	-0.0022	-0.0006	-0.0009
文教娱乐	实际	0.3886	0.3932	0.3662	0.3724	0.3801
	名义	0.3886	0.3921	0.3654	0.3691	0.3788
	差异	/	0.0011	0.0008	0.0033	0.0013
居住	实际	0.3221	0.3123	0.2800	0.2681	0.2956
	名义	0.3221	0.3127	0.2789	0.2665	0.2951
	差异	/	-0.0004	0.0011	0.0016	0.0006
其他商品与服务	实际	0.3580	0.3419	0.2944	0.2917	0.3215
	名义	0.3580	0.3433	0.2955	0.2921	0.3222
	差异	/	-0.0014	-0.0011	-0.0004	-0.0007

表 3-12 给出了以城乡一体化住户调查后可得的 13 省份 65 组数据为样本计算出的农村居民总体及分类消费基尼系数。在新统计口径下的在食品、衣着和居住三类生存性消费支出中，农村居民在衣着消费上的差异程度超过其在居住消费上的差异，可能是农村居民在满足住房需求后，开始注重外在形象。同时，农村居民在文教娱乐支出的消费差距在新旧两种统计口径下变化最显著，在老统计口径下农村居民的文教娱乐消费差距在各项消费差异中最大，但在新统计口径下，文教娱乐消费基尼系数最小。可能是统计口径原因，也可能得益于近年国家对乡村教育的重视程度逐渐提高，加大对乡村教育的补贴，提高乡村教育的财政

投入。

表 3 - 12　　2014—2016 年农村居民名义消费基尼系数

类别	2014 年	2015 年	2016 年	平均值
农村居民（省级分组）	0. 2040	0. 1957	0. 1977	0. 1991
食品烟酒	0. 2019	0. 2069	0. 2107	0. 2065
衣着	0. 2478	0. 2243	0. 2202	0. 2308
生活用品及服务	0. 2456	0. 2237	0. 2371	0. 2355
医疗保健	0. 2375	0. 2268	0. 2161	0. 2268
交通通信	0. 2941	0. 2891	0. 3005	0. 2946
文教娱乐	0. 1740	0. 1576	0. 1575	0. 1630
居住	0. 2166	0. 2069	0. 2084	0. 2106
其他用品及服务	0. 2880	0. 2866	0. 3056	0. 2934

注：由于在 2016 年才给出匹配城乡一体化住户调查的消费支出口径的居民整体及分项消费价格指数数据，因此本表结果是没有剔除地方价格变动差异的计算结果。

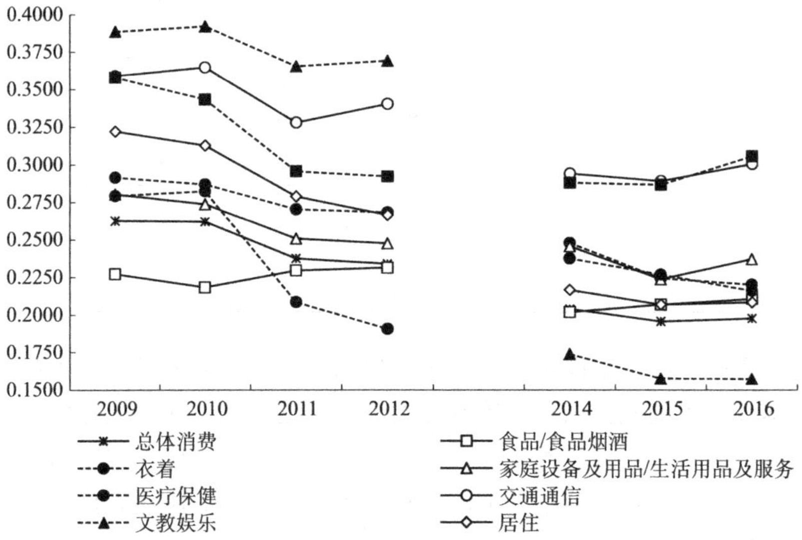

图 3 - 6　农村居民总体及分类支出的名义消费基尼系数变化趋势

值得注意的是，从图 3 - 6 展示的农村居民各类支出消费基尼系数的变化中，食品支出消费基尼系数在两个时间段都呈现增大趋势：在 2009—2012 年上升了 3. 26%，是各类支出中唯一呈现差异增大的消费；

在 2014—2016 年增加了 4.35%，是上涨幅度较大消费种类。根据韩昕儒和陈永福（2016）的研究，不同收入水平农民工对粮食、畜产品、食用油和蔬菜四类食品的消费支出弹性并不相同，在满足基本食品需求后，高收入群体比低收入群体更有意愿去改善其食品消费结构，提高食品消费质量。因此随着支出水平的提高，食品消费差距随之呈现增大的趋势。

3.4.2　农村居民消费基尼系数的分解

为了研究各类支出消费差距对总体消费差距的影响程度，表 3－13 和表 3－14[①] 展示了按照式 3－15 对各年总体消费基尼系数按照支出种类的分解结果，并根据结果得到图 3－7。

表 3－13　2005—2012 年不同类型消费支出对农村居民消费基尼系数的贡献

年份	食品	衣着	家庭设备及用品	医疗保健	交通通信	文教娱乐	居住	其他商品与服务
2009	0.3242	0.0405	0.0516	0.0386	0.1305	0.1088	0.2708	0.0350
2010	0.2976	0.0449	0.0592	0.0537	0.1636	0.1106	0.2367	0.0337
2011	0.3208	0.0548	0.0653	0.0340	0.1556	0.1114	0.2272	0.0310
2012	0.3010	0.0578	0.0628	0.0339	0.1730	0.1170	0.2167	0.0376
平均值	0.3109	0.0495	0.0597	0.0401	0.1557	0.1120	0.2379	0.0343

表 3－14　2014—2016 年不同类型消费支出对农村居民消费基尼系数的贡献

年份	食品烟酒	衣着	生活用品及服务	医疗保健	交通通信	文教娱乐	居住	其他用品与服务
2014	0.2820	0.0478	0.0802	0.0685	0.1642	0.0632	0.2696	0.0244
2015	0.3224	0.0477	0.0827	0.0541	0.1754	0.0501	0.2366	0.0311
2016	0.3172	0.0415	0.0836	0.0460	0.1988	0.0572	0.2214	0.0343
平均值	0.3072	0.0457	0.0822	0.0562	0.1795	0.0568	0.2425	0.0299

前文对城镇居民消费差距的分解结果说明，各类支出对总消费差距的贡献主要由消费结构和各类支出的消费基尼系数共同决定。根据《中国统计年鉴》数据表明，农村居民的恩格尔系数要大于同期城镇居

① 同样，表 3－13 和表 3－14 的结果是由农村居民消费的名义值进行计算得来。

民恩格尔系数，意味着食品支出在农村居民消费结构中占比要大于城镇居民。比较表3－4和表3－11以及表3－5和表3－12中食品消费基尼系数可以得出，农村居民较城镇居民在食品支出方面表现出更大程度的不平衡，由此可推测农村居民食品消费差距对农村居民总体消费差距的贡献可能更大。此外，根据马斯洛需求理论，只有在满足基本的生存性需求以后，才会追求更高层次的需求，所以整体属于较低收入群体的农村居民相较于属于较高收入群体的城镇居民来说，会在生存性消费支出中花费更多，因此在这些消费中表现出的分化程度更明显。根据表3－13和表3－14可以看出，在2009—2012年和2014—2016年，农村家庭在生存性支出的消费差距对总体消费差距平均贡献分别达到59.83%和59.54%，超过城镇居民在同期的44.15%和55.78%。但是，随着农村居民收入水平的提高，“汽车”可能正逐渐代替“住房”成为农村居民在农村的地位象征，图3－7显示，农村居民交通通信消费差距对总体消费差距的贡献在两个时间段都呈现上升趋势。

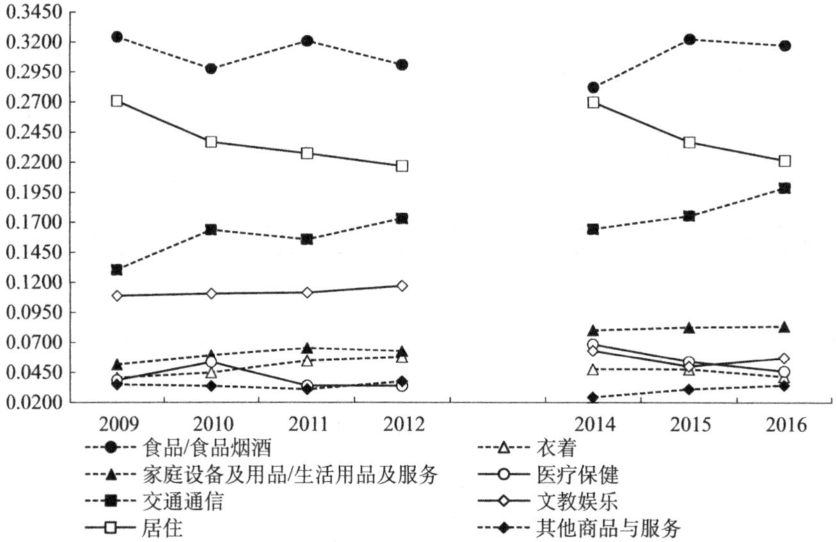

图3－7　城镇居民不同类型支出对其总体消费基尼系数贡献率的变化趋势

为了进一步分析农村居民各类支出差距在总体消费差距变化中发挥的作用，表3－15和表3－16分别给出了2009—2012年和2014—2016年基于式3－15按照结构效应、集中效应和综合效应对总体消费基尼系数进行增量分解的结果。

根据表 3－15 所示，在 2009—2012 年，农村消费基尼系数减少 0.0232，其中结构效应贡献了其中的 1.91%，集中效应贡献了其中的 100.16%，二者的共同效应贡献了－2.07%，说明缩小该阶段消费基尼系数的主要因素是各类消费的伪基尼系数的减小。进一步而言，食品和居住消费集中度的减小是决定集中效应对总消费差距的调节方向的最重要原因，二者分别对集中效应贡献了 37.47% 和 50.90%。从结构效应来说，农村居民整体消费结构的变化对居民消费差异作用趋近于 0，食品、居住和文教娱乐在全部消费中比重降低对结构效应产生的正向作用被其余五类支出在全部消费中比重提升造成的负向作用所抵消。从综合效应看，2009—2012 年农村居民消费差距得到改善的主要助力是其在食品和居住消费方面的变化，对缩小总体消费差异分别贡献了 45.51% 和 57.60%。

表 3－15　2009—2012 年农村居民消费基尼系数增量按要素分解结果

年份	基尼系数	项目	食品	衣着	家庭设备及用品	医疗保健	交通通信	文教娱乐	居住	其他商品与服务
2009	0.1541	集中系数	0.1217	0.1103	0.1548	0.0875	0.2011	0.1847	0.2083	0.2375
		占总消费比重	0.4104	0.0565	0.0514	0.0679	0.1000	0.0908	0.2003	0.0227
2012	0.1309	集中系数	0.1005	0.1194	0.1407	0.0569	0.2024	0.1900	0.1493	0.1924
		占总消费比重	0.3920	0.0634	0.0585	0.0781	0.1119	0.0806	0.1900	0.0256
变动	-0.0232	集中系数	-0.0212	0.0091	-0.0141	-0.0306	0.0013	0.0053	-0.0590	-0.0451
		占总消费比重	-0.0184	0.0069	0.0071	0.0101	0.0119	-0.0102	-0.0103	0.0029
结构效应		-0.0005	-0.0022	0.0008	0.0011	0.0009	0.0024	-0.0019	-0.0021	0.0007
贡献率	0.0191	占比	5.046	-1.709	-2.483	-1.995	-5.379	4.244	4.826	-1.550
集中效应		-0.0232	-0.0087	0.0005	-0.0007	-0.0021	0.0001	0.0005	-0.0118	-0.0010
贡献率	1.0016	占比	0.3747	-0.0222	0.0312	0.0895	-0.0056	-0.0207	0.5090	0.0441
综合效应		0.0005	0.0004	0.0001	-0.0001	-0.0003	0.0000	-0.0001	0.0006	-0.0001
贡献率	-0.0207	占比	0.8126	0.1303	-0.2091	-0.6451	0.0321	-0.1126	1.2638	-0.2722
总计	1.0000	-0.0232	-0.0105	0.0013	0.0003	-0.0015	0.0025	-0.0015	-0.0134	-0.0005
		贡献率	0.4551	-0.0576	-0.0120	0.0648	-0.1093	0.0628	0.5760	0.0201

表3-16展示了2014—2016年农村居民消费差距变化的要素分解结果。集中效应同样对基尼系数的缩小起到决定作用，贡献率达到115.48%。而由各类支出占总消费比重变化引起的结构效应则不利于基尼系数的缩小，其贡献率为-24.54%，主要原因是交通通信占总消费中比重的提高。综合效应对该阶段消费基尼系数的变化影响力比较微弱。在各类支出中，由居住支出伪基尼系数的减小而改善的消费差距占据主导作用，其贡献率达到177.09%，医疗保健消费伪基尼系数变化对集中效应的贡献也较为显著，贡献其中的69.17%。总体而言，居住支出引起的变化仍然对2014—2016年农村居民消费基尼系数改善起到正向调节作用，合力使消费基尼系数减小0.0062，逆向调节作用主要来自于食品烟酒和交通通信支出，二者共同导致总体消费基尼系数增长0.0061。

表3-16　2014—2016年农村居民消费基尼系数增量按要素分解结果

年份	基尼系数	项目	食品烟酒	衣着	生活用品及服务	医疗保健	交通通信	文教娱乐	居住	其他商品与服务
2014	0.1132	集中系数	0.0954	0.0876	0.1488	0.0884	0.1588	0.0683	0.1441	0.1310
		占总消费比重	0.3346	0.0618	0.0610	0.0878	0.1170	0.1049	0.2118	0.0211
2016	0.1098	集中系数	0.1081	0.0791	0.1515	0.0577	0.1719	0.0586	0.1115	0.1924
		占总消费比重	0.3223	0.0576	0.0606	0.0875	0.1270	0.1073	0.2181	0.0196
变动	-0.0034	集中系数	0.0127	-0.0085	0.0027	-0.0307	0.0131	-0.0097	-0.0326	0.0614
		占总消费比重	-0.0123	-0.0042	-0.0004	-0.0003	0.0100	0.0025	0.0063	-0.0015
结构效应		0.0008	-0.0012	-0.0004	-0.0001	0.0000	0.0016	0.0002	0.0009	-0.0002
贡献率	-0.2454	占比	-1.416	-0.441	-0.080	-0.030	1.908	0.202	1.097	-0.241
集中效应		-0.0039	0.0042	-0.0005	0.0002	-0.0027	0.0015	-0.0010	-0.0069	0.0013
贡献率	1.1548	占比	-1.0900	0.1347	-0.0423	0.6917	-0.3933	0.2610	1.7709	-0.3326
综合效应		-0.0003	-0.0002	0.0000	0.0000	0.0000	0.0001	0.0000	-0.0002	-0.0001
贡献率	0.0906	占比	0.5106	-0.1159	0.0039	-0.0282	-0.4265	0.0777	0.6725	0.3058
总计	1.0000	-0.0034	0.0029	-0.0009	0.0001	-0.0027	0.0032	-0.0009	-0.0062	0.0010
		贡献率	-0.1260	0.0369	-0.0042	0.1170	-0.1400	0.0377	0.2674	-0.0433

3.5 全国居民消费差距的测度结果及其分解

3.5.1 全国居民消费基尼系数的测度结果

前文分别研究了城镇居民和农村居民的消费差距变化趋势及形成机制，本章最后将对全国居民的消费差距进行研究。受到数据来源限制，本章对2009—2012年居民消费差距的研究样本为15省份212组数据，对2014—2017年消费差距的研究样本为12省份122组数据。

表3-17给出了2009—2012年居民消费差距的测度结果。从测度的准确性上来看：一方面，以2009年居民消费价格为基期，如果忽略地区间居民消费价格变动差异，会导致基尼系数的测度结果产生偏差，低估居民真实的消费不平等，这与前文对城镇和农村消费差距的研究得出的结论相一致。进一步，地区间居民消费价格变动差异因素对城乡居民之间的消费基尼系数的测算结果影响最大，4年的平均差异值为0.0009。另一方面，在剔除仅有城镇收入分组的样本之后，2009—2012年省级收入分组数据估算出的城镇居民名义消费基尼系数的平均值为0.2800，大于用全国城镇居民分组估算出的0.2654[①]，高5.50%，幅度同样小于表3-10中G_7较G_6的增长幅度15.6%，意味着使用全国收入分组农村数据对农村居民消费基尼系数进行测算产生的低估程度更严重。

① 由表3-3中2009—2012年G_1计算得出。

表 3 - 17　　　　2009—2012 年居民消费基尼系数

年份	类型	总体 G	城镇内部 G_u	农村内部 G_r	城乡之间 G_{ur}
2009	基期	0.4092	0.2902	0.2626	0.2586
2010	实际	0.4035	0.2855	0.2622	0.2505
	名义	0.4027	0.2852	0.2620	0.2499
	差异	0.0008	0.0003	0.0002	0.0006
2011	实际	0.3841	0.2768	0.2383	0.2359
	名义	0.3826	0.2765	0.2375	0.2345
	差异	0.0015	0.0003	0.0008	0.0013
2012	实际	0.3722	0.2675	0.2352	0.2261
	名义	0.3706	0.2673	0.2339	0.2246
	差异	0.0016	0.0002	0.0013	0.0015
平均值	实际	0.3923	0.2800	0.2496	0.2428
	名义	0.3913	0.2798	0.2490	0.2419
	差异	0.0010	0.0002	0.0006	0.0009

从差异程度和变化趋势上来说，无论是总体居民消费基尼系数，还是城镇内部、农村内部和城乡之间消费基尼系数，在 2009—2012 年都呈现下降趋势，与孙豪等（2017）的发现保持一致。以消费基尼系数的名义值来说，其中以城乡之间消费基尼系数的下降幅度最大，达到 12.57%；城镇居民内部消费差异程度降幅（7.89%）小于农村居民内部消费差异程度的降幅（10.93%）；总体消费基尼系数则从 2009 年的 0.4092 下降到 2012 年的 0.3913，下降了 4.37%。但是，2009—2012 年居民总体消费基尼系数平均值为 0.3913，超过了孙豪等（2017）提出在随收入基尼系数警戒线同比例变化的假设下得出的消费基尼系数警戒线临界值 0.3546，说明在 2009—2012 年我国居民总体消费分布并不合理。

为了更深入探究居民消费差距的状况，利用各省收入分组数据，表 3 - 18 给出了样本内各省份 2009 年和 2012 年的居民消费基尼系数。第一，从总体上看，北京、上海的居民间消费水平比较平均，两市居民总体消费基尼系数在样本 15 个省份内保持最小，而广东、广西和甘肃的居民消费差距较为突出。第二，以 0.3546 的警戒线为标准，2009 年有包括山西、广东、广西、重庆、山西、甘肃、宁夏、新疆在内的 8 个省份的居民消费不平等超过警戒线，而到了 2012 年仅余甘肃一省的居民消费基尼系数（0.3770）仍然大于临界值，说明居民消费不平等状况得到有效缓解，这也与变化趋势相一致：4 年间，除上海居民消费基尼系数有所上升以外，其余 14 个省份的居民消费基尼系数状况都处在下降阶段，其中又以山西省取得的成效最为突出（降幅 30.18%）。第三，消费差距在各省份之间的状况既有统一性，又存差异性：统一性是指各省份城镇居民内部表现出的消费差距基本都要高于该省份农村居民，差异性是指城镇居民内部消费差距和城乡之间消费差距在各省份地位各不相同。比如在 2009 年，广东省的城镇居民内部的消费差距在 15 个省份中位列第一，可能是造成该省总体居民消费差距的主要原因；而对于重庆市来说，城乡之间的消费差距可能才是总体消费差距偏高的主要诱因，也是政府亟须解决的主要矛盾。

表 3-18　　2009 年和 2012 年各省居民消费基尼系数

年份	2009				2012			
地区	总体	城镇内部	农村内部	城乡之间	总体	城镇内部	农村内部	城乡之间
北京	0.2214	0.1906	0.1965	0.0663	0.2091	0.1791	0.1576	0.0631
山西	0.3764	0.2511	0.2280	0.2546	0.2628	0.2167	0.2021	0.1389
上海	0.2397	0.2135	0.2232	0.0575	0.2498	0.2267	0.1898	0.0550
江苏	0.3283	0.2714	0.2055	0.1810	0.2971	0.2421	0.1778	0.1556
浙江	0.3150	0.2439	0.2276	0.1749	0.2831	0.2160	0.2118	0.1519
福建	0.3278	0.2243	0.1715	0.2141	0.3203	0.2339	0.1705	0.1937
江西	0.3492	0.2245	0.1766	0.2492	0.3274	0.2295	0.1809	0.2210
河南	0.3542	0.2191	0.1711	0.2617	0.3419	0.2202	0.1358	0.2526
广东	0.4050	0.3068	0.1951	0.2250	0.3468	0.2578	0.1780	0.1875
广西	0.3803	0.2418	0.1838	0.2789	0.3516	0.2257	0.1769	0.2519
重庆	0.3835	0.1988	0.1456	0.2873	0.3514	0.2099	0.1385	0.2431
陕西	0.3645	0.2113	0.1796	0.2698	0.3352	0.1967	0.1105	0.2478
甘肃	0.3891	0.2331	0.2102	0.2858	0.3770	0.2183	0.2090	0.2761
宁夏	0.3700	0.2385	0.1369	0.2695	0.3037	0.1957	0.1137	0.2162
新疆	0.3966	0.2354	0.2528	0.2803	0.3425	0.2095	0.1978	0.2424

表 3 - 19 给出了 2014—2016 年居民消费基尼系数的测度结果。可以看出，从总体居民消费基尼系数上来看，三年的值都已经低于 0.3546 的警戒线，并在趋势上延续了 2009—2012 年的下降趋势；同样延续下降趋势的还有城乡居民消费基尼系数，降幅达到 7.70%；值得注意的是城镇居民内部消费差距有增加的迹象，说明虽然城镇化水平的提升使得更多农村居民转移到城镇生活并成为新一代城镇居民，但相对高昂的城市生活成本反而会抑制这些居民的消费需求，从而加大了城镇居民内部消费差距。这也同时说明，城乡居民消费差距的下降固然有相当部分来自农村居民消费水平提升，但也可能是因为有一部分差异转变为城镇居民内部消费差异。该现象提醒政府在制定相关政策时，需要统筹全局，协调发展，只有这样才能更好地处理好人民日益增长的美好生活需要和不平衡不充分的发展之间的矛盾。

表 3 - 19　　2014—2016 年居民消费基尼系数

年份	总体 G	城镇内部 G_u	农村内部 G_r	城乡之间 G_{ur}
2014	0.3309	0.2558	0.2018	0.1908
2015	0.3301	0.2676	0.1928	0.1834
2016	0.3235	0.2622	0.1958	0.1761
平均值	0.3282	0.2619	0.1968	0.1834

表 3 - 20 同样给出了 12 个省份在 2014 年和 2016 年的居民消费基尼系数情况。从总体上比较，2014 年和 2016 年的 12 个省份居民消费差距较 2009 年和 2012 年的 15 个省份更为均衡合理。纵向比较来看，表 3 - 18 和表 3 - 20 在 9 个省份有所重合，这 9 个省份的居民消费基尼系数在 2012 年时已经低于警戒线，且在 2014 年和 2016 年更新统计口径后仍然保持在警戒线以下。横向比较来看，在 2014 年最接近警戒线 0.3546 的两个省份河南（0.3368）和海南（0.3416），其消费基尼系数在 2016 年分别为 0.2741 和 0.2982，三年间分别下降了 14.73% 和 12.70%，创造了在 2016 年时样本内 12 个省份都低于警戒线 12% 以上的良好局面。

表 3-20　　2014 年和 2016 年各省份居民消费基尼系数

年份	2014				2016			
地区	总体	城镇内部	农村内部	城乡之间	总体	城镇内部	农村内部	城乡之间
北京	0.2145	0.1907	0.1388	0.0590	0.2512	0.2217	0.1143	0.0700
山西	0.2837	0.2112	0.1518	0.1766	0.2888	0.2259	0.1399	0.1752
内蒙古	0.2904	0.2429	0.1137	0.1660	0.2728	0.228	0.1189	0.1502
江苏	0.3084	0.2684	0.2008	0.1394	0.2875	0.2599	0.1882	0.1202
江西	0.2720	0.2048	0.1669	0.1689	0.2658	0.2090	0.1563	0.1599
河南	0.3368	0.1956	0.1462	0.2494	0.2872	0.2139	0.1594	0.1852
湖南	0.2829	0.219	0.1744	0.1748	0.2741	0.2128	0.1555	0.1689
广东	0.3142	0.2518	0.1943	0.1554	0.2916	0.2250	0.1683	0.1493
海南	0.3416	0.2562	0.1914	0.2124	0.2982	0.2473	0.1798	0.1663
重庆	0.2858	0.2025	0.1606	0.1750	0.2626	0.1930	0.1237	0.1557
陕西	0.3172	0.2259	0.1556	0.2075	0.2902	0.2087	0.1103	0.1897
宁夏	0.2868	0.2357	0.1464	0.1680	0.3085	0.2405	0.1738	0.1818

3.5.2　全国居民消费基尼系数的分解

(1) 按照城乡两群体分解

为了研究各项因素对基尼系数的贡献，下面将用式 3-5 的子群分解法对居民消费基尼系数进行研究。表 3-21 和表 3-22 显示了 2009—2012 年和 2014—2016 年两个时间段内居民消费基尼系数的分解结果。

从贡献率数值上来看，在 2009—2012 年，城镇内部消费差距、农村内部消费差距、城乡居民之间消费差距和交叉项对居民消费差距的平均贡献率分别为 30.46%、6.28%、61.79% 和 1.46%；在 2014—2016 年，这四项对居民消费差距的贡献率则分别为 35.19%、5.98%、56.62% 和 2.21%。可见，无论在哪个时间段和统计口径下，我国居民总体消费差距主要是由城乡居民消费差距造成的，这与孙豪等（2017）的结果相一致，也与学界发现城乡收入差距是导致我国居民收入差距主要原因的结论异曲同工。这也印证了我国城乡二元经济结构的枷锁仍未打破，城乡地区经济发展水平的差距仍然突出。

表 3 - 21　　2009—2012 年消费基尼系数城乡分解结果

年份	总体 G	城镇内部		农村内部		城乡之间		交叉项	
		αG_u	贡献率	βG_r	贡献率	G_{ur}	贡献率	G_0	贡献率
2009	0.4092	0.1154	0.2820	0.0290	0.0708	0.2586	0.6320	0.0062	0.0152
2010	0.4027	0.1212	0.3010	0.0255	0.0634	0.2499	0.6206	0.0060	0.0150
2011	0.3826	0.1198	0.3132	0.0228	0.0596	0.2345	0.6130	0.0054	0.0142
2012	0.3706	0.1194	0.3221	0.0214	0.0576	0.2246	0.6061	0.0052	0.0142
平均值	0.3913	0.1190	0.3046	0.0247	0.0628	0.2419	0.6179	0.0057	0.0146

表 3 - 22　　2014—2016 年消费基尼系数城乡分解结果

年份	总体 G	城镇内部		农村内部		城乡之间		交叉项	
		αG_u	贡献率	βG_r	贡献率	G_{ur}	贡献率	G_0	贡献率
2014	0.3309	0.1129	0.3413	0.0200	0.0604	0.2018	0.5767	0.0072	0.0217
2015	0.3301	0.1215	0.3680	0.0181	0.0549	0.1834	0.5556	0.0071	0.0215
2016	0.3235	0.1223	0.3781	0.0175	0.0540	0.1761	0.5444	0.0076	0.0235
平均值	0.3298	0.1159	0.3519	0.0198	0.0598	0.1868	0.5662	0.0073	0.0221

从贡献率趋势上来看，与各部分基尼系数的变化趋势基本同步：在两个时间段内，城镇内部消费差距对整体消费差距的贡献率呈现上升趋势，两个时间段分别上升了 14.22% 和 10.78%；农村内部消费差距对整体消费差距的贡献率逐渐降低，两个时间段分别下降了 18.64% 和 10.60%；城乡居民消费差距对整体消费差距的贡献率同样呈现下降趋势，在两个时段分别减少了 4.10% 和 5.60%。各部分贡献率的变化表明，城镇化进程促进了城乡居民消费差距的缩小，但同时城镇居民群体的扩大，居民财富累积的分化也导致了城镇居民内部消费分化日益显现，使得城镇居民消费差距正逐渐成为居民消费差距的主要因素。此外，交叉项贡献率的上涨表明城镇低收入群体和农村高收入群体的重叠程度增加。

进一步，表 3 - 23 和表 3 - 24 给出了样本内各省份居民消费差距的分解结果。由表可知，第一，除北京和上海以外，其余造成省份居民消费差距的主要原因仍然来自城乡居民间的消费差距，而北京和上海的居民消费差距主要来自城镇居民之间消费分化。第二，与整体各项贡献率保持一致，城镇内部消费差距对各省份居民消费差距的贡献率正在上升，并且经济越发达地区，城镇居民占该省份总人口比重越大，城镇化水平越高，则城镇居民消费差距对该省份居民消费差距的贡献率也越高。第三，城镇内部、农村内部和城乡之间消费差距在各省贡献率方面存在较明显差异。比如北京和上海是城镇居民消费差距为主要矛盾的代表省份，贡献该省份居民消费差异的70%左右；广东和江苏则表现为城镇居民内部消费差距和城乡居民之间的消费差距对本省份居民消费差距的贡献率较为接近；在其余大部分地区，城乡之间消费差距是造成居民消费差距的主要因素，尤其是在河南这样城乡二元经济结构特征突出的农业大省，城乡居民消费差异反而在居民消费差距中占据主导地位。

表 3-23　2009 年和 2012 年各省份居民消费基尼系数城乡分解结果

	2009 年各部分贡献率（%）				2012 年各部分贡献率（%）			
地区	城镇内部	农村内部	城乡之间	交叉项	城镇内部	农村内部	城乡之间	交叉项
北京	67.05	1.11	29.97	1.86	68.30	0.78	30.15	0.77
山西	21.92	9.34	67.64	1.10	27.54	13.06	52.84	6.56
上海	74.45	0.60	23.98	0.97	76.83	0.42	22.00	0.75
江苏	33.88	7.31	55.13	3.68	40.33	4.75	52.38	2.55
浙江	33.80	7.49	55.53	3.19	37.80	5.95	53.64	2.61
福建	28.85	5.52	65.31	0.32	34.37	4.52	60.48	0.62
江西	18.90	9.17	71.35	0.58	23.18	8.81	67.49	0.51
河南	14.90	10.87	73.90	0.34	18.50	7.39	73.87	0.24
广东	41.26	2.49	55.57	0.69	43.16	2.32	54.06	0.46
广西	16.72	9.67	73.35	0.26	19.20	8.89	71.65	0.26
重庆	21.48	3.61	74.91	0.02	27.67	3.16	69.17	0.01
陕西	17.76	8.22	74.02	0.01	21.94	4.14	73.91	0.02
甘肃	13.27	12.85	73.44	0.44	14.89	11.42	73.23	0.46
宁夏	21.71	5.38	72.83	0.09	23.60	5.12	71.18	0.10
新疆	16.06	12.31	70.68	0.95	18.35	10.28	70.78	0.58

表3－24　2014年和2016年各省份居民消费基尼系数城乡分解结果

地区	2014年各部分贡献率（%）				2016年各部分贡献率（%）			
	城镇内部	农村内部	城乡之间	交叉项	城镇内部	农村内部	城乡之间	交叉项
北京	70.82	0.68	27.49	1.01	71.40	0.40	27.86	0.34
山西	28.61	7.06	62.24	2.09	32.43	5.57	60.65	1.35
内蒙古	37.89	3.79	57.17	1.15	38.97	4.02	55.04	1.96
江苏	44.92	4.72	45.21	5.15	48.82	4.28	41.80	5.10
江西	25.38	10.04	62.11	2.46	28.84	8.53	60.18	2.46
河南	18.41	7.10	74.05	0.43	24.21	9.43	64.49	1.87
湖南	25.47	10.39	61.78	2.36	28.53	8.14	61.62	1.72
广东	45.52	3.26	49.46	1.76	44.92	2.82	51.20	1.06
海南	30.24	6.48	62.19	1.09	34.61	6.91	55.78	2.70
重庆	32.56	5.20	61.25	0.99	35.96	3.85	59.30	0.88
陕西	27.45	6.21	65.41	0.93	29.57	4.36	65.36	0.71
宁夏	31.02	7.01	58.59	3.39	32.69	6.28	58.94	2.09

（2）按照各省份多群体分解

从城乡群体分解结果来看，各省份之间呈现明显不同，分解结果如表3－25所示。可以看出，各省份内部消费差距对总体消费差距贡献率在各个年度处于最小，各省份之间的消费差距与交叉项是造成居民消费差距的主要因素。以2016年为例，样本内12个省份的地区间消费差距对总体消费差距的贡献率为47.70%，各省份内部消费差距对总体消费差距的贡献率为11.06%，交叉项的贡献率为41.24%。这一方面我国各区域之间经济发展差异巨大，从而造成地区间居民消费分化严重，另一方面表明各省份居民之间的消费分布存在较大程度重叠。由于篇幅原因，表3－25仅给出了2016年样本内12省份的详细分解结果，其中江苏、河南和广东三省居民内部消费对样本总体消费差距影响最显著，合计贡献总体消费差距的8.3692%，占全部省份内消费差距贡献的75.67%。

表 3-25　　居民消费基尼系数按省份分解结果

年份	总体 G	各省份之间基尼系数		各省份内部基尼系数		交叉项	
		G_g	贡献率	$\sum_{j=1}^{n} C_j P_j G_j$	贡献率	$G(f)$	贡献率
2009	0.4092	0.2179	0.5325	0.0339	0.08292	0.1574	0.3846
2012	0.3706	0.1955	0.5275	0.0306	0.0827	0.1445	0.3898
2014	0.3309	0.1268	0.3832	0.0390	0.1205	0.1651	0.4990
2016	0.3235	0.1543	0.4770	0.0358	0.1106	0.1334	0.4124

2016 年各地区	G_j	$C_j P_j G_j$	贡献率
北京	0.2512	0.000703	0.2174%
山西	0.2888	0.000858	0.2651%
内蒙古	0.2728	0.000529	0.1634%
江苏	0.2875	0.006984	2.1589%
江西	0.2658	0.001298	0.4011%
河南	0.2872	0.005834	1.8036%
湖南	0.2741	0.003485	1.0772%
广东	0.2916	0.014256	4.4067%
海南	0.2982	0.000064	0.0197%
重庆	0.2626	0.000691	0.2136%
陕西	0.2902	0.001035	0.3200%
宁夏	0.3085	0.000037	0.0115%

（3）按照消费种类对消费差距增量分解

表 3-26 汇报了 2009—2012 年 15 省份的居民消费基尼系数增量的要素分解结果。结果显示该时期居民消费差距的缩小源于各类消费支出的伪基尼系数的变化，合力促进居民消费差距缩小 0.0343，生存类消费（食品、衣着和居住）和发展性消费（家庭设备及用品、医疗保健、交通通信和其他商品与服务）分别贡献其中的 57.10% 和 53.40%。结构效应和综合效应对消费基尼系数具有逆向调节作用，贡献分别为 -8.98% 和 -1.52%。值得注意的是，根据总消费中支出结构的变化可以看到，发展性消费的权重从 2009 年的 42.42% 上涨到 2012 年的 43.59%，成为导致出现负结构效应的主要原因。换句话说，结构效应呈现负效应是经济发展中实现居民消费结构升级所付出的必然代价。根

据尹清非（2006）的研究，发达国家居民的生存性支出在总消费中占比较低，比如美国居民2002年在食品、衣着和居住的支出占总消费比重为31.16%，而我国居民在2012年的生存性消费支出仍然占总消费的主导地位，占比达到56.41%，说明我国居民的消费潜力仍有较大空间可以释放。

表3－26　2009—2012年居民消费基尼系数增量按要素分解结果

年份	基尼系数	项目	食品	衣着	家庭设备及用品	医疗保健	交通通信	文教娱乐	居住	其他商品与服务
2009	0.3189	集中系数	0.2725	0.3118	0.3514	0.2603	0.4403	0.3965	0.2325	0.4148
		占总消费比重	0.3696	0.0854	0.0626	0.0641	0.1405	0.1210	0.1208	0.0360
2012	0.2878	集中系数	0.2486	0.2806	0.3105	0.1932	0.4035	0.3840	0.1653	0.3818
		占总消费比重	0.3660	0.0910	0.0665	0.0616	0.1491	0.1212	0.1071	0.0376
变动	-0.0311	集中系数	-0.0239	-0.0312	-0.0409	-0.0671	-0.0368	-0.0125	-0.0672	-0.0330
		占总消费比重	-0.0036	0.0056	0.0039	-0.0025	0.0086	0.0002	-0.0137	0.0016
结构效应		0.0028	-0.0010	0.0018	0.0014	-0.0007	0.0038	0.0001	-0.0032	0.0007
贡献率	-0.0898	占比	-0.3502	0.6278	0.4860	-0.2371	1.3495	0.0256	-1.1408	0.2393
集中效应		-0.0343	-0.0088	-0.0027	-0.0026	-0.0043	-0.0052	-0.0015	-0.0081	-0.0012
贡献率	1.1050	占比	0.2571	0.0776	0.0746	0.1253	0.1505	0.0440	0.2363	0.0346
综合效应		0.0005	0.0001	-0.0002	-0.0002	0.0002	-0.0003	0.0000	0.0009	-0.0001
贡献率	-0.0152	占比	0.1812	-0.3705	-0.3336	0.3605	-0.6652	-0.0048	1.9447	-0.1123
总计	1.0000	-0.0311	-0.0097	-0.0011	-0.0014	-0.0048	-0.0017	-0.0014	-0.0104	-0.0006
		贡献率	0.3128	0.0350	0.0438	0.1542	0.0553	0.0464	0.3340	0.0185

表3－27汇报了2014—2016年12省份的居民消费基尼系数增量的要素分解结果。与2009—2012年三种效应作用表现一致，集中效应主导了该阶段居民消费基尼系数的变化方向，各类消费伪基尼系数的变化促进了居民消费的趋同，贡献率为109.47%，而结构效应和综合效应则不利于缩小居民消费差距，对居民消费基尼系数变化的贡献分别为－8.98%和－1.52%。其中，产生逆向调节的结构效应的主要原因是居住消费在

总消费中占比的提升，属于生存性消费支出内部消费结构的调整，而非发展性消费支出比重的上升；而该阶段发展性支出在总消费中占比从41.15%增长至41.26%，其合计结构效应为-0.0001，有助于缩小居民消费差距；这与造成2009—2012年15省份的负结构效应的原因大相径庭。虽然发达国家居民的居住支出也比较高，但其住房意义超越其生存属性，成为一种发展和享受性消费，代表的是物质生活的质量。如果从该视角出发，2014—2016年负结构效应同样可以看作是消费结构升级的一种代价。但是，结合我国近几年住房价格的快速上涨的背景，住房支出大幅增加更可能是房价上涨所致，并不能代表住房质量的改善，仍有相当一部分百姓买不起房的现象。因此，缓解由于房价快速上涨带来的支出压力，更多释放居民在发展性消费中的潜力仍是缩小居民消费差距的关键。

表3-27　2014—2016年居民消费基尼系数增量按要素分解结果

年份	基尼系数	项目	食品烟酒	衣着	生活用品及服务	医疗保健	交通通信	文教娱乐	居住	其他商品与服务
2014	0.2644	集中系数	0.2360	0.2547	0.2671	0.1917	0.3417	0.2562	0.2779	0.3379
		占总消费比重	0.3108	0.0764	0.0628	0.0699	0.1376	0.1136	0.2013	0.0276
2016	0.2593	集中系数	0.2358	0.2473	0.2829	0.1660	0.3095	0.2488	0.2804	0.3613
		占总消费比重	0.2963	0.0704	0.0641	0.0708	0.1359	0.1159	0.2207	0.0258
变动	-0.0051	集中系数	-0.0002	-0.0074	0.0158	-0.0257	-0.0322	-0.0074	0.0025	0.0234
		占总消费比重	-0.0145	-0.0060	0.0013	0.0009	-0.0017	0.0023	0.0194	-0.0017
结构效应		0.0004	-0.0034	-0.0015	0.0003	0.0002	-0.0006	0.0006	0.0054	-0.0006
贡献率	-0.0775	占比	-8.7263	-3.8668	0.8633	0.4528	-1.4461	1.5001	13.7208	-1.4977
集中效应		-0.0056	-0.0001	-0.0006	0.0010	-0.0018	-0.0044	-0.0008	0.0005	0.0006
贡献率	1.0947	占比	0.0112	0.1018	-0.1787	0.3236	0.7977	0.1514	-0.0906	-0.1162
综合效应		0.0001	0.0000	0.0000	0.0000	0.0000	0.0001	0.0000	0.0000	0.0000
贡献率	-0.0173	占比	0.0332	0.5043	0.2292	-0.2725	0.6117	-0.1945	0.5541	-0.4656
总计	1.0000	-0.0051	-0.0035	-0.0020	0.0014	-0.0016	-0.0049	-0.0003	0.0059	0.0000
		贡献率	0.1122	0.0657	-0.0435	0.0528	0.1591	0.0086	-0.1912	-0.0005

（4）按照消费水平、消费位次和人口比重对消费差距的增量分解

表3－28展示了利用式3－16对居民消费基尼系数在2009—2012年和2014—2016年的变化量的分解结果。

表3－28　按照消费水平、消费位次以及人口比重对居民消费基尼系数增量的分解结果

指标	2009—2012年	贡献	2014—2016年	贡献
ΔG	－0.0386	1	－0.0073	1
M_C	－0.0295	76.42%	－0.0106	145.21%
M_R	0.0030	－7.77%	0.0059	－80.82%
M_P	－0.0121	31.35%	－0.0026	35.62%

结果显示，15省份的居民消费基尼系数在2009—2012年减少0.0386，其中消费水平和人口权重变化对消费基尼系数具有正向调节作用，促进该阶段居民消费差距减小0.0295和0.0121，贡献率分别为76.42%和31.35%；而消费位次变化则会拉大居民消费差距，贡献率为－7.77%。对2014—2016年12省份的居民消费差距的增量而言，三种效应的调节方向与对2009—2012年15省份的居民消费差距的调节方向保持一致。消费效应和人口效应能够缩小居民消费差距，对当期消费基尼系数的减小分别贡献了145.21%和35.62%，而消费位次的排序效应则不利于消费差距的减小，会使当期消费基尼系数增加0.0059。上述结果说明，居民消费水平的提高是两阶段居民消费差距缩小的最重要因素，由此带来的低消费群体人口比重的减小和中高消费群体人口比重的相对增加也有助于改善居民消费差距。同时，政府应该警惕可能由低消费位次居民流向了更低消费位次、高消费位次居民走向更高位次而产生的加剧消费差距的局面。

3.6 本章小结

本章对我国居民消费差距的现状特征以及构成因素进行了深入分

析。首先，本章总结了基尼系数的一般计算方法，在比较各方法优劣的基础上，从数理角度分析了分组数据的数量对基尼系数估算的影响，从而明确本章拟采用省级分组数据对居民消费基尼系数进行估算，该方法尚未见于其他相关文献。其次，分别对我国城镇和农村居民的消费基尼系数进行测算，同时考虑了地区间居民消费价格差异因素的影响，并将测算结果与现有文献进行比较。接着，以集中效应、结构效应和综合效应三个因素分别剖析城镇居民和农村居民消费差距增量变动的影响因素。最后，在统一城镇和农村样本后，按照城乡两部门分解法对全国以及样本内各省居民消费差距进行估算和分解，在分析我国居民消费差距变化趋势的同时，利用多种分解方法从不同视角探求了居民消费差距的主要因素。总体而言，本章的研究结论有下列几点：

第一，基于与孙豪等（2017）相同的假设条件，省级收入分组数据估算出的居民消费基尼系数要大于使用国家统计局公布的居民 12 分组数据得到的估计结果，说明分组数的多少确实会对居民消费基尼系数的测算准确性产生影响，较少的分组数会因为忽略组内差距造成居民消费基尼系数的低估。同时，地区间居民消费价格的差异也是影响居民消费基尼系数估算准确度的重要因素，居民实际消费差距要大于其名义消费差距。

第二，2009—2012 年，从数值上看，居民总体消费差距较为突出，超过了孙豪等（2017）估计的消费差距警戒线 0.3546；从趋势上看，消费不平等正在得到有效缓解，居民总体消费差距、城镇居民内部消费差距、农村居民内部消费差距和城乡之间居民消费差距都呈现下降趋势。2014—2016 年，居民整体消费基尼系数已经低于警戒线，居民消费不平等的现象初步得到缓解。其中，居民总体消费差距、农村内部消费差距和城乡之间消费差距继续处于下降趋势，但城镇内部居民消费差异有加剧的态势。

第三，从居民整体以及各省消费差距的城乡分解结果来看，城乡居民消费差距仍然是造成居民消费差距较大的主要因素，超过一半的居民整体消费差距是由城乡居民消费差异所贡献。值得注意的是，无论是在居民整体还是样本内 12 省份，城镇内部居民消费差距对总体居民消费差距的贡献率不断上升，与其数值的增长相吻合。在一些城镇化水平较高的省市，城镇居民内部消费差距已经成为居民消费差距的最重要因素。因此，城镇居民内部消费差距可能成为今后居民消费差距主要矛盾。

第四，各项消费支出伪基尼系数的变化引起的集中效应是改善城镇内部、农村内部和全体居民消费差距变化的主要原因，且该效应在城镇和农村居民中具有异质性。比如，食品和交通通信支出引起的集中效应对城镇居民消费差距具有正向调节作用，而对农村居民消费差距的调节作用是负向的。此外，结构效应会拉大居民消费差距，主要是居民消费结构中发展性支出在总消费中占比提升所致。对比发达国家居民的消费结构，生存性支出在我国居民消费结构中占比仍然较大，尤其是前些年快速上涨的房价带来的支出压力，不利于居民释放其消费潜力。

第4章

我国城乡居民消费差距的变化趋势：1978—2019年*

4.1 引言

尽管改革开放以来我国经济社会发展取得的成就举世瞩目，但城乡二元经济结构的基本特征尚未改变，城乡居民之间的收入分配状况也一直是学术界关注的重点问题。大多数学者从收入端测度了城乡居民之间的差距，但在如何科学度量城乡居民收入差距方面存在争论（李实和罗楚亮，2007；阮敬和王继田，2023），而形成共识的是城乡居民收入差距过大是导致我国居民收入分配不平等的主要原因（Wan 等，2007）。这种情况同样发生在衡量居民福利水平的另一个重要维度“消费端”，孙豪等（2017）的研究发现，相比较城镇内部消费差距和农村

* 本章部分观点与内容见：马骁，王斐然，陈红娜．我国城乡收入差距测度：一种新思路的应用 [J]．财经科学，2017，353（08）：106—117．该文被“人大复印资料中心”《社会主义经济理论与实践》2017 年第 11 期全文转载。

内部消费差距，城乡居民消费差距对居民整体消费差距的贡献度最大。本书前文的研究也印证了这一点。近年来，学者们愈发认识到缓解城乡居民消费差距对完善收入分配体制机制和落实扩大内需战略的重要意义，并着手从城乡消费差距的测度和演进态势、影响因素两方面开展了系列研究。前一方面的研究统一证实，无论采用何种测度方式，我国城乡居民消费差距已经呈现下降趋势，城乡居民消费差距过大的问题得到有效缓解（孙豪等，2017；李清彬，2023）。后一方面的研究普遍认可城镇化和收入差距是影响城乡居民消费差距的重要原因（王健和赵凯，2020；徐明，2022）。

本章拟在前人研究的基础上从两个方面进行拓展：第一，基于常用的基尼系数，构建了城镇化与城乡居民消费差距的理论关系。万广华（2013）利用衡量差距的另一常用指标泰尔系数，首次从理论层面回答了城镇化与收入差距的密切关系，并基于此对收入差距的变化趋势进行系统性分析；陆铭和陈钊（2004）、Wu 和 Rao（2016）等学者则从实证层面进行了经验检验。随着对消费差距问题的关注，也有学者对城镇化与城乡消费差距的关系做了实证检验（王健和赵凯，2020），但并未从理论层面构建分析框架。鉴于一些研究发现消费差距与收入差距在变化趋势上存在密切关系（朱琛，2012；余乐和贾康，2022），本章拟借鉴 Ma 等（2017）的研究方法，通过基尼系数揭示城镇化与城乡居民消费差距的理论关系，并应用于解释改革开放以来我国城乡居民消费差距的演变态势，以及城乡居民消费差距与城乡居民收入差距变化趋势的动态差异。

第二，扩展现有度量城乡居民消费差距的指标维度。科学度量真实的城乡差距一直是学术界关注的焦点，比如李实和罗楚亮（2007）在测度城乡居民收入差距时纳入对隐性补贴和价格差异的考量；李清彬（2023）在测度城乡居民消费差距时从居民实际最终消费的思路出发，将部分公共服务支出计入居民消费支出。然而，这些测度的优化仍未脱离指标的维度的单一性。根据阿马蒂亚·森的观点，收入差距和贫困背后涉及诸多因素，除收入的表象以外还有构成收入的重要能力因素，如居住条件、卫生状况等，而这一观点同样适用于差距。因此，本章认为，虽然现有研究普遍使用的单一指标能够反映城乡消费差距的基本态势，但在解释这一差距方面稍显不足。此外，随着城乡消费差距水平的不断演变，政策制定者对该差距的容忍程度也各有不同，对此进行量化分析也很重要。因此，本章将借鉴相关学者构建减排指数的思路，尝试从消费和影响消费能力的最主要因素——收入这两个维度，运用居民消费和构成消费能力的各类收入的相关数据，同时引入反映政策制定者态度的容忍参数，构建一个既能全面衡量城乡消费差距演变态势，又能量化这一差距对政策制定者所形成压力的综合指标，以弥补现有指标的不足，并为相关政策的制定提供更具价值的参考。

4.2　研究设计和数据来源

4.2.1　城乡居民之间消费差距的测度

（1）城乡居民消费基尼系数

基尼系数是本章节用来测算城乡之间消费差距的第一个指标。参考 Wan 等（2007）、李齐云和迟诚（2015）的研究，假设在一个二元社会里，农业人口占较大比重，农村居民的平均消费低于城镇居民，则城乡居民之间消费基尼系数可以表示为：

$$G_{urj} = \frac{C_{uj} P_{uj}}{C_{rj} P_{rj} + C_{uj} P_{uj}} - P_{uj} = \frac{R_j P_{uj}}{P_{rj} + R_j P_{uj}} - P_{uj} \quad （式 4-1）$$

其中，G_{urj}代表了第 j 年城乡居民之间消费基尼系数；C_{uj}和 C_{rj}分别代表第 j 年的城镇居民消费支出和农村居民消费支出，包括实物消费和现金消费；R_j代表第 j 年的城乡居民人均消费支出之比（$R_j > 1$）；P_{uj}代表第 j 年城镇的人口比重；P_{rj}代表第 j 年农村的人口比重。

（2）城乡居民消费差距综合指标

Chen 等（2016）提出的二氧化碳减排指数是一个量化政策制定者减排压力的新指标，该指标以人口为依据，从碳排放规模和分配两个维度测度我国地区间碳排放差异程度，以及该差异对政策制定者减排压力的影响。本章借鉴其思路，从消费和影响消费的因素——收入这两个维度构建测度我国城乡消费差距和量化政策制定者压力的综合指标 D，并在 Chen 等（2016）研究的基础上做了简单修改：

$$D = \frac{C_{uj}}{C_{rj}} + \frac{C_{uj}}{C_{rj}}\left(\frac{1}{N}\sum_{i=j}^{N} G_{ij}\right)^{\gamma}$$

$$= \frac{C_{uj}}{C_{rj}}\left[1 + \left(\frac{1}{N}\sum_{i=j}^{N} G_{ij}\right)^{\gamma}\right] \qquad （式 4-2）$$

式 4-2 中 D 为本章所构建的衡量城乡收入差距的综合指标，该指标既考虑了城乡居民在人均消费水平上的差距，也考虑了城乡居民在影响消费的收入方面的差距，同时还加进了能够反映政策制定者对城乡收入差距的态度因素——γ 参数。具体而言：第一，借鉴学界在测度城乡消费差距时普遍使用的城乡消费比指标（李实和罗楚亮，2007；纪江明，2011），以城镇和农村居民的人均消费（包括实物消费和现金消费）之比作为对消费差距维度的考虑，用 $\frac{C_{uj}}{C_{rj}}$ 表示，即 R_j 。第二，大量文献证明了居民收入水平与其消费水平的密切关系，收入差距也是形成消费差距的最主要原因（朱琛，2012），故本章参考前文所述阿马蒂亚·森的观点，选取收入基尼系数作为衡量消费能力差距的指标，以全面反映城乡消费差距；同时，鉴于居民对不同的收入来源的边际消费倾向存在异质性（方福前和张艳丽，2011），本章将考虑收入的不同类型；因此，G_{ij} 代表城乡居民间第 j 年第 i 类收入的基尼系数，$\left(\frac{1}{N}\sum_{i=j}^{N} G_{ij}\right)^{\gamma}$ 代表消费能力差距等给消费差距 $\frac{C_u}{C_r}$ 所带来的影响，且由于各类收入基尼系数的值域均为［0，1］，则 $\left(\frac{1}{N}\sum_{i=j}^{N} G_i\right)^{\gamma}$ 的值域也为［0，1］。第三，γ 为容忍系数，代表政策制定者对城乡收入差距的容忍度，这就意味着 γ 越大，$\left(\frac{1}{N}\sum_{i=j}^{N} G_i\right)^{\gamma}$ 的值越小，城乡收入差距在综合指数 D 中的权重就越小；反之，γ 越小，$\left(\frac{1}{N}\sum_{i=j}^{N} G_i\right)^{\gamma}$ 的值越大，城乡收入差距在综合指数 D 中的权重就越大；值得强调的是，γ 应该大于0，否则就没有经济学意义。

在式4-2的基础上，本章所建立的具体的城乡消费差距综合指标如下：

$$D = R_j\left[1 + \left(\frac{G_{wj} + G_{oj} + G_{fj} + G_{tj}}{4}\right)^{\gamma}\right] \qquad \text{（式4-3）}$$

其中，G_{wj}、G_{oj}、G_{fj} 和 G_{tj} 分别代表第 j 年城乡居民在工资性收入、经营性收入、财产性收入、转移性收入等四类收入的基尼系数，这种对收入来源的划分方式与中国国家统计局对居民收入来源的划分方式保持一致。

由此可以看出，本章所构建的城乡消费差距综合指标，不仅可以将城乡居民消费和消费能力因素——收入差距同时纳入考虑范围，还可以通过 γ 参数，量化这一差距对政策制定者所形成的压力状况。因为当 R_j 固定时，D 的大小就取决于政策制定者对城乡消费支出差距的容忍程度，当政策制定者越关注该方面的差异，即 γ 越小，$\left(\frac{G_{wj} + G_{oj} + G_{fj} + G_{tj}}{4}\right)^{\gamma}$ 就越大，综合指标 D 也就越大，即城乡消费差距对政策制定者所形成的压力也较大。当 γ 趋于0时，$\left(\frac{G_{wj} + G_{oj} + G_{fj} + G_{tj}}{4}\right)^{\gamma}$ 趋于1，$D = 2R_j$，意味着当政策制定者极不能容忍城乡收入差距或者说极度关注这一差距时，城乡消费差距对其造成的压力也是最大的，该值等于城乡居民人均消费之比的两倍，因为城乡居民在消费和收入两方面的差距将同时给政策制定者带来相同的压力。反之，若 γ 逐渐增大，$\left(\frac{G_{wj} + G_{oj} + G_{fj} + G_{tj}}{4}\right)^{\gamma}$ 的值就会逐渐变小，综合指标 D 也会越来越小。当 γ 趋于正无穷时，$\left(\frac{G_{wj} + G_{oj} + G_{fj} + G_{tj}}{4}\right)^{\gamma}$ 就趋于0，D 就趋于 R_j，意味着当政策制定者完全容忍城乡居民收入差距或者说极不重视这一差距时，城乡居民消费差距对其造成的压力将仅仅来自城乡居民的消费这一个因素。

4.2.2 城乡居民消费基尼系数变化的驱动因素分析

(1) 城镇化和城乡居民消费之比对城乡居民消费基尼系数的影响

为分析导致城乡居民消费基尼系数变化的驱动因素的影响方向，可以分别对式4-1中城镇化水平（P_{uj}）和城乡居民人均消费支出之比（R_j）进行求导。

①城镇化水平。对城镇化水平（P_{uj}）求导可得式4-4：

$$\frac{\partial G_{ur}}{\partial P_{uj}} = \frac{R_j - [(R_j - 1)P_{uj} + 1]^2}{[(R_j - 1)P_{uj} + 1]} \qquad (式4-4)$$

从式4-4中可以得出，如果保持城乡居民平均消费之比不变，当 $R_j - [(R_j - 1)P_{uj} + 1]^2 > 0$ 时，城镇人口比重 P_{uj} 的上升会加剧城乡之间消费基尼系数 G_{ur}；当 $R_j - [(R_j - 1)P_{uj} + 1]^2 = 0$ 时，$P_{uj} = \frac{\sqrt{R_j} - 1}{R_j - 1}$，此时 P_{uj} 即为 $P_{uj\max}$。同时，由于 $\frac{\partial^2 G_{ur}}{\partial {P_{uj}}^2} < 0$，在 P_{uj} 达到转折点 $P_{uj\max}$ 时，G_{ur} 也达到最大值 $G_{ur\max}$。之后有 $R_j - [(R_j - 1)P_{uj} + 1]^2 < 0$，则有城乡之间消费基尼系数 G_{ur} 会随着 P_{uj} 的上升而减小，因此整个曲线呈现倒U型。这与刘易斯二元经济理论的假设相一致，城乡之间的消费差距会随着城镇化进程的推进呈现先上升后下降的趋势。

如果 R_j 不变，在 P_{uj} 为 $P_{uj\max}$ 时，G_{ur} 达到最大值 $G_{ur\max}$，表达式为：

$$G_{ur\max} = \frac{(\sqrt{R_j} - 1)(R_j - \sqrt{R_j})}{\sqrt{R_j}(R_j - 1)} = \frac{(\sqrt{R_j} - 1)^2}{R_j - 1}$$

(式4-5)

由于 $R_j > 1$，所以有 $P_{uj\max}$ 的取值范围是（0, 0.5）。从式4-5可以得出，倒U型曲线的最高点 $G_{ur\max}$ 取决于城乡居民消费之比，且其对应的城镇人口比重小于50%，说明在城乡居民消费之比不变的条件下，只要城镇人口比重超过50%，则城镇人口比重的进一步上升一定有利于改善城乡居民之间的消费不平等。

②城乡居民人均消费之比。对城乡居民人均消费之比（R_j）的一阶求导和二阶求导可以得到式4-6和式4-7：

$$\frac{\partial G_{ur}}{\partial R_j} = \frac{P_{uj}(1-P_{uj})}{[(R_j-1)P_{uj}+1]^2} > 0 \quad \text{（式4-6）}$$

$$\frac{\partial^2 G_{ur}}{\partial R_j^{\,2}} = \frac{2P_{uj}^{\,2}(1-P_{uj})}{[(R_j-1)P_{uj}+1]^3} < 0 \quad \text{（式4-7）}$$

由一阶导数大于0和二阶导数小于0可以推断，城乡居民消费之比的扩大会加剧城乡居民之间的消费差距，但随着R_j的加剧，其对G_{ur}的影响力减小。

（2）城镇化和城乡居民消费之比对城乡居民消费基尼系数的弹性分析

参考Ma等（2017）对于城乡居民之间收入差距研究，本章可以利用式4-1推导得到基尼系数对城乡居民平均消费之比的弹性$E(G_{ur}, R_j)$以及基尼系数对城镇人口比重的弹性$E(G_{ur}, P_{uj})$：

$$E(G_{ur},R_j) = \frac{\Delta G_{ur}/G_{ur}}{\Delta R_j/R_j} \approx \frac{dG_{ur}}{dR_j} \times \frac{R_j}{G_{ur}} = \frac{R_j}{[(R_j-1)P_{uj}+1](R_j-1)} \quad \text{（式4-8）}$$

$$E(G_{ur},P_{uj}) = \frac{\Delta G_{ur}/G_{ur}}{\Delta P_{uj}/P_{uj}} \approx \frac{dG_{ur}}{dP_{uj}} \times \frac{P_{uj}}{G_{ur}} = \frac{R_j-[(R_j-1)P_{uj}+1]^2}{[(R_j-1)P_{uj}+1](R_j-1)(1-P_{uj})} \quad \text{（式4-9）}$$

其中，$E(G_{ur}, P_{uj})$的取值范围为$(-\infty, 1)$，当P_{uj}为$P_{uj\max}$时，弹性为0，此时城乡居民之间消费基尼系数G_{ur}也达到最大值$G_{ur\max}$；当$P_{uj} > P_{uj\max}$时，$E(G_{ur}, P_{uj})$为负值，说明城镇人口比重的上升会促进基尼系数的减小，且随着城镇人口比重越高，$E(G_{ur}, P_{uj})$的绝对值会越大，这表明城镇化进程对缩小城乡消费差距的效果呈加速态势。而$E(G_{ur}, R_j)$的取值范围为$(0, +\infty)$，当$E(G_{ur}, R_j)=1$时，城乡居民消费之比增加1%，基尼系数相应提高1%。$E(G_{ur}, R_j)$值越大，说明城乡消费之比对城乡居民消费差距的负作用越大。

R_j和P_{uj}究竟谁对G_{ur}的影响更大，要取决于具体的城镇人口比重和城乡平均收入之比。通过比较式4-8和式4-9的大小，就能够得知二者对城乡居民消费基尼系数的调节方向。当两个弹性数值相等时，即在$E(G_{ur}, P_{uj}) = E(G_{ur}, R_j)$时，城镇人口比重上升1%对城乡居民消费差异的缩小作用等于城乡居民消费之比增长1%对城乡居民消费差异的扩大作用，此时的城镇人口比重 P_{uj}' 和城乡居民消费之比 R_j' 可以表示为：

$$P_{uj}' = \frac{2-3R_j+\sqrt{(8R_j^2-11R_j+4)R_j}}{2(R_j-1)^2} \quad (式4-10)$$

$$R_j' = \frac{2+2P_{uj}^2-3P_u+\sqrt{(2-P_{uj})(4P_{uj}^2-5P_{uj}+2)}}{2P_{uj}^2} \quad (式4-11)$$

即如果实际 P_{uj} 大于式4-10计算出的 P_{uj}'，或者实际的 R_j 小于式4-11计算出的 R_j'，则城镇化提高对城乡消费差距的缩小作用将大于消费之比对于城乡消费差距的扩大作用，此时城镇化有利于缩小城乡居民之间消费基尼系数。

（3）城乡居民消费基尼系数的分解：基于驱动因素的分解

为量化城镇化和城乡居民消费之比两个因素对城乡居民消费基尼系数的贡献度，本章将进一步从这两个因素出发对城乡居民消费基尼系数的变化进行分解，从而考察两个因素对城乡消费差距的影响。

假设城乡居民人均消费之比从 R_j 上升到 R_j^1，且城镇人口比重从 P_{uj} 上升到 P_{uj}^1，则相对应的 G_{ur} 变为 G_{ur}^1。

$$\Delta G_{ur} = G_{ur}^1 - G_{ur} = \left[\frac{R_j^1 P_{uj}}{(R_j'-1)P_{uj}+1} - \frac{R_j P_{uj}}{(R_j-1)P_{uj}+1}\right]$$
$$+\left\{\left[\frac{R_j P_{uj}^1}{(R_j-1)P_{uj}^1+1} - P_{uj}^1\right] - \left[\frac{R_j P_{uj}}{(R_j-1)P_{uj}+1} - P_{uj}\right]\right\}$$
$$+\frac{(R_j^1-R_j)(P_{uj}^1-P_{uj})[P_{uj}^1 P_{uj}(R_j^1 R_j-1)+P_{uj}^1+P_{uj}-1]}{[(R_j-1)P_{uj}+1][(R_j^1-1)P_{uj}^1+1][(R_j^1-1)P_{uj}+1][(R_j-1)P_{uj}^1+1]}$$
（式4-12）

式4-12表明，ΔG_{ur} 可以被分解成三部分：

一是 $\left[\frac{R_j^1 P_{uj}}{(R_j^1-1)P_{uj}+1} - \frac{R_j P_{uj}}{(R_j-1)P_{uj}+1}\right]$，表示城乡居民人均消费之比变化（$R_j$ 上升到 R_j'）对于 ΔG_{ur} 的贡献；

二是 $\left\{\left[\frac{R_j P_{uj}^1}{(R_j-1)P_{uj}^1+1} - P_{uj}^1\right] - \left[\frac{R_j P_{uj}}{(R_j-1)P_{uj}+1} - P_{uj}\right]\right\}$，表示

城镇人口变化（P_{uj}上升到 P_{uj}'）对于 ΔG_{ur}的贡献，可理解为城镇化对居民消费差异的影响；

三是 $\frac{(R_j^1-R_j)(P_{uj}^1-P_{uj})[P_{uj}^1P_{uj}(R_j^1R_j-1)+P_{uj}^1+P_{uj}-1]}{[(R_j-1)P_{uj}+1][(R_j^1-1)P_{uj}^1+1][(R_j^1-1)P_{uj}+1][(R_j-1)P_{uj}^1+1]}$，表示人口和城乡收入之比的共同影响对于$\Delta G_{ur}$的贡献，通常情况下，该数值较小。

4.2.3　城乡居民消费差距综合指标的分解

城乡居民消费差距综合指标包含消费因素和消费能力因素——收入两个维度，为分析这两个维度的变化对城乡居民消费综合指标的影响，本章从贡献度和指数变化两个方面对城乡居民消费差距综合指标进行分解。

①贡献度分析。消费因素和消费能力因素两个维度对城乡居民消费差距综合指标的贡献分别为：R_j/D 和 $\left[R_j\left(\frac{G_{wj}+G_{oj}+G_{fj}+G_{tj}}{4}\right)^{\gamma}\right]/D$ 。

②增量分解。令 $\left(\frac{G_{wj}+G_{oj}+G_{fj}+G_{tj}}{4}\right)$ 为 φ_j ，则式 4－3 可以表示为 $D=R_j(1+\varphi_j^{\gamma})$ 。假设城乡居民人均消费之比从 R_j 变化到 R_j^1 ，城乡居民消费能力差距从 φ_j 变化到 φ_j^1 ，则相对应 D 变为 D^1 。

$$\Delta D=D^1-D=R_j^1(1+\varphi_j^{1\gamma})-R_j(1+\varphi_j^{\gamma})$$
$$=(R_j^1-R_j)+(\varphi_j^{1\gamma}-\varphi_j^{\gamma})R_j+(R_j^1-R_j)\varphi_j^{1\gamma} \qquad (式 4-13)$$

式 4－12 表明，ΔD 可以被分解成三个部分：

一是 $(R_j^1-R_j)$ ，表示城乡居民人均消费之比变化（ R_j 上升到 R_j^1 ）对于 ΔD 的贡献；

二是 $(\varphi_j^{1\gamma}-\varphi_j^{\gamma})R_j$ ，表示城乡居民消费能力差距变化（ φ_j 上升到 φ_j^1 ）对于 ΔD 的贡献；

三是 $(R_j^1-R_j)\varphi_j^{1\gamma}$ ，表示消费因素和消费能力因素共同变化对于 ΔD 的贡献。

③各类收入差距的敏感性分析。为探究各类收入差距变化对城乡居民消费差距综合指标的影响，引入 D_{wj} 、D_{oj} 、D_{fj} 、D_{tj} 分别代表扣除了工

资性收入、经营性收入、财产性收入和转移性收入后所得到的消费差距综合指标，通过与原综合指标进行比较来分析上述各类收入因素的具体影响。

4.2.4 数据来源

本章对我国1979—2019年城乡居民消费差距进行分析，相关数据包括：城乡居民人口数据来自《中国统计年鉴（2020）》，城乡居民家庭收支数据来自《中国住户调查年鉴（2020）》。虽然2013年国家统计局已经开始对全国31个省（市、自治区）的居民家庭开展城乡一体化住户抽样调查，但是新发布的《中国住户调查年鉴》中公布按照新口径调整后的城乡居民收支数据，因此2013年前后数据具有可比性。同时，为了方便与Ma等（2017）采用类似方法对城乡收入差距的研究作对比，对城乡居民消费差距的测量并没有根据价格指数进行调整①。但是，在测度城乡消费差距综合指标时，《中国住户调查年鉴》对收入类别细项的公布从1998年开始，故对城乡居民消费差距综合指标的测算范围为1998—2019年。此外，由于《中国住户调查年鉴》并未公布统一口径后的2013年前省级分地区城乡居民收支数据，故后文对省级城乡居民消费差距的分析从2013年开始。

4.3 城乡居民消费差距的变化趋势及分解

4.3.1 城乡居民消费基尼系数的变化趋势及分解

（1）全国城乡居民消费基尼系数的变化趋势

表4-1和图4-1分别汇报和展示了1978—2019年我国城乡居民

① 笔者同时进行了以1979年城乡居民消费价格为基准进行调整后的1979—2013年城乡居民消费差距的计算，通过与名义消费差距进行比较发现，虽然在数值上略有差异，但差异可忽略不计，不会对本章研究结果产生影响。

消费基尼系数的变化趋势。综合而言，可以根据城镇居民和农村居民的消费之比R_j来分为以下三个阶段：

第一阶段是1978—1983年的下降阶段。在这一阶段，R_j从2.6804∶1缩小到2.0375∶1，意味着该阶段农村居民的消费的增长速度大于城镇居民，因此城乡之间消费基尼系数G_{ur}随之减少了0.0463，降幅达24.39%。从外部经济环境来看，该阶段降低的可能主要归功于改革开放初期农村家庭联产承包制的实施，使得粮食收购价格得到大幅上升；并且农村劳动生产率的增幅高于同期城镇劳动生产率，使得同期农民收入的增幅高于城镇居民，不仅解决了基本的温饱问题，也使得农村居民的真实福利水平得到显著提高（Wang等，2014）。

第二阶段是1984—2003年的波动上升阶段。城乡居民人均消费支出比值R_j从2.0431∶1上升至峰值3.2138∶1，相应的城乡居民消费基尼系数G_{ur}从上一阶段的缩小趋势转至增大趋势，由0.1602增长至0.2741，其中在2002年G_{ur}达到峰值0.2812。彭定赟和陈玮仪（2014）认为，改革开放的重点从农村转向城市是造成该阶段城乡居民消费差距持续扩大的重要原因。一方面，从产业发展角度来说，前一阶段农村产业的发展带动了非农产业的迅速发展；另一方面，伴随着国家对东部沿海地区的经济建设的大力扶持，东部沿海地区城市对外开放进一步扩大。这种外部经济环境的转变大大推动了城市的经济发展，也使得该时期城镇居民的消费支出增速高于农村地区居民，从而加大了城乡居民消费不平等。除此之外，这段时期宏观经济的通货膨胀对农村居民消费水平的侵蚀也要高于城镇居民，对城乡居民消费差距持续扩大起到重要作用。但值得注意的是，粮食省长负责制的实施对1995—1997年城乡消费之比短暂下降做出了重要贡献（Zhu和Wan，2012）。

第三阶段是2004—2019年的逐步下降阶段。在这一时期，城乡居民消费之比和城乡居民消费基尼系数都逐渐缩小，前者由3.1294∶1下降至2.1056∶1，后者由0.2589下降至0.1856，降幅分别为32.72%和28.31%。一方面，针对农村地区发展相对滞后的局面，国家颁布实施了“两减免，三补贴”等一系列惠农政策，从而极大改善了农村居民的收入水平与生活质量；另一方面，由于2001年P_{uj}已超过$P_{uj\max}$，城镇化开始对城乡居民消费差距起到缩小的作用，并且城镇化进程的推进对改善城乡居民消费差距也起到加速作用。与此同时，农村居民相比城镇居民更乐意进行消费，同样使得城乡消费差距迅速缩小。

值得强调的是，伴随着 2001 年 P_{uj}超过 $P_{uj\max}$，$E(G_{ur}, P_{uj})$ 同年小于零且绝对值逐渐增大，说明城镇化从 2001 年开始对城乡居民消费差距起正向调节作用，并且作用呈逐渐增强的趋势。换句话说，城镇化与消费差距呈现倒 U 型关系的拐点是在 2001 年。与此互相印证的是，城乡居民消费之比 R_j在 2003 年才达到峰值 3. 2138∶1，此时理论上曲线最高点 $G_{ur\max}$ 为 0. 2839，明显大于 2003 年城乡消费基尼系数实际值 0. 2812，中间的差异正是得益于城镇化的正向调节作用。另外不难发现，$E(G_{ur}, R_j)$ 和 $E(G_{ur}, P_{uj})$ 的绝对值逐渐接近，表明城乡居民消费之比对于 G_{ur}的扩大作用和城镇化对于 G_{ur}的缩小作用正在接近。根据计算，保持 2019 年的城乡平均消费之比 R_j，当 $P_{uj} > 63.11\%$ 时，$E(G_{ur}, P_{uj})$ 的绝对值将大于 $E(G_{ur}, R_j)$，此时城镇化对缩小城乡居民消费差距的效果强于城乡居民消费之比扩大城乡居民消费差距的效果。

表 4 - 1　1978—2019 年我国城乡居民消费基尼系数的基本情况

年份	C_{uj}	C_{rj}	R_j	P_{uj}	$P_{uj\max}$	G_{ur}	$G_{ur\max}$	$E(G_{ur}, R_j)$	$E(G_{ur}, P_{uj})$	收入差距
1978	311. 2	116. 1	2. 6804	0. 1792	0. 3792	0. 1899	0. 2416	1. 2260	0. 5504	0. 1802
1980	412. 4	162. 2	2. 5425	0. 1939	0. 3854	0. 1856	0. 2291	1. 2688	0. 5292	0. 1821
1981	456. 8	190. 8	2. 3941	0. 2016	0. 3926	0. 1751	0. 2149	1. 3406	0. 5282	0. 1813
1982	471. 0	220. 2	2. 1390	0. 2113	0. 4061	0. 1530	0. 1878	1. 5137	0. 5381	0. 1596
1983	505. 9	248. 3	2. 0375	0. 2162	0. 4120	0. 1436	0. 1761	1. 6041	0. 5409	0. 1355
1984	559. 4	273. 8	2. 0431	0. 2301	0. 4116	0. 1490	0. 1767	1. 5795	0. 5075	0. 1183
1985	673. 2	317. 4	2. 1210	0. 2371	0. 4071	0. 1602	0. 1858	1. 4948	0. 4793	0. 1241
1986	799. 0	357. 0	2. 2381	0. 2452	0. 4006	0. 1758	0. 1987	1. 3866	0. 4421	0. 1291
1987	884. 4	398. 3	2. 2204	0. 2532	0. 4016	0. 1763	0. 1968	1. 3899	0. 4249	0. 1633
1988	1104. 0	476. 7	2. 3159	0. 2581	0. 3965	0. 1881	0. 2069	1. 3137	0. 3985	0. 1702
1989	1211. 0	535. 4	2. 2619	0. 2621	0. 3994	0. 1834	0. 2013	1. 3470	0. 3963	0. 1716
1990	1278. 9	584. 6	2. 1876	0. 2641	0. 4034	0. 1757	0. 1932	1. 4022	0. 4024	0. 1858
1991	1453. 8	619. 8	2. 3456	0. 2694	0. 3950	0. 1944	0. 2100	1. 2794	0. 3652	0. 1772
1992	1671. 7	659. 0	2. 5367	0. 2746	0. 3857	0. 2153	0. 2286	1. 1609	0. 3247	0. 2001

续表

年份	C_{uj}	C_{rj}	R_j	P_{uj}	$P_{uj\max}$	G_{ur}	$G_{ur\max}$	$E(G_{ur}, R_j)$	$E(G_{ur}, P_{uj})$	收入差距
1993	2110. 8	769. 7	2. 7424	0. 2799	0. 3765	0. 2361	0. 2470	1. 0580	0. 2835	0. 2200
1994	2851. 3	1016. 8	2. 8042	0. 2851	0. 3739	0. 2428	0. 2522	1. 0263	0. 2615	0. 2410
1995	3537. 6	1310. 4	2. 6996	0. 2904	0. 3783	0. 2345	0. 2433	1. 0635	0. 2603	0. 2480
1996	3919. 5	1572. 1	2. 4932	0. 3048	0. 3878	0. 2174	0. 2245	1. 1475	0. 2488	0. 2359
1997	4185. 6	1617. 2	2. 5882	0. 3191	0. 3833	0. 2290	0. 2334	1. 0815	0. 1950	0. 2193
1998	4339. 7	1603. 8	2. 7059	0. 3335	0. 3781	0. 2417	0. 2438	1. 0110	0. 1370	0. 2173
1999	4633. 4	1604. 4	2. 8879	0. 3478	0. 3705	0. 2585	0. 2591	0. 9234	0. 0704	0. 2218
2000	5026. 7	1714. 3	2. 9322	0. 3622	0. 3687	0. 2626	0. 2626	0. 8928	0. 0204	0. 2350
2001	5349. 7	1803. 2	2. 9668	0. 3766	0. 3673	0. 2653	0. 2654	0. 8666	－0. 0296	0. 2467
2002	6088. 5	1917. 1	3. 1759	0. 3909	0. 3594	0. 2800	0. 2811	0. 7887	－0. 1014	0. 2548
2003	6587. 1	2049. 6	3. 2138	0. 4053	0. 3581	0. 2812	0. 2839	0. 7652	－0. 1545	0. 2692
2004	7280. 5	2326. 5	3. 1294	0. 4176	0. 3611	0. 2741	0. 2777	0. 7779	－0. 1877	0. 2751
2005	8067. 7	2748. 8	2. 9350	0. 4299	0. 3686	0. 2589	0. 2629	0. 8280	－0. 2082	0. 2710
2006	8850. 7	3072. 3	2. 8808	0. 4434	0. 3707	0. 2531	0. 2585	0. 8352	－0. 2515	0. 2692
2007	10195. 7	3535. 5	2. 8838	0. 4589	0. 3706	0. 2509	0. 2588	0. 8211	－0. 3117	0. 2693
2008	11489. 0	4054. 0	2. 8340	0. 4699	0. 3727	0. 2454	0. 2547	0. 8300	－0. 3493	0. 2683
2009	12557. 7	4464. 2	2. 8130	0. 4834	0. 3735	0. 2413	0. 2529	0. 8269	－0. 4029	0. 2640
2010	13820. 7	4944. 8	2. 7950	0. 4995	0. 3743	0. 2366	0. 2514	0. 8210	－0. 4707	0. 2608
2011	15554. 0	5892. 0	2. 6399	0. 5183	0. 3810	0. 2213	0. 2380	0. 8702	－0. 5354	0. 2497
2012	17106. 6	6667. 1	2. 5658	0. 5310	0. 3843	0. 2129	0. 2313	0. 8947	－0. 5862	0. 2389
2013	18487. 5	7485. 1	2. 4699	0. 5449	0. 3889	0. 2024	0. 2223	0. 9330	－0. 6421	0. 2340
2014	19968. 1	8382. 6	2. 3821	0. 5575	0. 3932	0. 1926	0. 2137	0. 9735	－0. 6951	0. 2258
2015	21392. 4	9222. 6	2. 3196	0. 5733	0. 3964	0. 1838	0. 2073	1. 0008	－0. 7742	0. 2185
2016	23078. 9	10129. 8	2. 2783	0. 5884	0. 3985	0. 1767	0. 2030	1. 0172	－0. 8588	0. 2125
2017	24445. 0	10954. 5	2. 2315	0. 6024	0. 4010	0. 1693	0. 1980	1. 0403	－0. 9410	0. 2070
2018	26112. 3	12124. 3	2. 1537	0. 6150	0. 4053	0. 1598	0. 1895	1. 0920	－1. 0125	0. 2017
2019	28063. 4	13327. 7	2. 1056	0. 6271	0. 4080	0. 1527	0. 1840	1. 1247	－1. 0911	0. 1959

此外，表 4－1 和图 4－1 还汇报和展示了利用相同方法估算出的城乡居民之间的收入差距的变化趋势。通过比较可以看出，城乡居民收入不平等和城乡居民消费不平等的总体变化趋势在 2003 年以前大体相同，

而后的区别是城乡居民消费不平等在2003年达到峰值后就进入下降通道，而城乡居民收入不平等在同年达到峰值后进入高位徘徊阶段，在2009年后才明显进入下降通道。造成这一现象的原因有两方面：一方面，城镇化对于城镇和农村居民消费的趋同效应在短期更强。在P_{uj}超过$P_{uj\max}$、城镇化开始发挥缩小城乡居民消费基尼系数和收入基尼系数的作用后，通过计算比较可得，城镇化对于城乡居民消费基尼系数的弹性E（G_{ur}，P_{uj}）要大于其对于城乡居民收入基尼系数的弹性。另一方面，根据图4－2所示，城镇居民消费倾向在进入20世纪90年代后就逐渐递减，而农村居民消费倾向在1999年后呈现缓慢上升态势，并于2005年后超过城镇居民。在2004年以前，城乡居民消费差距在多数时期大于或几乎等于城乡居民收入差距，该发现与Cai等（2010）和彭定赟和陈玮仪（2014）结果一致，意味着城乡居民之间的真实福利差距比仅用收入差距来衡量更严峻。虽然从2004年以后，城乡居民消费基尼系数已小于同期收入基尼系数，但在衡量居民经济福利不平等时，仍然要从不同角度来做系统和全面的分析。

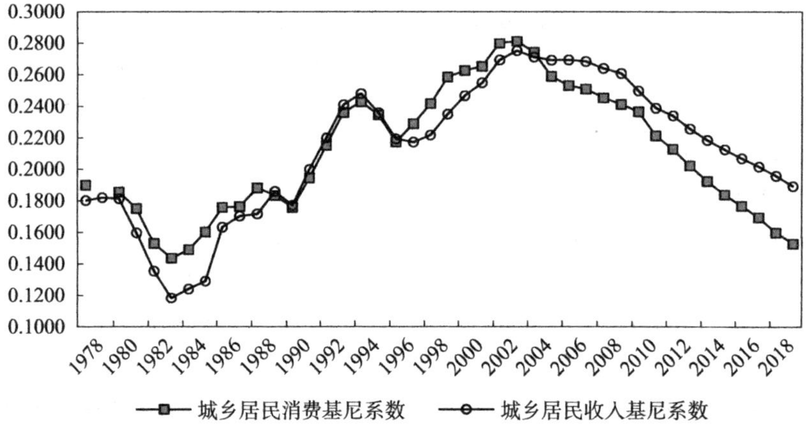

图4－1　我国城乡居民消费基尼系数和收入基尼系数的变化趋势

（2）各省城乡居民消费基尼系数的变化趋势

表4－2汇报了2013—2019年全国各省份的城乡居民消费基尼系数，并按照2019年城镇化水平从低到高进行排序。可以看出，一方面，各省份的城乡消费基尼系数基本都呈现下降趋势；其中，降幅最高的两

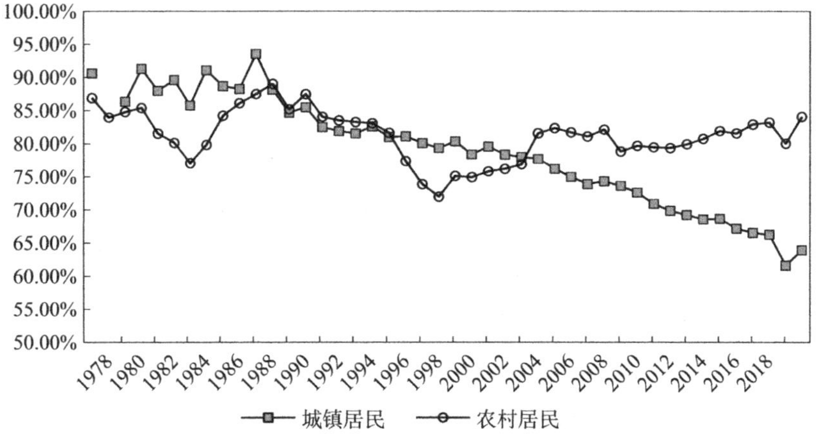

图 4－2　我国城乡居民边际消费倾向变化趋势

个地区是广西和重庆，分别下降了 34.49% 和 34.09%；降幅最小的两个地区是西藏和新疆，分别是下降了 0.62% 和 4.49%；天津市 2019 年城乡消费基尼系数较 2013 年有轻微上涨，增加了 0.39%，但整体保持较低水平。另一方面，城镇化水平越高的省份，城乡居民消费基尼系数对城镇化的弹性 $E(G_{ur}, P_{uj})$ 的绝对值也越大，意味着城镇化对缩小城乡消费的作用越强，一般而言该省份的城乡居民之间消费也较为均衡。纵观全国 31 个省份，在 2019 年，西藏的城镇化水平最低，其城镇人口比重 34.5% 还没有超过门槛 $P_{uj\max}$，因此 $E(G_{ur}, P_{uj})$ 大于 0，说明城镇化还处于拉大西藏城乡消费差距的阶段。对于除西藏以外的 30 个省份，城镇化对城乡消费差异都已经表现出正向调节作用。鉴于 $E(G_{ur}, P_{uj})$ 在 31 个省份表现出的变化范围从 −7.783 至 0.059，说明城镇化对改善城乡消费差距的作用潜力巨大，未来持续推进城镇化进程是缩小城乡居民之间消费差距的有效途径。

表 4－2　2013—2019 年分地区城乡居民消费基尼系数及相关指标

年份	2013	2014	2015	2016	2017	2018	2019	R_j	P_{uj}	$P_{uj\max}$	$E(G_{ur}, R_j)$	$E(G_{ur}, P_{uj})$
全国	0.202	0.193	0.184	0.177	0.169	0.160	0.153	1.040	0.627	0.408	1.125	−1.091
西藏	0.273	0.274	0.265	0.281	0.278	0.274	0.271	0.942	0.345	0.364	0.873	0.059
云南	0.254	0.242	0.231	0.226	0.215	0.207	0.198	1.026	0.487	0.398	1.093	−0.333
贵州	0.229	0.232	0.227	0.230	0.224	0.214	0.215	0.990	0.507	0.386	0.935	−0.464

续表

年份	2013	2014	2015	2016	2017	2018	2019	R_j	P_{uj}	$P_{uj\max}$	$E(G_{ur}, R_j)$	$E(G_{ur}, P_{uj})$
广西	0. 235	0. 230	0. 228	0. 225	0. 214	0. 195	0. 175	1. 010	0. 515	0. 409	1. 225	-0. 421
甘肃	0. 212	0. 197	0. 185	0. 175	0. 160	0. 153	0. 139	1. 059	0. 530	0. 428	1. 593	-0. 422
河南	0. 214	0. 195	0. 189	0. 180	0. 178	0. 166	0. 151	1. 050	0. 540	0. 420	1. 417	-0. 502
四川	0. 191	0. 185	0. 178	0. 170	0. 157	0. 145	0. 138	1. 047	0. 554	0. 427	1. 551	-0. 548
安徽	0. 210	0. 211	0. 218	0. 219	0. 219	0. 211	0. 201	0. 998	0. 555	0. 388	0. 920	-0. 699
湖南	0. 172	0. 169	0. 157	0. 153	0. 146	0. 123	0. 114	1. 023	0. 570	0. 439	1. 891	-0. 592
新疆	0. 186	0. 171	0. 167	0. 165	0. 161	0. 155	0. 148	1. 014	0. 575	0. 419	1. 356	-0. 698
江西	0. 172	0. 163	0. 159	0. 156	0. 154	0. 150	0. 142	1. 018	0. 588	0. 421	1. 383	-0. 771
河北	0. 185	0. 179	0. 189	0. 187	0. 175	0. 176	0. 162	1. 009	0. 588	0. 408	1. 161	-0. 818
青海	0. 171	0. 167	0. 161	0. 155	0. 153	0. 146	0. 133	1. 039	0. 591	0. 426	1. 499	-0. 769
海南	0. 208	0. 207	0. 183	0. 169	0. 166	0. 161	0. 155	1. 083	0. 594	0. 412	1. 214	-0. 843
湖北	0. 213	0. 202	0. 191	0. 181	0. 171	0. 167	0. 160	1. 056	0. 613	0. 405	1. 096	-0. 996
陕西	0. 176	0. 170	0. 171	0. 167	0. 170	0. 164	0. 162	1. 026	0. 613	0. 404	1. 076	-1. 002
吉林	0. 170	0. 167	0. 159	0. 154	0. 146	0. 154	0. 150	1. 035	0. 616	0. 412	1. 193	-0. 997
山西	0. 156	0. 150	0. 141	0. 136	0. 133	0. 119	0. 118	1. 036	0. 618	0. 432	1. 645	-0. 929
山东	0. 201	0. 188	0. 181	0. 174	0. 168	0. 164	0. 160	1. 036	0. 619	0. 404	1. 075	-1. 042
黑龙江	0. 196	0. 183	0. 179	0. 173	0. 150	0. 148	0. 150	1. 038	0. 636	0. 408	1. 116	-1. 163
宁夏	0. 171	0. 161	0. 153	0. 141	0. 129	0. 127	0. 118	1. 089	0. 646	0. 429	1. 528	-1. 160
内蒙古	0. 161	0. 156	0. 150	0. 141	0. 134	0. 131	0. 120	1. 068	0. 665	0. 425	1. 410	-1. 339
福建	0. 154	0. 146	0. 139	0. 134	0. 123	0. 123	0. 122	1. 041	0. 679	0. 420	1. 310	-1. 492
重庆	0. 192	0. 175	0. 164	0. 152	0. 144	0. 135	0. 126	1. 084	0. 682	0. 416	1. 226	-1. 546
浙江	0. 180	0. 172	0. 158	0. 159	0. 148	0. 142	0. 137	0. 992	0. 712	0. 399	0. 936	-1. 949
辽宁	0. 138	0. 127	0. 115	0. 107	0. 107	0. 104	0. 100	1. 073	0. 716	0. 430	1. 506	-1. 870
江苏	0. 145	0. 135	0. 126	0. 113	0. 105	0. 103	0. 098	1. 113	0. 725	0. 429	1. 478	-1. 990
广东	0. 157	0. 151	0. 145	0. 143	0. 139	0. 118	0. 117	1. 020	0. 727	0. 412	1. 126	-2. 085
天津	0. 070	0. 068	0. 067	0. 066	0. 068	0. 071	0. 070	1. 019	0. 843	0. 417	1. 139	-4. 818
北京	0. 073	0. 072	0. 071	0. 068	0. 065	0. 064	0. 063	1. 046	0. 874	0. 407	0. 958	-6. 399
上海	0. 060	0. 059	0. 061	0. 060	0. 059	0. 058	0. 055	1. 023	0. 892	0. 405	0. 923	-7. 783

图 4-3 进一步展示了各地区城乡居民消费基尼系数和收入基尼系数在 2013—2019 年的均值。如图所示，除上海与西藏之外，其余地区

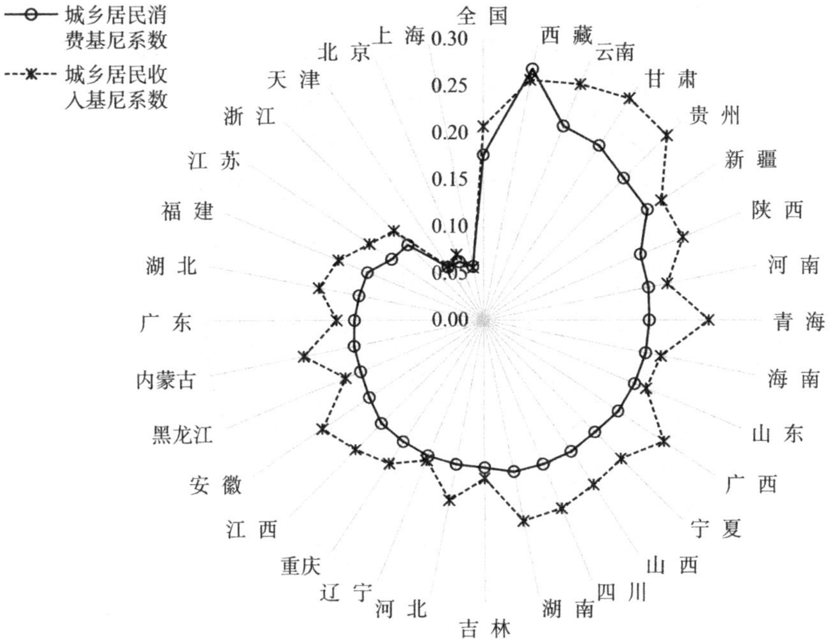

图4-3　分地区城乡居民消费与收入基尼系数2013—2019年均值

的城乡消费基尼系数均值都小于其城乡居民收入基尼系数均值。可见，尽管从全国层面上来看，城乡居民之间真实福利水平的不平等状况已经优于该地区收入不平等状况，但在个别地区，城乡居民之前的真实福利不平等要比该地区收入不平等更为严峻。

（3）城乡居民消费基尼系数的分解

为了研究城镇人口比重和城乡居民消费之比对城乡居民消费基尼系数变化的贡献，根据式4-12的分解方法对1979—2019年城乡居民消费基尼系数进行增量分解，分解结果如表4-3所示。

表4-3　1979—2019年我国城乡居民消费基尼系数的增量分解

指标	1979—2001年	贡献	2002—2019年	贡献
ΔG_{ur}	0.0753	100.00%	-0.1273	100.00%
ΔR_j	0.0517	68.60%	-0.0648	50.89%
ΔP_{uj}	0.0239	31.77%	-0.0961	75.55%
ΔR_j和ΔP_{uj}	0.0003	0.37%	-0.0336	-26.43%

根据前文可知，当 $P_{uj} < P_{uj\max}$，P_{uj} 的提高将导致 G_{ur} 的上升；当 $P_{uj} > P_{uj\max}$ 时，P_{uj} 的提高促进 G_{ur} 的下降。对于 G_{ur} 来说，2001 年时 $P_{uj} > P_{uj\max}$（见表 4－2），因此对 G_{ur} 的分析划分为 1979—2001 年和 2002—2019 年两个阶段进行。在第一阶段，G_{ur} 增加了 0.0753。城乡居民消费支出之比 R_j 的增大和城镇人口比重 P_{uj} 的上升分别为 ΔG_{ur} 贡献 68.60% 和 31.77%，二者的共同作用促使 G_{ur} 增长 0.0003。该结果显示在达到 $P_{uj} > P_{uj\max}$ 的门槛前，城乡居民消费支出比值的扩大是导致城乡消费基尼系数增长的主要因素。在第二阶段，G_{ur} 减小了 0.1273，其中 75.55% 是来自城镇人口比重不断上升的贡献，50.89% 归功于城乡居民消费支出比值下降，说明跨过 $P_{uj} > P_{uj\max}$ 的门槛后，城镇化的深入推进变成降低城乡居民消费基尼系数的主导因素。

表 4－4 给出了 2013—2019 年我国分地区城乡居民消费基尼系数的增量分解。从中可以看出，第一，28 个地区的城乡居民消费支出比值的变化对缩小城乡居民消费差距起到正向作用，而天津、山西、新疆等 3 个地区的城乡居民消费支出比值存在不同程度上涨，不利于缓解城乡居民消费不平等。第二，29 个地区的城镇人口比重的变化有利于降低城乡居民消费基尼系数，而上海、西藏等 2 个地区的城镇人口比重的影响方向则相反，但这两个地区的情况也存在差异。其中，上海存在逆城镇化现象，2013—2019 年城镇人口比例有所下降；西藏仍处于城镇化中前期，由前文可知其并未通过库兹涅茨曲线倒 U 型曲线的拐点，故城镇化水平的提升会加剧城乡居民消费不平等。第三，这一时期主导城乡居民消费基尼系数的驱动因素在地区间存在异质性。31 个地区中有 21 个地区的城乡居民消费支出比值的变化决定了该地区城乡居民消费基尼系数的变化方向，剩余 10 个地区的城乡居民消费基尼系数的变化是由城镇人口比重的变化来决定的。

表 4－4　2013—2019 年我国分地区城乡居民消费基尼系数的增量分解

地区	ΔG_{ur}	ΔR_j	贡献	ΔP_u	贡献	ΔR_j 和 ΔP_{uj}	贡献
北京	-0.0103	-0.0059	57.60%	-0.0048	46.48%	0.0004	-4.08%
天津	0.0003	0.0082	3029.48%	-0.0070	-2594.53%	-0.0009	-334.95%

续表

地区	ΔG_{ur}	ΔR_j	贡献	ΔP_u	贡献	ΔR_j和ΔP_{uj}	贡献
河北	-0.0295	-0.0153	51.90%	-0.0165	56.06%	0.0023	-7.96%
山西	-0.0143	0.0042	-29.42%	-0.0179	124.92%	-0.0006	4.50%
内蒙古	-0.0413	-0.0271	65.64%	-0.0181	43.80%	0.0039	-9.44%
辽宁	-0.0433	-0.0264	61.06%	-0.0206	47.65%	0.0038	-8.71%
吉林	-0.0200	-0.0074	37.01%	-0.0134	67.19%	0.0008	-4.19%
黑龙江	-0.0529	-0.0408	77.12%	-0.0175	33.14%	0.0054	-10.27%
上海	-0.0049	-0.0067	136.95%	0.0021	-42.00%	-0.0002	5.05%
江苏	-0.0467	-0.0273	58.48%	-0.0250	53.52%	0.0056	-12.00%
浙江	-0.0384	-0.0207	53.83%	-0.0216	56.29%	0.0039	-10.12%
安徽	-0.0575	-0.0503	87.37%	-0.0131	22.72%	0.0058	-10.09%
福建	-0.0317	-0.0149	46.92%	-0.0192	60.56%	0.0024	-7.48%
江西	-0.0381	-0.0256	67.07%	-0.0163	42.65%	0.0037	-9.72%
山东	-0.0406	-0.0216	53.28%	-0.0225	55.39%	0.0035	-8.66%
河南	-0.0628	-0.0543	86.38%	-0.0157	25.04%	0.0072	-11.42%
湖北	-0.0376	-0.0269	71.55%	-0.0140	37.27%	0.0033	-8.82%
湖南	-0.0378	-0.0252	66.79%	-0.0161	42.63%	0.0036	-9.42%
广东	-0.0397	-0.0252	63.49%	-0.0180	45.30%	0.0035	-8.79%
广西	-0.0732	-0.0677	92.47%	-0.0122	16.68%	0.0067	-9.15%
海南	-0.0534	-0.0405	75.75%	-0.0182	34.01%	0.0052	-9.75%
重庆	-0.0653	-0.0412	63.12%	-0.0332	50.85%	0.0091	-13.97%
四川	-0.0538	-0.0452	83.92%	-0.0145	26.92%	0.0058	-10.84%
贵州	-0.0598	-0.0526	87.97%	-0.0153	25.59%	0.0081	-13.56%
云南	-0.0562	-0.0500	88.96%	-0.0118	21.00%	0.0056	-9.96%
西藏	-0.0017	-0.0227	1347.70%	0.0196	-1161.10%	0.0015	-86.60%
陕西	-0.0533	-0.0331	62.05%	-0.0262	49.14%	0.0060	-11.18%
甘肃	-0.0146	-0.0024	16.53%	-0.0125	85.74%	0.0003	-2.27%
青海	-0.0229	-0.0065	28.49%	-0.0174	75.83%	0.0010	-4.32%
宁夏	-0.0456	-0.0219	47.93%	-0.0282	61.85%	0.0045	-9.77%
新疆	-0.0094	0.0098	-104.23%	-0.0177	187.26%	-0.0016	16.97%

4.3.2 城乡居民消费差距综合指标的变化趋势及分解

（1）城乡消费差距综合指标曲线的演变趋势

接下来，本节将采用式4－3对1998—2019年我国城乡居民消费差距综合差距进行分析。图4－4显示了本书构建的城乡消费差距综合指标曲线的演变趋势，通过固定政策制定者对城乡收入差距的容忍度（以下简称“容忍参数”）得到了不同的变化曲线（本书按容忍度的大小分别令γ为0.5、1和2)。结果表明，第一，参数γ并未改变城乡居民消费支出之比的变化趋势。不同的参数γ下的城乡消费差距综合指标曲线均呈先上升后下降的倒U型；具体而言，1998—2003年，该指标测算出的城乡消费综合差距在逐年拉大，而自2004年起，开始呈现出逐年下降之势；这与前文对城乡居民消费基尼系数的测算结果一致。第二，容忍参数$\gamma=0.5$的综合指标曲线一直居于$\gamma=1$和$\gamma=2$的曲线之上，可见随着政策制定者对影响城乡居民消费能力的收入差距的容忍程度参数γ不断下降，或者说当政策制定者越来越关注城乡居民收入差距对消费差距造成的影响时，城乡居民消费差距综合指数越高，对政策制定者造成的压力水平也相应越高。综上，本书所构建的综合指标不仅具有测度城乡消费差距演变态势的基本功能，还具有更为重要的作

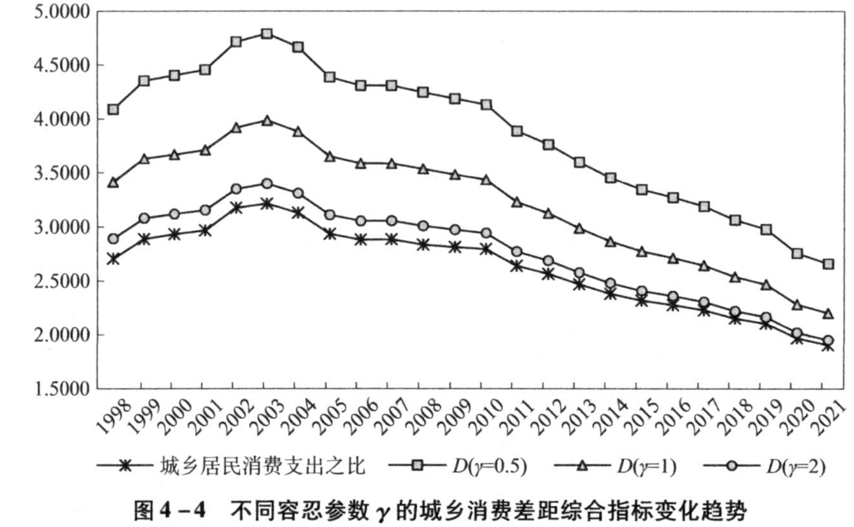

图4－4 不同容忍参数γ的城乡消费差距综合指标变化趋势

用——透过容忍参数分析不同容忍程度下的城乡居民收入差距对城乡居民消费差距的影响以及对政策制定者所形成的压力状况。

为分析不同因素对城乡居民消费差距综合指标的影响，本节进一步关注了在固定 $\gamma = 1$ 的情况下，消费因素和消费能力差距关注度这两个维度在 1998—2019 年的数值变化及对城乡消费差距综合指标的贡献率变化（如图 4 - 5 所示）。我们发现：消费因素，即城乡居民消费支出比值，对 D 的贡献呈现波动上升态势，反之，对消费能力差距的关注度对 D 的贡献呈现波动下降态势。具体而言，两方面因素的贡献率变化可以根据城乡居民消费差距综合指标 D 的趋势形态分为 1998—2003 年和 2004—2019 年两个阶段。第一个阶段 1998—2003 年，城乡居民消费支出比值对综合指标 D 的贡献逐年递增，在 2002 年达到波峰，占消费差距综合指标的 81.01%，相对应的，同年消费能力差距关注度仅贡献了其中的 18.99%。第二个阶段 2004—2019 年，城乡居民消费支出比值对消费差距综合指标的贡献率呈现先下降后上升的态势，于 2008 年降低至波谷 80.10%，后逐年增长至 2019 年的 85.29%；相应的，消费能力差距关注度对消费差距综合指标的贡献率呈现先上升后下降的态势，由 2004 年的 19.41% 先增长至 2008 年的 19.90%，后又逐年递减至 2019 年的 14.71%。结合 2004—2008 年消费能力差距关注度的贡献率的变化情况与图 4 - 4 中城乡居民消费差距综合指标 $D(\gamma = 1)$ 的变化趋势可以看出，2004—2008 年 $D(\gamma = 1)$ 处于高位徘徊阶段的主要原因来自城乡居民消费能力差距的压力增大，$\left(\frac{G_{wj} + G_{oj} + G_{fj} + G_{tj}}{4}\right)$ 由 2004 年的 0.2409 增长至 2008 年的 0.2484。

图 4 - 6 展示了在不同容忍参数下，城乡居民消费能力因素对城乡消费差距综合指标的贡献率变化。可以看出，尽管在不同的容忍参数下，消费能力因素（收入）对城乡消费综合差距的贡献率变化趋势大体一致，但是容忍参数决定了消费能力因素对综合指标 D 值贡献率的大小。比如，在 2008 年即消费能力因素贡献率较高的这一年，当容忍参数 γ 分别取值 0.5、1 和 2 时，消费能力因素对城乡居民消费差距综合指标的贡献率分别为 33.26%、19.90% 和 5.81%，这显示出极大的差异，

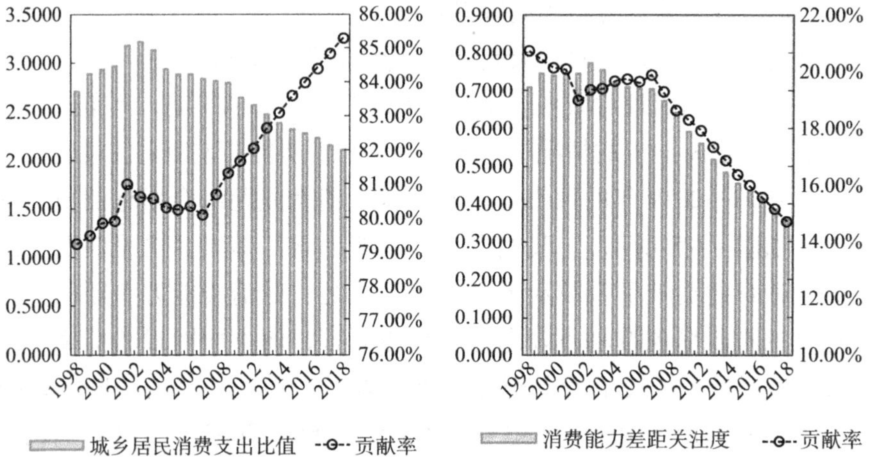

图 4-5　城乡消费差距综合指标的分解

与前文的分析一致：γ 越小，表示政策制定者越不能容忍城乡居民各类收入差距这项因素，此时对城乡居民消费综合差距的贡献率也越高；反之，若 γ 逐渐增大，意味着政策制定者对城乡居民各类收入差距的容忍度越来越高，消费能力因素对城乡居民消费综合差距的贡献率也就越来越低，此时政策制定者的压力将主要来自城乡居民消费水平因素本身。

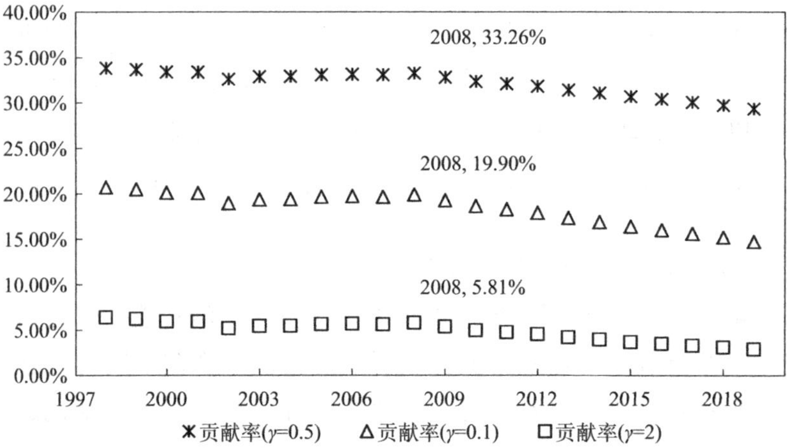

图 4-6　不同容忍参数 γ 下城乡消费能力关注度贡献率的变化趋势

（2）城乡居民消费差距综合指标的分解

为了研究消费因素和消费能力因素对城乡居民消费差距综合指标变

化的贡献，根据式4－13的分解方法对1998—2019年城乡居民消费差距综合指标进行增量分解，分解结果如表4－5所示。在第一阶段1998—2003年，得益于同期农村居民工资性收入的年均增速比城镇居民工资性收入高8.86%以及其在经营性收入方面的显著优势，农村居民的消费能力增长对缩小其与城镇居民消费差距起到积极作用，但这种正面效应被城乡居民实际消费支出之比增大所带的负面效应所抵消，导致城乡居民消费差距综合指标增长了0.5723。在第二阶段的第一个时期2004—2008年，城乡居民消费差距综合指标减小了0.4481，城乡居民实际消费支出之比的下降贡献了其中的84.77%。然而这一时期，城镇居民在经营性收入和财产性收入的平均增速分别是农村居民的3.01倍和2.36倍，使得农村居民不仅丧失了在经营性收入方面的明显优势，而且与城镇居民的财产性收入差距愈发扩大，从而扩大了其与城镇居民之间消费能力的差距，不利于城乡居民消费差距综合指标的降低。不同于前两个时期消费因素和消费能力因素的影响方向相反，在2009—2019年，城乡居民实际消费支出比值和城乡居民消费能力差距分别下降了0.7283和0.2153，合力促进城乡居民消费差距综合指标迅速下降1.0692，降幅达到30.22%。

表4－5　1998—2019年我国城乡居民消费差距综合指标的增量分解

指标	第一阶段		第二阶段			
	1998—2003年	贡献	2004—2008年	贡献	2009—2019年	贡献
ΔD	0.5723	100.00%	−0.4481	100%	−1.0692	100.00%
ΔR_j	0.5080	88.76%	−0.3799	84.77%	−0.7283	68.12%
$\Delta \varphi_j$	−0.0577	−10.09%	0.0261	−5.83%	−0.2153	20.13%
ΔR_j和$\Delta \varphi_j$	0.1221	21.33%	−0.0944	21.06%	−0.1255	11.75%

（3）各类收入差距的敏感性分析

为了探究各类收入差距的变动对城乡居民消费差距综合指标的影响，我们固定$\gamma = 1$，分别引入D_{wj}、D_{oj}、D_{fj}、D_{tj}分别代表扣除了工资性收入、经营性收入、财产性收入和转移性收入后所得到的消费差距综合指标，通过与原综合指标进行比较来分析上述各类收入因素的具体影响。结果如表4－6所示。

表4－6　　　剔除不同类别收入差距项对应的 *D* 值及比较

年份	D_j	D_{wj}	$D_{wj}-D_j$	D_{oj}	$D_{oj}-D_j$	D_{fj}	$D_{fj}-D_j$	D_{tj}	$D_{tj}-D_j$
1998	3.4138	3.2461	－0.1677	3.9085	0.4947	3.3123	－0.1015	3.1883	－0.2255
1999	3.6330	3.4601	－0.1729	4.1614	0.5284	3.5180	－0.1150	3.3925	－0.2405
2000	3.6710	3.5068	－0.1642	4.1828	0.5118	3.6028	－0.0682	3.3916	－0.2794
2001	3.7130	3.5540	－0.1590	4.2325	0.5195	3.6242	－0.0887	3.4412	－0.2718
2002	3.9202	3.7215	－0.1987	4.4481	0.5279	3.8696	－0.0505	3.6415	－0.2787
2003	3.9861	3.7947	－0.1913	4.5141	0.5280	3.9122	－0.0739	3.7233	－0.2628
2004	3.8831	3.6993	－0.1838	4.3925	0.5093	3.7874	－0.0957	3.6533	－0.2298
2005	3.6535	3.5010	－0.1525	4.0991	0.4455	3.5460	－0.1075	3.4680	－0.1855
2006	3.5896	3.4527	－0.1369	4.0094	0.4198	3.4577	－0.1319	3.4386	－0.1510
2007	3.5888	3.4573	－0.1315	4.0075	0.4187	3.4331	－0.1556	3.4571	－0.1316
2008	3.5380	3.4232	－0.1147	3.8867	0.3488	3.3873	－0.1506	3.4546	－0.0834
2009	3.4851	3.3698	－0.1153	3.8192	0.3341	3.3252	－0.1599	3.4263	－0.0589
2010	3.4356	3.3280	－0.1077	3.7609	0.3252	3.2691	－0.1665	3.3846	－0.0511
2011	3.2310	3.1421	－0.0889	3.5073	0.2762	3.0670	－0.1641	3.2078	－0.0232
2012	3.1261	3.0428	－0.0833	3.3766	0.2505	2.9642	－0.1619	3.1209	－0.0053
2013	2.9880	2.9137	－0.0743	3.2181	0.2301	2.8354	－0.1527	2.9848	－0.0032
2014	2.8663	2.7997	－0.0667	3.0785	0.2121	2.7232	－0.1431	2.8640	－0.0023
2015	2.7741	2.7120	－0.0621	2.9753	0.2012	2.6406	－0.1336	2.7686	－0.0055
2016	2.7124	2.6548	－0.0576	2.8999	0.1875	2.5862	－0.1261	2.7086	－0.0038
2017	2.6440	2.5903	－0.0537	2.8201	0.1761	2.5248	－0.1192	2.6408	－0.0032
2018	2.5390	2.4889	－0.0501	2.6999	0.1609	2.4273	－0.1117	2.5400	0.0009
2019	2.4688	2.4213	－0.0475	2.6190	0.1502	2.3622	－0.1066	2.4726	0.0038

根据表4－6可以得出以下结论：第一，D_{wj}、D_{oj}、D_{fj}、D_{tj}与D（$\gamma=1$）的变化趋势基本一致；自1998年以来，D_{wj}、D_{oj}、D_{fj}、D_{tj}都呈现出先上升后下降的倒U型。第二，城乡居民在不同收入上的差距对城乡居民消费差距综合指标的影响方向存在异质性。D_{wj}、D_{oj}、D_{fj}、D_{tj}分别与$D_j(\gamma=1)$做差，其结果小于0意味着剔除城乡居民在此类收入方面的差距会导致城乡居民消费差距综合指标变小，表明城乡居民该类收入差

距会加剧综合消费差距；相反，差值大于 0 则表示剔除城乡居民在此类收入方面的差距会导致城乡居民消费差距综合指标变大，表明此类收入差距对消费差距综合指标具有积极影响，即缩小了综合消费差距。整体而言，农村居民在工资性收入、财产性收入和转移性收入方面与城镇居民对城乡居民综合消费差距存在负向影响，而其在经营性收入的优势有助于缩小与城镇居民消费水平的差距。第三，城乡居民在各类收入能力方面的差距对综合消费差距的影响是动态变化的。一方面，城乡居民在工资性收入和转移性收入的能力差距表现出积极变化，前者对综合消费差距的负面作用逐步降低，1998—2019 年（$D_{wj}-D_j$）的值由 -0.1677 上升至 -0.0475，逐渐向 0 靠拢，增幅 71.51%。后者对综合消费差距的影响方向由负转正，扭转了转移性收入在居民消费分布中的逆向调节作用，这可能和近年来我国不断加大对农村地区转移支付力度有关。另一方面，城乡居民在财产性收入和经营性收入的能力差距方面的表现不容乐观，前者在 2006 年以后超过工资性收入成为对综合消费差距负面影响最大的因素，后者由于在城镇和农村居民收入中所占比重的反向变化，对综合消费差距的正向调节作用不断减弱，1998—2019 年（$D_{oj}-D_j$）的值由 0.4947 下降至 0.1502，降幅 69.63%，说明拓宽农村居民的增收渠道应成为今后改善城乡居民消费差距的重要抓手。

4.4　本章小结

本章着重研究了在我国居民消费差距中占据主要份额的城乡居民消费差距。一方面，重点汇报了 1978—2019 年中国城乡居民消费差异的变化趋势，通过数理推导定量分析了城乡人口结构与城乡居民人均消费之比对中国城乡消费差距的影响。另一方面，通过构建测度城乡居民消费差距综合指标对我国城乡消费差距动态变化进行深入分析，分析不仅覆盖消费表象支出水平和消费背后的能力因素收入水平两个维度，克服了现有测算指标单一维度的局限，而且展示了政策制定者对收入差距的容忍程度的变化对城乡居民消费不平等的重要影响。本章的主要发现包括：

第一，城乡居民消费基尼系数变化的总体趋势呈现倒 U 型状态，即城乡居民消费差距会随着城镇化进程的推进，呈现出先上升后下降的态势。此外，通过对城乡居民消费基尼系数的分解可知，虽然城乡消费之比的降低是促使城乡居民消费基尼系数下降的重要因素，但是城镇化进程的推进才是近年来改善城乡居民消费差距局面的主要原因。上述结果与 Ma 等（2017）对城乡居民收入差距的变化趋势的研究结论具有高度一致性。

第二，本章节构建的城乡居民消费差距综合指标的变化趋势和城乡居民消费基尼系数的走势大体相同，与库兹涅茨的倒 U 型曲线相吻合。同时，通过调整容忍参数分析综合指标的变化，发现容忍参数越小，政策制定者所关注的消费能力因素收入差距对消费综合差距的贡献率就越大，城乡居民消费差距综合指标的值也越大，意味着其对政策制定者形成的压力同步上升。

第三，通过分析各类收入差距对城乡消费差距综合指标的影响，本章发现城乡居民在工资性收入和财产性收入的差距虽然仍会加大城乡居民消费差距，可这种负向作用在逐步减弱；农村居民在经营性收入方面的优势是拉近其与城镇居民消费水平差距的重要原因，但这种优势正在逐渐缩小；而转移性收入差距对综合消费差距的调节方向则由负转正。令人欣慰的是，近年来在城乡居民在消费比值的减小和消费能力差距缩小的共同作用下，城乡居民消费差距综合指标正呈现快速下降态势。

第 5 章

中国税制对城乡居民消费差距的影响效应研究*

5.1 引言

全面促进农村居民消费扩容升级，不仅是巩固脱贫攻坚成果、推进乡村振兴战略的重要任务，也是实施扩大内需战略的重要内容。因此，将破除制约农村居民消费增长的体制机制障碍作为政策出发点，缓解城乡居民消费差距自然成为政府需要关注的重要目标。为保障政策目标顺利实现，政府往往从源头抓起，将措施手段内嵌于制度设计之中。税收作为影响居民消费和收入分配的重要因素，完善我国税收制度成为近年来我国深化改革的重点。党的二十大报告更是把“优化税制结构”“加大税收、社会保障、转移支付等的调节力度”等

* 本章部分观点与内容见：马骁，王斐然，陈建东等．直接税和间接税对城乡居民消费差距的影响分析［J］．税务研究，2017，391（08）：21—27.

作为未来一段时期财税改革的重点问题。在此背景下，深入测算我国税制对城乡居民消费的分配效应，对探寻我国税制结构的优化路径，有效缓解城乡居民消费差距，顺利激发农村居民消费潜力具有重要意义。

关于税收与城乡居民消费差距关系的研究可以归纳为两类：一类文献从整体视角分析税收与城乡居民消费差距的关系。罗美娟和何姣（2021）利用省级面板数据发现地方政府税收努力程度对缩小城乡居民消费差距具有积极影响，增加民生性财产支出是其中的重要机制。王梦珂和唐爽（2021）利用具有城乡家庭异质性的DSGE模型研究发现，在宏观税负稳定的前提下，消费税税率的提高会扩大城乡居民消费差距，而提高劳动税和资本税的税率有助于缩小城乡居民消费差距，通过组合调整多个税种税率，能够同时实现调节城乡居民消费且达到缩小城乡居民消费差距的效果。另一类文献聚焦某项税种的改革举措对城乡居民差距的调节作用。万莹和陈恒（2020）通过构建42部门CGE模型分析2019年我国增值税减税改革的政策效应，发现增值税税率下调和加计10%抵减政策会加大城乡居民之间的消费差距。徐润和陈斌开（2015）研究了2011年个人所得税费用扣除标准上调对居民消费的影响，发现城镇居民家庭的消费绝对增长额度要大于农村家庭，从而加剧了城乡居民消费差距。

可以看出，现有文献对我国税制对城乡居民消费差距的影响做了有益探索。本章拟在前人研究的基础上，从下列两方面进行深入：一是从研究内容看，本章系统性分析我国增值税、消费税、个人所得税、企业所得税等主要税种对城乡居民消费差距的影响。这不同于已有文献多是分析我国税制的收入分配效应（岳希明等；2014；田志伟和汪豫，2020）或关注单一税种的分配效应。二是从时间跨度看，本章关注不同时段下我国税制对城乡居民消费差距的影响变化，分析了税制改革在其中发挥的重要作用；这不同于现有文献多是关注我国税制在单一年度的静态效应。

5.2　研究设计

5.2.1　城乡居民之间消费差距的测度

本章仍采用基尼系数来测算城乡之间消费差距，方便与采用类似研究方法的陈建东等（2015）的结果作对比分析。假设在一个二元社会里，农业人口占较大比重，农村居民的平均消费低于城镇居民。因此，城乡居民之间消费基尼系数可以表示为（具体推导过程略）：

$$G_{urj} = \frac{C_{uj} P_{uj}}{C_{rj} P_{rj} + C_{uj} P_{uj}} - P_{uj} = \frac{R_j P_{uj}}{P_{rj} + R_j P_{uj}} - P_{uj} \quad （式5-1）$$

其中，G_{urj}代表了第j年城乡居民之间消费基尼系数，C_{uj}和C_{rj}分别代表第j年的城镇居民人均现金消费支出、农村居民人均现金消费支出；R_j代表第j年的城乡人均消费支出之比（$R_j>1$），P_{uj}代表第j年城镇的人口比重；P_{rj}代表第j年农村的人口比重。

5.2.2　税前消费基尼系数的估算

借鉴陈建东等（2015）对城乡收入差距的研究，我们可以通过比较征税前后的消费基尼系数变化来研究各个税种对城乡居民消费差距的影响。式5-1中G_{urj}所代表的第j年城乡居民之间消费基尼系数即是包含了已经缴纳间接税和直接税，即是实际消费支出的基尼系数。然后根据式5-1推导出的税前消费基尼系数，如下所示：

$$G_{a,urzj} = \frac{(C_{uj} - \sum_{z=1}^{n} T_{uzj}) P_{uj}}{(C_{rj} - \sum_{z=1}^{n} T_{rzj}) P_{rj} + (C_{uj} - \sum_{i=1}^{n} T_{uzj}) P_{uj}} - P_{uj}$$

$$= \frac{C_{uj}(1 - \sum_{z=1}^{n} t_{uzj}) P_{uj}}{C_{rj}(1 - \sum_{z=1}^{n} t_{rzj}) P_{rj} + C_{uj}(1 - \sum_{z=1}^{n} t_{uzj}) P_{uj}} - P_{uj} (n = 1,2,3;1 \leqslant z < 4)$$

（式5-2）

其中，式5－2中$G_{a,urzj}$代表了第j年城乡之间剔除间接税（以增值税、营业税和消费税为代表）[①] 后消费的基尼系数；当z依次取1、2、3时，T_{uzj}、T_{rzj}分别依次代表第j年城镇居民、农村居民的人均增值税、营业税、消费税的税负，t_{uzj}、t_{rzj}分别依次代表第j年城镇居民、农村居民的人均增值税、营业税、消费税税负占其人均年消费的比重，即$t_{uzj}=T_{uzj}/C_{uj}$，$t_{rzi}=T_{rzi}/C_{rj}$；相应的，G_{ur1j}、G_{ur2j}、G_{ur3j}则分别代表第j年仅考虑增值税、营业税、消费税的城乡居民之间消费的基尼系数。

$$G_{b,urzj}=\frac{[C_{uj}+\beta_{uj}(T_{u4j}+T_{1,u5j}+T_{2,u5j})-T_{3,u5j}]P_{uj}}{[C_{rj}+\beta_{rj}(T_{r4j}+T_{1,r5j}+T_{2,r5j})-T_{3,rj}]P_{rj}+[C_{uj}+\beta_{uj}(T_{u4j}+T_{1,u5j}+T_{2,u5j})-T_{3,u5j}]P_{uj}}-$$

$$P_{uj}=\frac{C_{uj}[1+\beta_{uj}(t_{u4j}+t_{1,u5j}+t_{2,u5j})-t_{3,u5j}]P_{uj}}{C_{rj}[1+\beta_{rj}(t_{r4j}+t_{1,r5j}+t_{2,r5j})-t_{3,r5j}]P_{rj}+C_{uj}[1+\beta_{uj}(t_{u4j}+t_{1,u5j}+t_{2,u5j})-t_{3,u5j}]P_{uj}}$$

$$-P_{uj} \qquad \text{（式5－3）}$$

其中，式5－3中$G_{b,urzj}$代表了第j年城乡之间没有扣除直接税（以个人所得税、企业所得税为代表）[②] 情况下的消费基尼系数；T_{u4j}、T_{r4j}分别代表第j年城镇居民、农村居民的人均个人所得税税负；t_{u4j}、t_{r4j}分别依次代表第j年城镇、农村居民人均个人所得税占其人均年消费比重；由于我国个人所得税税收源自农村居民的微乎其微（陈建东等，2015），因此此处$T_{r4j}=0$，$t_{r4j}=0$。参考岳希明等（2014）的研究，假设企业所得税在资本所有者、工人和消费者之间分担的比例分别为50%、25%、25%，则$T_{1,u5j}$、$T_{1,r5j}$分别代表第j年由城镇居民、农村居民向企业缴纳的资本要素收入所产生的人均企业所得税税负；$T_{2,u5j}$、$T_{2,r5j}$分别代表第j年由城镇居民、农村居民被企业通过降低工资而转嫁承担的人均企业所得税税负；$T_{3,u5j}$、$T_{3,r5j}$分别代表第j年由城镇居民、农村居民被企业通过提高产品价格而转嫁承担的人均企业所得税税负；t_{u5j}、t_{r5j}分别代表第j年城镇居民、农村居民人均企业所得税占其人均年消费比重。β_{uj}和β_{rj}分别代表第j年的城镇居民边际消费倾向（即城镇

① 增值税、营业税（2016年5月1日，全面实施“营改增“后取消）和消费税是我国间接税中占比最高的税种，以2021年为例，增值税和消费税在间接税中占比为69.26%。

② 个人所得税和直接税是我国直接税中占比最高的税种，以2021年为例，个人所得税和直接所得税在直接税中占比约为90.11%。

居民人均现金消费支出与人均可支配收入之比）、农村居民边际消费倾向（即农村居民人均消费支出与人均年纯收入之比）。G_{ur4j}、G_{ur5j}则分别代表没有扣除个人所得税和企业所得税时的城乡居民之间消费的基尼系数。

由于增值税、营业税和消费税是与居民消费支出最直接相关的税种，意味着统计年鉴中所记录的居民消费支出数据中实际上包含此三项税负支出，即本章所言的“实际消费的基尼系数”（G_{ur}），以该支出数据计算所得的消费基尼系数在本质上是隐藏了三种税负对消费支出的影响，因此在探究间接税的调节作用时，应该对比剔除间接税前后的消费基尼系数，即没有征收某项间接税情况下的城乡居民之间消费基尼系数与已征收情况下的比较。

对于个人所得税来说，该税负与居民的收入相关，统计年鉴中的消费支出数据不包含该税收支出。因此，在研究个人所得税对消费支出的影响时，应从假设无须缴纳个人所得税时，运用该税负金额进行消费支出后对城乡消费不平等所造成的影响入手。换句话说，对于居民来说，该笔税负等同于一笔额外收入，但并不是所有的金额都会进行消费，还需要利用该年度城乡居民各自的边际消费倾向进行调整。企业所得税的情况稍显复杂，则在进行税收归宿时，需要将由资本所有者承担的企业所得税负作为资本要素收入归属到居民；将工人承担的企业所得税负作为额外收入加入居民工资性收入；将消费者承担的企业所得税负从居民当前消费支出中扣除；无须缴纳企业所得税对居民消费支出的净效应是由净收入效应（增加的资本性收入和工资性收入）与边际消费倾向相乘得到的新增消费支出与扣除消费支出加总得出。

从以上角度出发，代表考虑间接税（增值税、营业税和消费税）的式 5 - 2 和考虑直接税（个人所得税、企业所得税）的式 5 - 3 会有形式上的差异。根据式 5 - 2 和式 5 - 3，得到第 j 年没有缴纳直接税和间接税前的城乡居民之间消费的基尼系数 G_{urzj} 表达式，如下式 5 - 4 所示：

$$G_{urzj} = \{C_{uj}[1 - \sum_{z=1}^{n} t_{uzj} + \beta_{uj}(t_{u4j} + t_{1,u5j} + t_{2,u5j}) - t_{3,u5j}]\}P_{uj} \div$$

$$\langle \{C_{rj}[1 - \sum_{z=1}^{n} t_{rzj} + \beta_{rj}(t_{r4j} + t_{1,r5j} + t_{2,r5j}) - t_{3,r5j}]\}P_{rj} +$$

$$\{C_{uj}[1-\sum_{z=1}^{n}t_{uzj}+\beta_{uj}(t_{u4j}+t_{1,u5j}+t_{2,u5j})-t_{3,u5j}]\}P_{uj}\rangle -$$

$$P_{uj}=\frac{R_{jt}P_{uj}}{P_{rj}+R_{jt}P_{uj}}-P_{uj} \qquad （式 5-4）$$

其中，R_{zj}代表第j年没有缴纳直接税和间接税前的城乡人均消费支出之比，且有 $R_{zj}=\frac{C_{uj}[1-\sum_{z=1}^{n}t_{uzj}+\beta_{uj}(t_{u4j}+t_{1,u5j}+t_{2,u5j})-t_{3,u5j}]}{C_{rj}[1-\sum_{z=1}^{n}t_{rzj}+\beta_{rj}(t_{r4j}+t_{1,r5j}+t_{2,r5j})-t_{3,r5j}]}$。

5.2.3 各个税收对居民消费再分配效应的计算

在确定了实际消费基尼系数 G_{ur}，间接税税前的消费基尼系数 $G_{a,urz}$，没有缴纳直接税的消费基尼系数 $G_{b,urz}$ 和综合二者以后的 G_{urz} 之后，可以通过 Musgrave 和 Thin（1949）提出的 MT 指数来剖析税收的再分配效应，MT 指数也是测量再分配效应最常用也是最主要的指标，具体计算公式如下式 5-5：

$$MT = G_x - G_y \qquad （式 5-5）$$

其中，G_x表示税前消费基尼系数，即可以是 $G_{a,urz}$、$G_{b,urz}$ 和 G_{urz}；G_y表示税后消费基尼系数，即实际消费基尼系数 G_{ur}。

5.3 数据来源和处理

本节主要考察直接税和间接税对我国城乡居民消费差距的调节作用，以观察税制改革前后各个税种对我国城乡居民消费差距的调节作用的变化情况，涉及的数据来源和处理主要包括以下方面。

5.3.1 城乡居民消费支出的数据来源和处理

由于 2013 年国家统计局开始对全国 31 个省（市、自治区）的居民家庭开展城乡一体化住户抽样调查导致城乡居民的消费支出口径发生变化，故本节研究分为两个时段：

第一个时段为 2009—2012 年，使用城镇居民现金消费支出数据、农村居民消费支出数据，数据来源包含《中国统计年鉴》、2010—2012 年《中国城市（镇）生活与价格年鉴》、2010 年《中国农村住户调查年鉴》、2011—2013 年《中国住户调查年鉴》以及 2010—2013 年《中国农产品价格调查年鉴》。本部分各项消费支出数据的含税量计算方法重点参考陈建东等（2015）对直接税和间接税对我国城乡居民收入差距的调节作用的研究，这里不做过多赘述。

第二个时段为 2014—2016 年，统一使用城镇居民现金消费支出数据、农村居民现金消费支出数据，数据来源为 2014—2017 年的《中国住户调查年鉴》、2015—2017 年的《中国价格统计年鉴》。由于住户抽样调查的口径发生变化，导致 2014—2016 年公布的居民消费支出项目与往年相比略有差异，因此下文主要给出 2014—2016 年中各个消费支出的相关计算方法：

第一，糖、调味品、糕点和其他食品消费支出。与往年相比，《中国住户调查年鉴》新口径下不再给出食品中适用增值税 17% 税率的糖、调味品、糕点和其他食品的明细支出，因此需要对这些支出进行估算，以区别适用增值税 13% 税率的食品支出。根据 2009—2012 年城镇居民消费支出数据，调味品、糕点和其他食品的支出占食品支出的比重的平均值为 5.44%，并且有略微下降的趋势，因此本文假设在 2014—2016 年，这些支出占食品支出的 5%，城镇和农村居民保持相同比例。对糖类支出的计算，则根据 2014—2016 年城镇和农村居民对食糖的消费量进行计算。住户调查年鉴数据显示，2013—2016 年城镇居民食糖消费量都为 1.3 公斤/人，假设城镇居民食糖消费量在 2012 年也是 1.3 公斤/人，则 2013—2016 年城镇居民糖类支出金额变化只受当年糖类消费价格指数的变化，由此可根据 2012 年糖类支出数据结合糖类消费价格指数计算出 2014—2016 年城镇居民糖类现金消费支出数据。同理，结合农村居民糖类消费量变化和农村居民糖类消费价格变化可计算农村居民糖类消费支出数据。

第二，烟酒消费支出。根据 2009—2012 年城镇居民烟酒消费支出数据计算可得，酒类支出占烟酒总支出的比重在 4 年间的平均增长率为

3.20%，假设保持该增长率，2013—2016 年酒类支出占总烟酒支出的比重则分别为 40.70%、42.00%、43.35% 和 44.73%。由此可计算出城镇居民分别对烟酒的消费。居民的水、电、燃料及其他支出中，本章与陈建东等（2015）采用相同假设，城镇居民水和燃料支出、电及其他支出保持 2012 年相同比例 52% 和 48%，农村居民二者比例分别为 60% 和 40%。

第三，交通工具消费支出。《中国住户调查年鉴》新口径下没有给出交通支出细项数据，需要计算居民具体的交通工具支出。鉴于交通工具的消费税税率适用的是小型私人载客汽车税率，因此把居民人均年末汽车拥有量（居民每百户年末家用汽车拥有量除以当年居民平均每户家庭常住人口数）作为依据。以 2012 年居民交通工具消费支出为基础，结合年末居民人均汽车拥有量的变化率和交通工具消费价格指数较上年变化情况，即可计算出随后年份的交通工具支出。

第四，交通服务和交通费支出。计算依据是城镇居民交通服务和交通费支出占交通支出比重的平均值。2009—2012 年，城镇居民交通服务和交通费支出占交通支出比重平均值为 31%，假设 2014—2016 年保持该比例；由《中国住户调查年鉴》可得，在 2013 年农村居民交通工具支出占交通支出的比重为 17.6%，假设 2014—2016 年保持该比例。

第五，车辆燃料及零配件消费支出。在估算出交通工具消费支出、交通服务和交通费支出后，利用交通支出减去前两项的支出即可求出。

第六，通信工具消费支出和通信服务消费支出。通信工具消费支出计算方法参考交通工具消费支出，依据是居民每人年末拥有的移动电话、计算机的变化率的平均值和当年通信工具的居民消费价格指数较上年变化情况。通信服务消费支出即为通信支出减去通信工具支出后的差值。

第七，文化娱乐用品消费支出。文化娱乐用品消费支出计算方法参考交通工具计算方法，依据是居民每人年末拥有的彩色电视机的变化率和文化娱乐用品的居民消费价格指数较上年变化情况。文化娱乐服务消费支出是文化娱乐支出和文化娱乐用品支出的差值。

第八，教育支出包含教育服务支出和教育用品支出。根据 2009—

2012年城镇居民教材支出占教育支出的比重变化可得，教材支出占教育支出的比重由2009年的9.93%下降到2012年的6.92%，以每年平均11.35%的速度逐年降低。假设城镇居民教育用品支出保持该速度减小，则2014—2016年城镇居民的教育用品支出占教育支出比重分比为5.44%、4.82%和4.27%，由此可得城镇居民教育用品支出。根据2014年《中国住户调查年鉴》数据计算可得，2013年农村居民教材支出占教育比重为3.8%；假设2014—2016年农村居民每年教育支出在教育支出中占比保持不变，即可得2014—2016年农村居民教育用品支出。

5.3.2　城乡居民消费支出相应法定税率的确定

值得说明的是，除了因《中国住户调查年鉴》统计口径变化的原因以外，本章没有考虑2013年的另一原因在于无法相对合理地判别2013年"营改增"扩围对居民交通通信支出中含税量的影响。具体而言：一是2013年"营改增"扩围从宏观整体层面上改变居民在交通运输和部分现代服务业中消费支出中的含税量。相比较2012年的小范围试点，2013年8月1日起，交通运输业和部分现代服务业的"营改增"被推广至全国范围[①]。二是无法合理给定居民交通通信支出中交通工具服务支出的适用税率。2013年的"营改增"扩围中不包含铁路运输业，铁路运输业和邮政业被纳入"营改增"范围是2014年1月1日开始施行的[②]。根据2014年《中国统计年鉴》，2013年我国铁路客运量总计210597万人，铁路旅客周转量总计10595.6亿人公里，分别占总客运量和总旅客周转量的9.92%和38.43%，意味着居民在交通运输服务支出中，铁路运输服务支出是其重要组成部分。然而，住户调查年鉴中并未在居民交通工具服务费中单独列示该科目所包含的铁路运输服务支出具体数额，所以无论是忽略2013年"营改增"扩围对税率和税目产生的影响，还是假设2013年居民交通通信支出包含铁路运输服务的部分全部适用"营改增"后税率，都不适用于计算居民交通通信支出中交通工具服务支出的含税量。鉴于上述原因，居民各项消费支出的法定税率

① 详细见财税〔2013〕37号文件。

② 详细见财税〔2013〕106号文件。

在两个时段下的设定如下：

第一个时段为2009—2012年，表5－1给出了2009—2012年我国居民八大类消费项目支出的适用税率。其中，营业税税率和税目的依据是2009年1月1日开始施行的修订后的《中华人民共和国营业税暂行条例》。对于增值税税率和税目来说，虽然2012年1月1日起对上海市交通运输业和部分现代服务业开展“营改增”试点并于8月1日至年底逐渐推广至8省市，但相对而言政策施行范围较小，且8省市转换新旧税制的时间点并不相同，推行时间较晚的比如天津市、浙江省和湖北省在2012年12月1日才开始施行，对居民消费影响也相对较小，因此为了保持数据一致性和可比性、计算的便捷性，忽略交通运输业和部分现代服务业开展的“营改增”试点所产生的税率变化。鉴于此，将2009—2012年整体看作对“营改增”之前的研究。本时段各项消费支出相应的税率设定与陈建东等（2015）基本保持一致，这里不做过多赘述。

表5－1　2009—2012年我国居民八大类消费项目支出适用税率

<table>
<tr><th>项目</th><th colspan="2">分项</th><th>增值税</th><th>消费税</th><th>营业税</th></tr>
<tr><td rowspan="8">一、食品类</td><td colspan="2">1. 粮油类</td><td>13%</td><td></td><td></td></tr>
<tr><td colspan="2">2. 肉禽蛋奶及制品、水产品</td><td>13%</td><td></td><td></td></tr>
<tr><td colspan="2">3. 蔬菜类、干鲜瓜果类</td><td>13%</td><td></td><td></td></tr>
<tr><td colspan="2" rowspan="2">4. 烟草</td><td rowspan="2">17%</td><td>城镇45%</td><td rowspan="2"></td></tr>
<tr><td>农村36%</td></tr>
<tr><td colspan="2">5. 酒</td><td>17%</td><td>10%</td><td></td></tr>
<tr><td colspan="2">6. 调味品、糖类、饮料、糕点等其他食品</td><td>17%</td><td></td><td></td></tr>
<tr><td colspan="2">7. 饮食服务</td><td></td><td></td><td>5%</td></tr>
<tr><td>二、衣着</td><td colspan="2">服装、鞋类、衣着加工服务费等</td><td>17%</td><td></td><td></td></tr>
<tr><td rowspan="4">三、居住</td><td colspan="2">1. 住房</td><td></td><td></td><td>5%</td></tr>
<tr><td rowspan="2">2. 水、电、燃料及其他</td><td>水、燃料</td><td>13%</td><td rowspan="2"></td><td rowspan="2"></td></tr>
<tr><td>电及其他</td><td>17%</td></tr>
<tr><td colspan="2">3. 居住服务费</td><td></td><td></td><td>5%</td></tr>
<tr><td rowspan="2">四、家庭设备用品及服务</td><td colspan="2">1. 家庭设备用品</td><td>17%</td><td></td><td></td></tr>
<tr><td colspan="2">2. 家政服务</td><td></td><td></td><td>5%</td></tr>
</table>

续表

项目	分项		增值税	消费税	营业税
五、医疗保健	医疗保健器具、药品、滋补保健品		17%		
六、交通和通信	1. 家庭交通工具		17%	5%	
	2. 车辆用燃料及零配件		17%		
	3. 交通工具服务、交通费				3%
	4. 通信工具		17%		
	5. 通信服务				3%
七、教育文化娱乐服务	1. 文化娱乐用品		17%		
	2. 文化娱乐服务				20%
	3. 教材		13%		
八、其他商品和服务	1. 杂项商品	（1）30%化妆品、贵重首饰、珠宝玉石等商品	17%	20%	
		（2）70%其他	17%		
	2. 服务				5%

第二个时段是 2014—2016 年，表 5 - 2 给出了 2014—2016 年我国居民八大类消费项目支出的适用税率，通过比较分析可考察“营改增”中各个税种对城乡消费差距影响的变化情况。

表 5 - 2　2014—2016 年我国居民八大类消费项目支出适用税率

项目	年份	2014—2015 年		2016 年	2014—2016 年
	分项	增值税	营业税	增值税	消费税
一、食品烟酒	1. 食品	13%		13%	
	（1）糖	17%		17%	
	（2）调味品、糕点等其他食品	17%		17%	
	2. 烟	17%		17%	城镇 45%
					农村 36%
	3. 酒	17%		17%	10%
	4. 饮料	17%		17%	
	5. 饮食服务	17%	5%	6%	
二、衣着	衣类和鞋类	17%		17%	

续表

项目	年份		2014—2015 年		2016 年	2014—2016 年
	分项		增值税	营业税	增值税	消费税
三、居住	1. 租赁房房租			5%	6%	
	2. 水、电、燃料及其他	水、燃料	13%		13%	
		电及其他	17%		17%	
	3. 住房维修及管理			5%	11%	
四、生活用品及服务	1. 家居及室内装饰品		17%		17%	
	2. 家用器具		17%		17%	
	3. 家用纺织品		17%		17%	
	4. 家庭日用杂品		17%		17%	
	5. 个人护理用品		17%		17%	
	6. 家庭服务			5%	6%	
五、医疗保健	1. 医疗器具及药品		17%		17%	
	2. 医疗服务				6%	
六、交通通信	1. 交通工具		17%		17%	5%
	2. 车辆用燃料及零配件		17%		17%	
	3. 交通工具服务、交通费		11%		11%	
	4. 通信工具		17%		17%	
	5. 通信服务		11%		11%	
七、教育文化娱乐服务	1. 文化娱乐用品		17%		17%	
	2. 文化娱乐服务			20%	6%	
	3. 教育服务				6%	
八、其他商品及服务	1. 其他用品	（1）30% 化妆品、贵重首饰、珠宝玉石等商品	17%		17%	20%
		（2）70% 其他	17%		17%	
	2. 其他服务			5%	6%	

第一，烟酒消费税税率。参考杨虹（2011）和陈建东等（2015），假设农村居民对烟酒支出中烟和酒的消费占比与城镇居民保持相同，对城镇居民和农村居民烟草消费税税率分别采用 45% 和 36% 的比例

税率，对酒类消费税采用10%的比例税率，都不考虑定额税率的影响。

第二，交通工具消费税税率。鉴于居民的人均汽车支出远高于摩托车或电动助力车的支出，且家用汽车绝大多数都属于小型私人载客汽车，因此与陈建东等（2015）保持一致，同样采用5%的消费税税率。

第三，交通工具服务和交通费增值税税率。根据财税〔2013〕106号文件，2014年1月1日起，随着铁路运输纳入了“营改增”试点，交通运输业全部纳入“营改增”范围，从而交通工具服务和交通费应适用新的11%增值税税率。

第四，通信服务增值税税率。根据财税〔2014〕43号文件，从2014年6月1日起，电信业纳入“营改增”试点，对基础电信服务适用11%增值税税率，对增值电信服务适用6%增值税税率。由于无法区分居民分别用于基础电信服务和增值电信服务的支出金额，本章借鉴周小林和胡斌（2011）对奶和奶制品都采用13%税率的方式，对居民通信服务支出都采用11%的税率，为简化计算，假设2014年全年适用该税率。

第五，2016年各项服务支出增值税税率。根据《财政部 税务总局关于全面推开营业税改征增值税试点的通知》（财税〔2016〕36号），各项应税服务支出增值税税率为6%。

5.3.3 城乡居民直接税数据来源和处理

为研究以个人所得税和企业所得税对城乡居民消费差距的影响，需要得到征税前后城乡居民的消费支出，涉及的数据来源包括《中国税务年鉴》《中国统计年鉴》。

对于个人所得税而言，由于我国个人所得税税收来源自农村居民的微乎其微（陈建东等，2015），本章假设我国所有的个人所得税均来自城镇居民。因此推算：城镇居民人均个人所得税（T_{u4j}）=全国个人所得税总额÷城镇居民总人口。

对于企业所得税而言，如前文所述，假设企业所得税在资本所有者、工人和消费者之间分担的比例分别为50%、25%、25%，则居民税前实际缴纳的企业所得税分为三部分：一是由居民资本要素收入所产生的，向资本所有者缴纳的企业所得税，此时企业所得税被看作是一种对资本要素征收的税（田志伟和汪豫，2020）；二是被资本所有者通过降低居民工资的方式而缴纳的企业所得税；三是被资本所有者通过提升产品价格导致居民消费支出额外增长而缴纳的企业所得税。参考岳希明等（2014）、田志伟和汪豫（2020）、吕冰洋等（2020）的研究，三个部分的企业所得税归宿到居民收入的方法分别如下：

第一部分企业所得税在城乡居民之间的分摊由城镇（农村）居民资本要素收入和企业所得税实际税率来确定。其中，城镇（农村）居民资本要素收入[①]=城镇（农村）居民财政性收入+城镇（农村）居民经营性收入资本收入部分；城镇（农村）家庭人均经营性收入资本收入部分=家庭人均经营性收入×(1－个体业户劳动要素收入÷个体业务总收入)；企业所得税实际税率=全国企业所得税总额÷全国资本要素收入；全国资本要素收入=国民总收入－劳动者报酬－生产税净额。

第二部分企业所得税在城乡居民之间的分摊由城乡居民消费支出占全国居民消费支出总额的比重来确定，即有 $T_{w2,uj}$（$T_{w2,rj}$）=25%×全国企业所得税总额×城镇（农村）居民工资性收入占全国居民工资性收入总额的比重÷城镇（农村）居民总人口。

第三部分企业所得税在城乡居民之间的分摊由城乡居民消费支出占全国居民消费支出总额的比重来确定，即有 $T_{w3,uj}$（$T_{w3,rj}$）=25%×全国企业所得税总额×城镇（农村）居民消费支出占全国居民消费支出总额的比重÷城镇（农村）居民总人口。

由上述三部分企业所得税的税负所产生的对消费差距的影响效应，我们分别称为资本收入效应、劳动报酬效应和消费转嫁效应。

---

① 本章使用吕冰洋等（2020）的测算结果进行城乡居民消费基尼系数的计算。

5.4 主要税种对城乡消费差异的影响分析

5.4.1 “营改增”前主要税种对城乡居民之间消费差距的影响

（1）直接税、间接税对总体消费差距的影响

根据前文所述研究方法，我们分别计算出考虑增值税、营业税、消费税、间接税、个人所得税、企业所得税和总体税负后的城乡居民之间消费的基尼系数，见表5-3。

表5-3　2009—2012年税前和税后城乡居民之间消费基尼系数

年份 \ Gini	G_{ur}	G_{ur1}	G_{ur2}	G_{ur3}	$G_{a,urz}$	G_{ur4}	G_{ur5}	$G_{b,urz}$	G_{urz}
2009	0. 2585	0. 2596	0. 2572	0. 2585	0. 2582	0. 2645	0. 2585	0. 2646	0. 2652
2010	0. 2547	0. 2556	0. 2534	0. 2549	0. 2544	0. 2609	0. 2546	0. 2609	0. 2614
2011	0. 2407	0. 2425	0. 2391	0. 2410	0. 2411	0. 2473	0. 2406	0. 2472	0. 2485
2012	0. 2321	0. 2337	0. 2305	0. 2326	0. 2326	0. 2375	0. 2319	0. 2374	0. 2386
平均值	0. 2465	0. 2479	0. 2450	0. 2467	0. 2466	0. 2526	0. 2464	0. 2525	0. 2534

从表5-3可以看出，无论是城乡居民的税前消费基尼系数还是税后消费基尼系数，自2009—2012年都呈现出逐年下降的态势，说明我国城乡居民之间的消费差距在逐年缩小。值得强调的是，结合陈建东等（2015）运用相同研究方法得到的城乡居民之间税前税后收入基尼系数与前文对城乡消费差异研究我们发现，当前城乡消费基尼系数要小于该年城乡收入的基尼系数，意味着我国城乡居民之间消费的不平等小于其收入不平等。该发现与Auerbach等（2016）研究美国各年龄段居民发现消费不平等远远小于财富不平等的结论异曲同工，意味着尽管距离我国城乡居民的完全平等还有很大距离，但是目前农村居民已经消费了比他们收入更多的社会资源。

2009—2012年，剔除间接税影响的税后消费基尼系数总体上与实

际的消费基尼系数总体差值不大，从四年的平均值来看，剔除间接税后消费基尼系数为0.2466，比实际基尼系数平均值增大0.0001，说明间接税对城乡之间消费差距的调节作用不明显。但是，从2009—2012年逐年的数据来看，在剔除间接税影响后，城乡居民的消费差距基尼系数在2009年和2010年年均增加了0.0003，在2011年和2012年分别减小了0.0004与0.0005，意味着间接税对城乡之间消费不平等的调节作用经历了一个从负向调节到正向调节的转变，总体还是具有一定的正向调节作用。该结果与陆远权和张德钢（2015）发现的以间接税为主体的税制结构对城乡消费差距的缩小具有负面作用的研究结果有所不同。此外，在单独考虑增值税、营业税和消费税时，对应的G_{ur1}、G_{ur2}和G_{ur3}四年平均值分别变为0.2479、0.2450和0.2467，与实际消费基尼系数相比，分别高0.0014、低0.0015和高0.0002。该结果说明增值税与消费税能够在一定程度上降低城乡消费不平等，且增值税的正向调节作用大于消费税；营业税对于城乡消费差距具有负面调节作用，其作用的绝对值是三种间接税中最大的，它在很大程度上抵消了增值税与消费税的正向调节作用，是造成总体间接税对于城乡消费差距不明显的主要原因。

对于直接税中的个人所得税，由于本章假定农村居民缴纳的个人所得税为0，数据中的个人所得税全部来自城镇居民，所以如果没有征收个人所得税，城镇居民收入自然上涨，从而会有更多的消费支出，而农村居民并不受此影响。因此，假如不征收个人所得税，城乡居民之间的消费差距一定会扩大，表5－3中结果也证实了这一点。从表5－3可得，如果没有征收个人所得税，2009—2012年的消费基尼系数G_{ur4}都要大于该年的实际消费系数G_{ur}，前者四年的平均值比后者大0.0061，上涨2.47%。因此，个人所得税的征收有利于缩小城乡居民之间消费差距，对于城乡居民消费不平等具有正向调节作用。对于企业所得税而言，其对城乡居民消费差距的影响取决于前文所述三个方面的综合效应。表5－3显示，一旦征收企业所得税，2009—2012年平均消费基尼系数G_{ur5}为0.2464，比实际消费系数G_{ur}小0.001，意味着企业所得税的征收会轻微扩大城乡消费差距，造成这一现象的重要原因在于城乡居民收入结构差异。根据《中国统计年鉴》数据，2009—2012年，农村居民人均经营性收入均值比城市居民人均经营性收入均值高943元，而城镇居民人均财产性收入均值比农村居民人均财产性均值仅高365元，较高的人均经营性收入使得农村居民的人均资本要素收入均值与城镇居民人均资本要素收入均值仅低136元，意味着城乡居民承担的人均资本性收入税负大体相当。然而，较高的边际消费倾向会使得农村居民损失相对更多的消费，由此导致企业所得税的资本收入效应对城乡居民消费差距存在负面影响。虽然企业所得税的劳动报酬效应影响机理与个人所得税产生的效果一致，但是这种正向的劳动报酬效应未能抵消资本收入效应的负面影响，又因为消费转嫁效应基本呈现中性，因此导致了企业所得税对城乡消费差距产生微弱的负面影响。考虑个人所得税和企业所得税的综合影响后，直接税对缩小城乡居民消费差距仍旧具有正向的调节作用。

将直接税与间接税的调节作用综合考虑在内后，2009—2012年的税后消费基尼系数 G_{urz} 比实际消费基尼系数 G_{ur} 大，从四年的平均值来看，前者比后者大0.0069，意味着假如没有这些税负的调节作用，城乡居民之间消费基尼系数要比现在的实际值大0.0069，说明我国的直接税和间接税有效地调节了城乡居民之间的消费不平等，且直接税比间接税对调节城乡居民消费差距的正向作用更显著。

（2）间接税对于居民八大类消费差异的影响

前文给出研究总体消费支出差距的基尼系数公式，本部分将该方法运用于探究城乡居民八大类消费支出，从而深入探讨与消费紧密相关的三种间接税，即增值税、营业税和消费税对于居民各类消费支出的调节作用，以发现间接税对于城乡消费差距调节的具体路径。表5-4描述了在分别扣除增值税、营业税、消费税以及总体间接税影响的情况下，八大类消费支出变化前后的基尼系数和变化幅度。根据表5-1给出的适用税率，表5-4中没有给出计算结果即表示该类消费支出不缴纳该种税负。

根据表5-4，对于居民食品类支出而言，在剔除增值税影响后，城乡居民的食品消费基尼系数在2009年和2012年分别上涨了0.98%和

1.27%，表明缴纳增值税对居民的食品消费支出差距具有正向调节作用；同样具有缩小食品消费差距作用的还有消费税，假如没有消费税，基尼系数在2009年和2012年增加0.02%和0.62%。反之，征收营业税会扩大城乡居民消费差距，扣除营业税影响后，城乡居民的食品消费基尼系数在2009年和2012年会分别下降0.35%和0.44%。将三种税负都纳入考虑后，所代表的总体间接税有利于城乡居民食品消费差距的缩小；其中，尽管增值税的正向调节作用最显著，但从2009年与2012年的比较来说，消费税的正向调节作用明显提升。

表5-4　间接税对2009年和2012年城乡居民八大类消费支出消费基尼系数的影响

类别	年份	间接税后的基尼系数	增值税前的基尼系数	营业税前的基尼系数	消费税前的基尼系数	间接税前的基尼系数
食品支出	2009	0.2358	0.2381	0.2350	0.2359	0.2373
		0.00%	0.98%	-0.35%	0.02%	0.64%
	2012	0.2167	0.2195	0.2158	0.2181	0.2200
		0.00%	1.27%	-0.44%	0.62%	1.50%
衣着支出	2009	0.3542	0.3542	/	/	0.3542
		0.00%	0.00%	/	/	0.00%
	2012	0.3105	0.3105	/	/	0.3105
		0.00%	0.00%	/	/	0.00%
居住支出	2009	0.1048	0.1084	0.1038	/	0.1074
		0.00%	3.45%	-1.01%	/	2.42%
	2012	0.0767	0.0821	0.0749	/	0.0803
		0.00%	7.13%	-2.35%	/	4.70%
家庭设备用品支出	2009	0.2988	0.3002	0.2984	/	0.2997
		0.00%	0.46%	-0.14%	/	0.31%
	2012	0.2577	0.2591	0.2573	/	0.2586
		0.00%	0.53%	-0.16%	/	0.35%
交通通信支出	2009	0.3128	0.3132	0.3127	0.3128	0.3131
		0.00%	0.13%	-0.02%	0.00%	0.11%
	2012	0.2808	0.2819	0.2806	0.2812	0.2821
		0.00%	0.38%	-0.07%	0.15%	0.48%

续表

类别	年份	间接税后的基尼系数	增值税前的基尼系数	营业税前的基尼系数	消费税前的基尼系数	间接税前的基尼系数
文教娱乐支出	2009	0. 3182	0. 3221	0. 3115	/	0. 3152
		0. 00%	1. 21%	-2. 11%	/	-0. 94%
	2012	0. 3094	0. 3148	0. 3032	/	0. 3087
		0. 00%	1. 73%	-2. 01%	/	-0. 24%
医疗保健支出	2009	0. 2522	0. 2442	/	/	0. 2442
		0. 00%	-3. 19%	/	/	-3. 19%
	2012	0. 1707	0. 1605	/	/	0. 1605
		0. 00%	-5. 98%	/	/	-5. 98%
其他支出	2009	0. 3569	0. 3579	0. 3565	0. 3572	0. 3579
		0. 00%	0. 28%	-0. 10%	0. 09%	0. 29%
	2012	0. 3054	0. 3061	0. 3052	0. 3056	0. 3062
		0. 00%	0. 23%	-0. 07%	0. 07%	0. 24%

由于受到数据限制，本章中城乡居民的衣着支出仅与本章方法中的增值税相关，且都仅适用增值税基本税率 17%。按照本章采用方法，不对城乡居民的衣着消费支出差距产生调节作用。对于居住消费支出而言，假如没有增值税，居住消费支出差距在 2009 年和 2012 年会分别上涨 3. 45% 和 7. 13%，表明增值税的征收可以有效缩小城乡居民居住消费不平等；与此相反，营业税征缴会使城乡居民居住支出不平等加剧。但是，从表 5 -4 可以看出，营业税对居住消费不平等的扩大作用完全被增值税的缩小作用所抵消，因此，总体间接税（此处仅包括增值税和营业税）能够有效抑制城乡居民的居住消费支出差距。

我们将家庭设备用品支出、交通通信支出和其他类支出放在一起讨论，是因为各种税负对于这三类的支出的调节作用方向及大小相类似。增值税的征收对于这三类支出都具有缩小消费差距的作用，营业税的征收会使这三类消费支出不平等加大。相较于家庭设备支出，交通通信支出和其他类支出还涉及消费税的征收，其缴纳对于其他类消费支出差距有很小的正向作用。总体而言，间接税的征缴对于家庭设备用品支出差距、交通通信支出差距和其他类支出差距具有微弱的抑制作用。

与其余六类消费支出不同的是，在剔除总体间接税影响后，文教娱乐支出差距和医疗保健支出差距会减小，意味着总体间接税会对该两类消费支出差距具有负向调节作用。首先是文教娱乐支出，剔除增值税会使得该类消费基尼系数在2009年和2012年分别增加1.21%和1.73%，而剔除营业税会使该类消费基尼系数在2009年和2012年分别减小2.11%和2.01%，意味着营业税对于文教娱乐类消费支出差距的加剧作用覆盖了增值税对于该类消费差距的缩小作用。但从2009—2012年的趋势来说，营业税的负面作用和增值税的正面作用经历了一个此消彼长的过程。其次是医疗保健类支出，从2009—2012年城乡居民的医疗保健支出差距从0.2522减小到0.1707，降幅达到32.33%，但是增值税（可代表间接税）的征收并没有对该消费差距的缩小起到积极影响。纵向对比来看，扣除增值税影响后，城乡医疗保健支出差距可以从0.2442减小到0.1605，降幅可达到34.28%；横向对比来看，假如没有增值税，2009年和2012年消费基尼系数会分别下降3.19%和5.98%。由此可以看出，增值税的征收不利于城乡医疗保健消费不平等的缩小，且抑制作用在增强。

总体来说，增值税的征收对于除医疗保健支出外其余各类消费支出差距具有正向调节作用，营业税对居民各类消费支出不平等都具有负面影响，消费税对于城乡居民消费支出不平等的正向调节作用不明显。此外，分别加总2009年和2012年扣除间接税影响前后的各类消费支出基尼系数变化幅度，2009年和2012年的数值分别为-0.37%和1.05%，表明2009年间接税的征收扩大整体城乡总体消费差距，2012年间接税的征收减小了城乡总体消费差距，该结论也与表5-3中2009年与2012年G_{ur}和$G_{a,urz}$比较结果相一致。其中，增值税对于医疗保健支出差距的负面调节作用是造成2009年结果的最主要原因。

5.4.2 “营改增”后主要税种对城乡居民之间消费差异的影响

从前文可知，营业税对居民各类消费支出都具有负面影响，从2012年1月1日从上海市开始进行的“营改增”试点，到2016年5月1日全面“营改增”的施行，营业税作为间接税的一项主要税种逐步退出历史舞台，为了研究在“营改增”过程中各项税种对城乡居民消费差异的调节作用，利用前文所述研究方法，本节作如下探究：

（1）增值税对城乡居民消费差距的影响

表5－5汇报了适用增值税17%税率的城乡居民各项消费支出的税负占消费的比重，结果显示农村居民消费支出中的税负占比大于城镇居民消费支出中的税负占比。2014—2016年，农村居民现金消费中由增值税17%税率产生的税负在三年中占现金消费支出的比重分别为6.07%、6.04%和5.99%，城镇居民对应税负占比分别为6.01%、5.92%和5.81%，三年间前者分别是后者的1.01倍、1.02倍和1.03倍。总体来看，如果剔除适用增值税17%税率的各项消费支出项目中的增值税，三年分别会使得城乡居民消费之比增大0.07%、0.13%和0.19%，导致加剧城乡居民消费差距。因此，对适用17%增值税税率的消费项目征税对城乡居民消费差距的调节作用是正向的。

在适用增值税17%税率的各项消费支出产生的税负占总消费支出的比重中，城乡居民在烟酒类和文化娱乐用品类的差异最明显。其中，2014—2016年，农村居民的烟酒消费税负占其消费比重分别是城镇居民的1.73倍、1.76倍和1.74倍；农村居民在文化娱乐用品消费上的税负占其消费比重分别对应城镇居民的0.54倍、0.56倍和0.55倍。通过计算，剔除烟酒类税负会使城乡居民消费之比平均扩大0.33%，剔除文化娱乐用品税负会使城乡居民消费之比平均缩小0.15%，意味着这两种税负会分别缩小和加剧城乡居民的消费差距。

表5－5　适用增值税17%税率的城乡居民消费支出项目的税负占消费的比重

单位:%

项目		2014年	2015年	2016年
糖、调味品、糕点和其他食品	农村	0.38	0.37	0.36
	城镇	0.30	0.30	0.29
烟酒	农村	0.79	0.79	0.75
	城镇	0.45	0.45	0.43
饮料	农村	0.13	0.13	0.13
	城镇	0.11	0.11	0.11

续表

项目		2014 年	2015 年	2016 年
衣着	农村	1.10	1.08	1.03
	城镇	1.42	1.38	1.31
居住用电及其他	农村	0.35	0.33	0.32
	城镇	0.39	0.36	0.36
生活用品及服务（除家庭服务）	农村	1.05	1.03	1.03
	城镇	1.01	1.00	1.01
交通工具	农村	0.65	0.70	0.82
	城镇	0.60	0.62	0.66
交通工具用燃料等	农村	0.54	0.55	0.53
	城镇	0.46	0.48	0.49
通信工具	农村	0.20	0.19	0.18
	城镇	0.19	0.17	0.16
文化娱乐用品	农村	0.20	0.19	0.17
	城镇	0.38	0.34	0.31
医疗器具及药品	农村	0.47	0.47	0.47
	城镇	0.44	0.45	0.46
其他用品	农村	0.22	0.22	0.20
	城镇	0.27	0.26	0.23
税负占消费比重	农村	6.07	6.04	5.99
	城镇	6.01	5.92	5.81

表 5-6 展示了适用增值税 13% 税率的城乡居民各项消费支出的税负占消费的比重，同适用增值税 17% 税率的消费项目情况相同，农村居民消费支出中的税负占比大于同期城镇居民消费支出中的税负占比。2014—2016 年，适用增值税 11% 税率的农村居民现金消费支出中税负占比分别为 3.05%、3.02% 和 3.03%，同期城镇居民现金消费支出中税负占比分别为 2.96%、2.87% 和 2.84%，三年间前者平均是后者的 1.05 倍。如果剔除税负因素影响，城乡居民消费之比平均会增大 0.15%。所以对适用 13% 增值税税率的消费项目征税对城乡居民消费差距的调节作用同样是正向的。

表 5-7 则显示了适用增值税 11% 税率的城乡居民各项消费支出中

的税负占比。可以看出，城镇居民和农村居民在适用11%的消费支出项目中的税负占比在全面“营改增”后变化显著。在2014年和2015年，农村居民消费中的税负占比分别为0.55%和0.58%，城镇居民消费中的税负占比分别为0.71%和0.74%，通过计算，在剔除增值税影响后，会使城乡居民消费之比缩小0.16%，意味着缴纳这部分增值税会增大居民消费差异程度，不利于改善城乡居民消费差距。而在2016年，在把建筑服务纳入“营改增”并施行增值税11%税率后，农村居民和城镇居民消费支出的税负占比分别变为1.04%和1.03%，从而在剔除增值税11%税率的税负因素后，会使城乡居民消费之比增加0.01%，从而对城乡居民消费差距的调节作用也由负转正。

表5-6　适用增值税13%税率的城乡居民人均消费支出及税负占消费的比重

单位：%

项目		2014年	2015年	2016年
食品类（除糖、糕点、调味品和其他食品）	农村	2.57	2.57	2.57
	城镇	2.59	2.53	2.50
居住用水和燃料	农村	0.41	0.39	0.38
	城镇	0.33	0.30	0.30
教育用品	农村	0.07	0.07	0.07
	城镇	0.04	0.04	0.03
税负占消费比重	农村	3.05	3.02	3.03
	城镇	2.96	2.87	2.84

表5-7　适用增值税11%税率的城乡居民人均消费支出及税负占消费的比重

单位：%

项目		2014年	2015年	2016年
住房维修及管理	农村	/	/	0.43
	城镇	/	/	0.29
交通运输工具服务、交通费	农村	0.17	0.18	0.20
	城镇	0.32	0.34	0.35
通信服务	农村	0.38	0.39	0.41
	城镇	0.39	0.40	0.39
税负占消费比重	农村	0.55	0.58	1.04
	城镇	0.71	0.74	1.03

适用增值税6%税率的城乡居民各项消费支出中的税负占比见表5-8，该部分税负占比都是全面“营改增”后的结果。可以看出，在“营改增”后，农村居民和城镇居民在适用6%的消费支出项目中的整体税负占比分别为1.24%和1.52%。通过计算，城乡居民现金消费支出之比在剔除该部分税负因素后会减小0.28%，意味着缴纳该部分税负会扩大城乡居民消费之比，即对城乡居民消费差距的调节作用为负向的。但是，该部分增值税并不是对所有项目的调节作用都不利于缩小居民消费差距。在剔除城乡居民在医疗服务和教育服务支出中缴纳的增值税后，城乡居民消费之比会增大0.13%和0.12%，意味着缴纳医疗服务和教育服务的增值税会缩小城乡居民消费差距。对于其他适用增值税6%税率的各项支出而言，缴纳增值税对城乡居民消费差距都呈现负面效应。值得注意的是，虽然缴纳该部分6%的增值税对城乡居民消费不平等的作用是负面的，但是“营改增”的效果要通过比较这些消费支出缴纳营业税时的税负权重来分析。

表5-8　适用增值税6%税率的城乡居民人均消费支出及税负占消费的比重

单位：%

项目		2016年
饮食服务	农村	0.18
	城镇	0.39
租赁房房租	农村	0.02
	城镇	0.08
家庭服务	农村	0.01
	城镇	0.02
文化娱乐服务	农村	0.11
	城镇	0.27
教育服务	农村	0.53
	城镇	0.41
医疗服务	农村	0.34
	城镇	0.22
其他服务	农村	0.05
	城镇	0.09

续表

项目		2016 年
税负占消费比重	农村	1.24
	城镇	1.52

（2）营业税以及“营改增”对城乡居民消费差距的影响

表 5－9 显示了 2014—2016 年适用营业税的城乡居民各项消费支出中税负占消费权重。其中 2016 年结果是与 2014 年和 2015 年保持相同计算方法、假设没有实施“营改增”情况下的税负情况。

可以看出，城镇居民在 2014 年和 2015 年的现金消费支出中营业税税负占比分别为 1.42% 和 1.53%，农村居民在同期的现金消费支出中营业税税负占比分别为 0.81% 和 0.84%。计算显示如果不缴纳这部分营业税，城乡居民现金消费支出之比会分别下降 0.62% 和 0.69%，城乡居民消费差距缩小，因此营业税的征收对改善城乡居民消费起到负面效应。在征收营业税的各项消费支出中，又以文化娱乐服务支出的营业税对城乡居民消费支出差距的负面影响最为显著，平均会使城乡居民消费之比增加 0.48%。同时，各项支出中缴纳营业税有利于均衡城乡居民消费差距的唯一一个支出项目是住房维修及管理支出，平均会促进差异程度减小 0.11%。

表 5－9　适用营业税的城乡居民人均消费支出税负占消费的比重　单位：%

项目		2014 年	2015 年	2016 年
饮食服务	农村	0.15	0.16	0.16
	城镇	0.34	0.35	0.35
租赁房房租	农村	0.02	0.02	0.02
	城镇	0.08	0.07	0.07
住房维修及管理	农村	0.25	0.23	0.22
	城镇	0.13	0.14	0.15
家庭服务	农村	0.01	0.01	0.01
	城镇	0.02	0.02	0.02
文化娱乐服务	农村	0.33	0.39	0.38
	城镇	0.78	0.89	0.88

续表

项目		2014 年	2015 年	2016 年
其他服务	农村	0.04	0.04	0.04
	城镇	0.07	0.07	0.07
税负占消费比重	农村	0.81	0.84	0.82
	城镇	1.42	1.53	1.54

如果没有进行全面“营改增”，根据城乡居民实际现金消费支出金额计算可得，2016 年城乡居民消费中营业税负担为 0.82% 和 1.54%，剔除该部分税负对城乡居民消费之比的影响幅度为 -0.72%，可见该部分营业税的征收不仅对城乡居民消费差距具有负面影响，且影响程度相比 2014 年和 2015 进一步增加。在全面“营改增”后，原本缴纳营业税的各项消费支出开始适用相应的增值税税率，表 5-10 中除住房维修及管理支出适用增值税 11% 税率以外，其余各项支出适用增值税 6% 税率，此外原本无须缴纳营业税的教育服务和医疗服务在“营改增”后适用增值税 6% 的税率。结合表 5-7 至表 5-9 的数据结果得到表 5-10，在 2016 年适用增值税以后，表 5-10 中的城镇居民和农村居民各项消费支出的税负占比分别为 0.79% 和 1.14%，在考虑教育服务和医疗服务所增加的增值税税负后，城乡居民的消费支出中税负占比为 1.67% 和 1.82%，通过计算，在剔除这两种状态下的增值税税负因素后，城乡居民现金消费之比分别会减小 0.35% 和 0.15%。该结果表明，虽然对原本缴纳营业税的各项消费支出征收增值税对城乡居民消费差距的作用仍是负面的，但相比征收营业税会使城乡居民消费之比增长 0.73%，征收增值税只会使城乡居民消费之比增长 0.36% 和 0.15%，其负面效应较小。因此，“营改增”的施行能够有效改善城乡居民之间的消费不均衡局面。

表 5-10　2016 年城乡居民人均消费支出中税负占比　单位:%

项目		增值税	增值税
饮食服务	农村	0.18	0.18
	城镇	0.39	0.39
租赁房房租	农村	0.02	0.02
	城镇	0.08	0.08

续表

项目		增值税	增值税
家庭服务	农村	0.01	0.01
	城镇	0.02	0.02
文化娱乐服务	农村	0.11	0.11
	城镇	0.27	0.27
其他服务	农村	0.05	0.05
	城镇	0.09	0.09
住房维修及管理	农村	0.43	0.43
	城镇	0.29	0.29
教育服务	农村	/	0.53
	城镇	/	0.41
医疗服务	农村	/	0.34
	城镇	/	0.22
税负占消费比重	农村	0.79	1.67
	城镇	1.14	1.82

(3) 消费税对城乡居民消费差距的影响

城乡居民各项消费支出中需要缴纳消费税的主要应税项目包含烟、酒、交通工具和其他用品四类支出，各应税项目税负在居民消费中的占比如表5-11所示。从表5-11数据可以得出，2014—2016年，农村居民现金消费支出中的消费税占其总现金消费支出的平均比重达到1.65%，城镇居民的现金消费支出中对应的消费税平均占比为1.23%。在剔除消费税税负因素影响后，城乡居民消费之比平均会增加0.43%，从而使得消费税的征收对城乡居民消费差距的调节作用为正向的。在分别剔除四种应税项目的消费税税负后，除其他用品支出会表现出减小城乡居民消费之比的态势外，其余三种都会加大城乡居民消费之比，表明对目前其他商品征收的消费税不利于改善城乡居民消费差距。

表5-11　适用消费税的城乡居民人均消费支出税负占消费的比重　　单位:%

项目		2014年	2015年	2016年
烟	农村	1.13	1.10	1.02
	城镇	0.82	0.79	0.73

续表

项目		2014 年	2015 年	2016 年
酒	农村	0.23	0.23	0.23
	城镇	0.13	0.13	0.13
交通工具	农村	0.22	0.24	0.28
	城镇	0.21	0.21	0.23
其他用品	农村	0.09	0.09	0.08
	城镇	0.11	0.11	0.10
税负占消费比重	农村	1.67	1.67	1.62
	城镇	1.26	1.24	1.19

(4) 个人所得税对城乡居民消费差距的影响

根据表 5－12 可知，2014—2016 年，我国个人所得税征收总额由 7376.61 亿元增加至 10088.98 亿元。假设所有的个人所得税都征收自城镇居民，则 3 年里城镇人均缴纳个人所得税分别为 984.66 元、1117.44 元和 1272.28 元，是其现金消费支出的 5.90%、6.25%和 6.66%。如果不征收个人所得税，居民把用于缴纳个人所得税的支出用于消费，根据城镇居民当年的消费倾向可以得出，城镇居民可以用于额外支出的个人所得税税负平均是其现金消费支出的 3.59%，从而城乡居民消费之比会增长 3.59%。因此个人所得税的征收对改善城乡居民之间的消费差异具有正向作用。

表 5－12　　个人所得税占居民消费比重

项目		2014 年	2015 年	2016 年
个人所得税总计（亿元）	全国	7376.61	8617.27	10088.98
人口数（万人）	城镇	74915.5	77116.2	79298.4
人均个人所得税（元）	城镇	984.66	1117.44	1272.28
人均可支配收入（元）	城镇	28843.9	31194.8	33616.2
人均现金消费支出（元）	城镇	16690.6	17887	19284.1
消费倾向（%）	城镇	57.87	57.34	57.37
个人所得税占消费比重（%）	农村	0.00	0.00	0.00
	城镇	5.90	6.25	6.60
影响消费的个税税负效应（%）	农村	0.00	0.00	0.00
	城镇	3.41	3.58	3.78

（5）企业所得税对城乡居民消费差距的影响

根据表5－13可知，2014—2016年，我国企业所得税征收总额由24642.19亿元增加至28851.36亿元。按照前文所述的企业所得税税负归宿方法进行测算，农村居民和城镇居民的企业所得税税负占消费的比重的3年均值分别为7.82%和8.75%，其中资本收入效应、劳动报酬效应和消费转嫁效应在农村居民和城镇居民的税负中贡献分别是22.98%、30.14%、46.93%和11.24%、46.80%、41.96%。在经过边际消费倾向和影响方向的调整以后，不征收企业所得税会使农村居民和城镇居民的消费3年平均分别减少9.8%和7.5%，意味着开征企业所得税对于改善城乡居民消费差距具有正向影响。

对比上述结果与表5－3结果可以看出，企业所得税对城乡居民消费差距的作用方向发生了逆转，由轻微的负向效应转变为显著的正向效应，其中的原因在于城乡居民收入结构发生重要变化。相比较2009—2012年，2014—2016年城镇居民不仅人均经营性收入与农村居民人均经营性收入差距逐渐缩小，同时其人均财产性收入与农村居民人均财产性收入的差距迅速拉大，两种综合影响使得城镇居民拉大了其与农村居民资本性收入的差距。这意味着征收企业所得税会使城镇居民承担相对更多的税负，降低了城乡居民之间由于较大的资本性收入而产生的消费差距，从而促进了城乡居民之间的消费公平。

表5－13　　2014—2016年城乡居民人均企业所得税税负占消费的比重

项目		2014年	2015年	2016年
企业所得税总计（亿元）	全国	24642.19	27133.87	28851.36
企业所得税税负占消费比重（%）	农村	7.95	7.87	7.64
	城镇	8.81	8.85	8.58
资本收入效应税负占消费比重①（%）	农村	1.87	1.77	1.75
	城镇	0.98	0.98	0.99
劳动报酬效应税负占消费比②（%）	农村	2.38	2.39	2.30
	城镇	4.14	4.15	3.99

续表

项目		2014 年	2015 年	2016 年
消费转嫁效应税负占消费比③（%）	农村	3.70	3.72	3.59
	城镇	3.70	3.72	3.59
边际消费倾向④	农村	64.04	64.72	65.74
	城镇	57.87	57.34	57.37
影响消费的企税税负效应⑤（%）	农村	0.98	1.03	0.93
	城镇	0.74	0.78	0.73

注：企业所得税的资本收入效应、劳动报酬效应和消费转嫁效应对影响居民消费的影响方向不同，三者的综合净效应⑤ = ① × ④ + ② × ④ − ③。

（6）间接税和直接税对城乡居民消费差距的影响

综合表 5 - 5 至表 5 - 13 数据，2014—2016 年城乡居民现金消费支出中的间接税和直接税税负占各自现金消费支出的比重见表 5 - 14，同时表 5 - 14 给出按照全面“营改增”之前适用税率计算出的税负占消费比重。

表 5 - 14 数据显示，在全面“营改增”以前的 2014 年和 2015 年，农村居民现金消费支出中的间接税的税负占比为 12.15%，城镇居民现金消费支出中的间接税税负占比分别为 12.36% 和 12.30%。在剔除这部分税负因素后，城乡居民消费之比在各年会较实际消费之比分别减小 0.24% 和 0.17%，该结果说明在全面“营改增”之前，间接税整体对城乡居民消费差距调节作用是负向的。此外，假设在 2016 年没有展开全面“营改增”，农村和城镇居民的现金消费支出中的间接税税负分别为 12.07% 和 12.12%，剔除这部分税负因素，同样会使两者消费之比较实际值缩小，没有扭转间接税整体对城乡居民消费差距的负效应状态。在 2016 年施行全面“营改增”以后，城镇和农村居民现金消费支出的间接税占比分别为 12.92% 和 12.39%，剥离间接税影响后会使城乡居民消费之比较实际值增长 0.61%，即征收间接税会减小城乡居民之间的消费差异程度，从而具有改善双方消费差距的作用。从趋势上说，随着“营改增”的推进，间接税整体对城乡居民之间的消费差异的作用经历了一个由负向到正向的转变。

表5-14　2014—2016年城乡居民人均间接税和直接税税负占消费的比重

单位:%

居民税负		2014年	2015年	2016年	2016年（营业税）①
增值税（17%）	农村	6.07	6.04	5.99	5.99
	城镇	6.01	5.92	5.81	5.81
增值税（13%）	农村	3.05	3.02	3.03	3.03
	城镇	2.96	2.87	2.84	2.84
增值税（11%）	农村	0.55	0.58	1.04	0.61
	城镇	0.71	0.74	1.03	0.74
增值税（6%）	农村	/	/	1.24	/
	城镇	/	/	1.52	/
营业税	农村	0.81	0.84	/	0.82
	城镇	1.42	1.53	/	1.54
消费税	农村	1.67	1.67	1.62	1.62
	城镇	1.26	1.24	1.19	1.23
间接税总计	农村	12.15	12.15	12.92	12.07
	城镇	12.36	12.30	12.39	12.12
个人所得税②	农村	0.00	0.00	0.00	0.00
	城镇	3.41	3.58	3.78	3.78
企业所得税	农村	0.98	1.03	0.93	0.93
	城镇	0.74	0.78	0.73	0.73
直接税总计	农村	0.98	1.03	0.93	0.93
	城镇	2.67	2.80	3.05	3.05
税负总计	农村	13.13	13.18	13.85	13.00
	城镇	9.69	9.50	9.34	9.07

注：①2016年（营业税）表示按照没有全面“营改增”情况下的各项消费支出的适用税率计算出的相关结果，后表的“2016年（营）”同。②个人所得税、企业所得税、税负总计表示对居民消费产生净效应的税负，由于农村直接税的效应方向与农村间接税一致，故农村税负总计=农村间接税总计+农村直接税总计；而城镇直接税负的效应方向与城镇间接税相反，故城镇税负总计=城镇间接税总计-城镇直接税总计。

在综合间接税和直接税影响因素以后，由表5-14中城乡居民现金消费中的总体税负占比可以计算得出，在剔除税负因素影响后，税前城乡消费之比会较实际比值上涨4.48%，因此整体税收对城乡居民消费差距的调节作用是正向的。

（7）直接税和间接税对城乡消费基尼系数和相关系数的影响

表5－15给出了2014—2016年征税前后城乡居民消费基尼系数。从趋势上看，无论是剔除税负因素后消费基尼系数还是实际的城乡居民消费基尼系数，在2014—2016年间都呈现下降趋势，表示我国城乡居民之间的消费差距已经得到显著改善。

表5－15　2014—2016年税前和税后城乡居民之间消费基尼系数

Gini / 年份	G_{ur}	G_{ur1}	G_{ur2}	G_{ur3}	$G_{a,urz}$	G_{ur4}	G_{ur5}	$G_{b,urz}$	G_{urt}
2014	0.2029	0.2029	0.2017	0.2036	0.2024	0.2091	0.2033	0.2096	0.2101
2015	0.1946	0.1949	0.1933	0.1954	0.1943	0.2011	0.1951	0.2016	0.2022
2016	0.1879	0.1881	/	0.1887	0.1890	0.1946	0.1882	0.1950	0.1970
平均值	0.1951	0.1953	0.1939	0.1959	0.1952	0.2016	0.1956	0.2020	0.2031
2016（营业税）	0.1879	0.1883	0.1865	0.1887	0.1877	0.1946	0.1882	0.1950	0.1957

在分别剔除增值税、营业税和消费税税负因素后，G_{ur1}、G_{ur2}和G_{ur3}的平均值分别为0.1953、0.1939和0.1959，分别较实际的消费基尼系数高0.0002、低0.0012和高0.0008，说明增值税和消费税的征收有助于减小城乡居民之间的消费基尼系数，而征收营业税则会加剧城乡居民之间的消费差距。各项税负对城乡居民消费基尼系数的调节作用与其对城乡居民消费之比的调节作用相一致。由于增值税和消费税对城乡居民消费基尼系数的正向调节作用在很大程度上被营业税的负向调节作用抵消，因此在剔除全部增值税、营业税和消费税以后，2014—2016年城乡居民消费基尼系数为0.1952，仅比实际消费基尼系数大0.0001。同时，间接税的正向调节作用还主要得益于全面“营改增”的施行。在2016年如果没有全面“营改增”，单独考虑增值税和营业税的税前消费基尼系数分别为0.1883和0.1865，各自较G_{ur}大0.0004和小0.0014，作用力较强的营业税负效应造成间接税税前城乡居民消费基尼系数$G_{a,urz}$仍要比实际消费基尼数G_{ur}小0.0002，保持与2014年和2015年呈现出的负向作用不变。在2016年“营改增”后，增值税税前消费基尼

系数 G_{ur1} 变为0.1881，较税后实际消费基尼数大0.0002，起到正向调节作用，虽然此正效应在程度上小于假设无“营改增”情况下正效应（0.0004），但同样消除了营业税的负面影响，从而使得2016年整体间接税对城乡居民消费基尼系数的显著正效应。

直接税的正向调节作用显著。从个人所得税看，2014—2016年未征收个人所得税时平均城乡消费基尼系数 G_{ur4} 为0.2016，会使实际城乡消费基尼系数上涨3.33%。从企业所得税看，2014—2016年未征收企业所得税时平均城乡消费基尼系数 G_{ur5} 为0.1956，将使得城乡消费差距增长0.24%。整体而言，未征收个人所得税和企业所得税时的城乡消费基尼系数 $G_{b,urz}$ 比目前实际城乡消费基尼系数 G_{ur} 增长3.52%。

综合考虑直接税和间接税后，整体税前消费基尼系数三年的平均值为0.2031，比实际消费基尼系数大0.0080，整体税负对城乡居民消费基尼系数具有正向调节作用。相对应的，表5－16显示，MT指数从2014年的0.0072增长到2016年的0.0091，对税后实际消费基尼系数的调节率从3.55%增长至4.88%，表示整体税收的征收有利于公平分配，其对城乡居民消费差距的正向调节作用有进一步加强的趋势。

表5－16　　2014—2016年各类税负MT指数

年份＼MT指数	增值税	营业税	消费税	间接税	个人所得税	企业所得税	直接税	整体
2014	0.0000	－0.0012	0.0007	－0.0005	0.0062	0.0004	0.0067	0.0072
2015	0.0003	－0.0013	0.0008	－0.0003	0.0065	0.0005	0.0070	0.0076
2016	0.0002	/	0.0008	0.0011	0.0067	0.0003	0.0071	0.0091
平均值	0.0002	－0.0012	0.0008	0.0001	0.0065	0.0005	0.0069	0.0080

（8）间接税对城乡居民八大类消费差异的调节作用

为了研究间接税以及全面“营改增”对2014年和2016年对城乡居民八大类消费支出差异的影响，表5－17给出了剔除各项及整体间接税前后的城乡居民各类消费支出基尼系数，以及假设在2016年没有施行全面“营改增”情况下的测算结果，表5－18给出了相关MT指数。

表5－17结果显示，2014年和2016年各项税种对城乡居民各类消费

支出的调节作用与表5－4中给出2009年和2012年间接税对城乡居民各类消费支出的调节作用大体相同。对食品烟酒支出、生活用品及服务支出和其他商品与服务支出而言，增值税的征收能够有效缩小城乡居民在这些消费支出中的不平等水平，缴纳营业税则会加剧城乡居民在此三项消费支出中的不平等。同时，全面“营改增”以后，增值税能够维持其对这些消费支出差距的正向调节作用。对于城乡居民在食品烟酒和其他商品与服务类上的消费差距，消费税同样具有正向调节作用，不同的是在“营改增”以后消费税对城乡居民食品烟酒消费差距的正向调节作用超过增值税，而对城乡居民其他商品与服务差距的正向调节作用仍小于增值税。总体而言，间接税整体起到减小城乡居民在这三类消费支出上的差距的作用。

表5－17　间接税对2014年和2016年城乡居民八大类消费支出消费基尼系数的影响

类别		间接税后的基尼系数	增值税前的基尼系数	营业税前的基尼系数	消费税前的基尼系数	间接税前的基尼系数
食品烟酒	2014年	0.2079	0.2109	0.2069	0.2103	0.2126
	2016年	0.1898	0.1917	/	0.1920	0.1942
	2016年（营）	0.1898	0.1929	0.1888	0.1920	0.1943
衣着	2014年	0.2467	0.2467	/	/	0.2467
	2016年	0.2291	0.2291	/	/	0.2291
	2016年（营）	0.2291	0.2291	/	/	0.2291
居住	2014年	0.1742	0.1727	0.1746	/	0.1732
	2016年	0.1716	0.1723	/	/	0.1723
	2016年（营）	0.1716	0.1713	0.1716	/	0.1713
生活用品及服务	2014年	0.2003	0.2012	0.2000		0.2008
	2016年	0.1903	0.1909	/		0.1909
	2016年（营）	0.1903	0.1912	0.1900		0.1909
交通通信	2014年	0.2112	0.2120	/	0.2115	0.2124
	2016年	0.1847	0.1855	/	0.1853	0.1862
教育文化娱乐	2014年	0.2034	0.2012	0.1965	/	0.1940
	2016年	0.1947	0.1938	/	/	0.1938
	2016年（营）	0.1947	0.1934	0.1879	/	0.1864

续表

类别		间接税后的基尼系数	增值税前的基尼系数	营业税前的基尼系数	消费税前的基尼系数	间接税前的基尼系数
医疗保健	2014年	0.1239	0.1195	/	/	0.1195
	2016年	0.1244	0.1219	/	/	0.1219
	2016年（营）	0.1244	0.1204	/	/	0.1204
其他用品及服务	2014年	0.2514	0.2528	0.2509	0.2519	0.2530
	2016年	0.2386	0.2401	/	0.2395	0.2411
	2016年（营）	0.2386	0.2409	0.2379	0.2395	0.2412

受到数据限制，假设衣着消费支出差距不受增值税影响。2014年增值税和营业税对城乡居民居住类消费差距的影响与2009年和2012年表现有所不同。剔除增值税会使城乡居民居住消费差距减小0.0015，降幅达0.86%，说明增值税的征收会造成城乡居民居住消费差距的恶化；而剔除营业税会使城乡居民居住消费差距增加0.0004，营业税有助于减小居民居住消费差距。同时，营业税对居住消费差距的正效应小于增值税的负效应，从而2014年整体间接税的征收对城乡居民居住消费调节作用是负向的。如果没有全面“营改增”，在2016年增值税的调节作用仍表现为负效应，营业税几乎不对消费基尼系数产生影响。从实际来看，在2016年全面“营改增”后将租赁房房租支出和住房维修及管理支出纳入增值税征收后，增值税对城乡居民居住支出展现出正向调节作用，增值税的缴纳促进城乡居住消费基尼系数减小0.0007。该结果表明，全面“营改增”的推进，不仅扭转了增值税的征收原本不利于城乡居民居住消费公平的局面，而且促进整体间接税对居住消费的均等效应增强。

对城乡居民交通通信支出差距而言，剔除增值税后的消费基尼系数大于实际消费基尼系数，其MT指数在2014年和2016年都为0.0008，显示出增值税对此项支出的消费差距的正向调节作用保持稳定。对比表5-4中2009年和2012年的结果，“营改增”的施行不仅有效避免了营业税对城乡居民交通通信支出差距持续走强的分化效应，同时有效维持了增值税的均等效应，促进了城乡居民在交通通信支出的公平分配。此外，消费税的MT指数在2014年和2016年分别为0.0003和0.0006，呈现明显上升趋势，说明消费税对城乡居民交通通信支出的均等效应逐渐增强。得益于增值税和消费税的正向调节作用，间接税整体有利于促进城乡居民交通通信消费的均等化。

表5-18　2014年和2016年城乡居民八大类消费支出的MT指数

类别		增值税MT指数	营业税MT指数	消费税MT指数	间接税MT指数
食品烟酒	2014年	0.0030	-0.0010	0.0024	0.0048
	2016年	0.0018	/	0.0022	0.0043
	2016年（营）	0.0031	-0.0010	0.0022	0.0045
衣着	2014年	0.0000	/	/	0.0000
	2016年	0.0000	/	/	0.0000
	2016年（营）	0.0000	/	/	0.0000
居住	2014年	-0.0015	0.0004	/	-0.0010
	2016年	0.0007	/	/	0.0007
	2016年（营）	-0.0003	0.0000	/	-0.0003
生活用品及服务	2014年	0.0009	-0.0003	/	0.0006
	2016年	0.0006	/	/	0.0006
	2016年（营）	0.0009	-0.0003	/	0.0007
交通通信	2014年	0.0008	/	0.0003	0.0012
	2016年	0.0008	/	0.0006	0.0015
教育文化娱乐	2014年	-0.0021	-0.0069	/	-0.0094
	2016年	-0.0009	/	/	-0.0009
	2016年（营）	-0.0012	-0.0068	/	-0.0083
医疗保健	2014年	-0.0044	/	/	-0.0044
	2016年	-0.0025	/	/	-0.0025
	2016年（营）	-0.0040	/	/	-0.0040
其他用品及服务	2014年	0.0014	-0.0005	0.0006	0.0016
	2016年	0.0014	/	0.0009	0.0025
	2016年（营）	0.0023	-0.0007	0.0009	0.0026

各项税收对教育文化娱乐和医疗保健支出的调节作用大体一致。在2014年，剔除增值税后，教育文化娱乐支出和医疗保健支出的城乡居

民消费基尼系数分别是0.2012和0.1195，比实际的消费基尼系数小0.0021和0.0044，其负的MT指数说明增值税对城乡居民这两项消费支出的调节作用是负向的。教育文化娱乐支出的营业税MT指数同样是负的，说明营业税的征收不利于城乡居民在文教娱乐支出的均等化，这里涉及的主要是教育用品支出。在全面“营改增”以后，教育用品按照13%税率，教育服务和医疗服务按照6%的税率缴纳增值税。通过比较我们发现，如果没有“营改增”，教育文化娱乐和医疗保健支出增值税的MT指数分别为-0.0012和-0.0040，而在实际“营改增”以后，虽然增值税的MT指数仍为负值，但较没有“营改增”情况下分别提高0.0003和0.0015，说明“营改增”的施行能够有效缓解城乡居民在文教娱乐和医疗保健支出方面的差距。但不能忽视的是，当前税收状况仍不利于促进城乡居民在文教娱乐和医疗保健支出的公平分配，政府需要采取相关政策进一步推动城乡居民在这两项消费支出的消费公平。

整体而言，全面“营改增”的实施，促进了城乡居民在各类消费支出上的公平分配，同时消费税对所涉及的消费项目的均等效应大体上表现出增强的趋势。除了在教育文化娱乐和医疗保健方面的支出消费公平有待进一步推进以外，当前税收对城乡居民总体消费及各类消费支出都具有正向调节作用。

5.5　本章小结

结合前文对于我国居民消费差距的整体概况，本章从城乡居民的实际支出数据出发，利用基尼系数分析我国直接税和间接税对城乡居民消费差距的影响。本章的主要发现包括：

一是我国税制整体有助于改善城乡居民消费差距。直接税和间接税对我国城乡居民消费差距都起着正向调节作用，且前者的正向调节作用显著高于后者。同时，需重点关注两方面内容。一方面，企业所得税对城乡居民之间的消费差距影响方向发生改变的主要因素在于城乡居民收入结构的变化。随着资本性收入在收入结构中占比的提升，企业所得税对城乡居民消费差距的影响由负转正。另一方面，造成间接税对城乡居民消费差距的作用与对收入差距的作用表现出不同的原因可能在于城乡居民的消费倾向差距，随着收入水平的提高，城镇居民的可支配收入用于消费的比重在减小，而间接税主要通过影响居民在消费中实际购买力来影响收入分配，因此当消费在城镇居民收入中比重降低时，就会影响其对城乡居民之间收入差距的调节方向。

二是间接税对居民各类消费支出差距的影响存在异质性。结果表明，增值税的征收对于除医疗保健和文教娱乐支出外其余各类消费支出差距具有正向调节作用，对医疗保健、文教娱乐支出差距具有负面调节作用；消费税对于城乡居民消费支出不平等同样具有正向调节作用，从2014—2016年来看，其正向作用逐渐增强；营业税无论是对总体消费差距还是分项支出不平等都具有负面影响。进一步地，通过对比是否进行“营改增”情况下各项间接税对城乡居民消费支出的影响差距发现，虽然“营改增”后间接税仍然不利于促进医疗保健和文教娱乐支出的消费公平，但相比较“营改增”前的负效应在程度上所有减轻。从整体上看，全面“营改增”的实施，促进了城乡居民在各类消费支出上的公平分配。

第6章

减税降费对城镇居民消费差距的影响

——基于价格效应的消费行为分析*

6.1 引言

2008年以后，我国居民人均可支配收入基尼系数呈现下降趋势，至2021年人均可支配收入基尼系数由0.491下降至0.46，在改善居民收入差距问题上取得显著成效。伴随着收入差距的缩小，消费差距同样得到改善。孙豪等（2017）利用城乡消费分组数据测算2002—2012年消费基尼系数，结果显示这期间消费基尼系数下降幅度为8.64%，其中城乡消费差距是中国消费差距的首要来源，其次是城镇内部消费差距。但是，城乡消费差距对总体消费差距的贡献率呈现显著下降趋势，而城镇内部消费差距的贡献率上涨12.20个百分点。上述结果说明，虽然城镇化使城镇居民群体规模增大，但同时造成城镇居民内部的消费分

* 本章部分观点与内容见：王斐然，陈建东．减税降费对城镇居民消费差距的影响——基于价格效应的消费行为分析［J］．浙江工商大学学报，2020（04）：111－124.

化。党的二十大报告强调，要推进以人为核心的新型城镇化战略，而实施战略的关键在于提升人民群众的获得感，满足其对美好生活的需要，只有这样才能充分释放城镇化所蕴藏的巨大消费潜力，为经济增长提供新动能。因此，在深入推进城镇化的今天，避免城镇居民消费差距加剧是必须面对的重要问题。

税收在国家治理中发挥基础性、支柱性、保障性作用，是政府进行宏观调控、调节收入分配和进行资源配置的重要制度安排和政策工具。自 2008 年金融危机以来，伴随供给侧结构性改革主线，我国持续实施大规模减税降费政策，先后经历“结构性减税”“定向减税和普遍性降费”和“组合式税费”三个重要阶段，2013—2022 年累计新增减税降费超过 13 万亿元，税收收入占国内生产总值比重由 19.4% 逐步下降至 13.77%，实现了宏观减税负与微观降成本相统一。2023 年《政府工作报告》提出“完善税费优惠政策，对现行减税降费、退税缓税等措施，该延续的延续，该优化的优化”。在此背景下，从城镇居民消费差距的视角入手，分析减税降费的政策效果，对于进一步完善税费优惠政策具有重要的理论和现实意义。

关于税收的收入分配效应的研究多是从“收入端”着手（聂海峰和岳希明，2013；汪昊，2016；刘海波和邵飞飞等，2019），但仍有部分学者从“消费端”的角度对这一问题进行有益探索，主要方法是通过比较居民消费支出中含税量来分析对居民消费差距的影响。聂海峰和刘怡（2010）利用投入产出法分析 2002 年城镇居民的间接税负担，发现随着城镇居民收入水平的上涨增值税和消费税占消费的比重下降，表现出税收累退性；营业税呈现相反态势，表现出累进性；就间接税整体而言，低收入群体的消费中含税量是高收入群体的 0.98，表现出税收累进性，有利于促进消费公平。倪红福等（2016）同样采用投入产出法模拟了“营改增”对城镇居民终生收入（总消费）的税收负担的影响，结果发现“营改增”后，虽然高收入群体的消费含税量仍然高于低收入群体，对促进消费公平具有积极意义，但由于取消了累进性较强的营业税，导致整体累进性略微下降。马骁等（2017）基于基尼系数的数理方法研究了直接税和间接税对城乡居民消费差距的影响，结果显示直接税和间接税都有利于缩小城乡居民之间消费差距，且前者的正效应强于后者。此外，还有学者利用消费需求系统模型模拟税收政策调整引起的价格效应结合需求弹性分析居民消费行为的变化。童锦治等（2012）利用 2002—2008 年城镇居民收入分组的微观消费数据模拟了增值税扩围对居民消费产生的影响，结果发现居民的营业税和增值税的应税消费需求价格弹性平均值都小于 0，而实施 17% 税率的扩围会提高消费品价格，不利于消费需求的增加；相反选择 13% 税率能够促进居民消费的增长，虽然高收入者仍会比低收入者从税负下降中获取更多剩余消费，但相比 17% 税率能够较好维护低收入者福利。万莹和徐崇波（2020）利用扩展线性支出 ELES 模型研究了消费税的收入分配效应。

综上所述，国内学者就税收对消费差距的影响和消费需求系统模型的应用做出有益探索，对该领域做出重要贡献。本章拟从下列两方面对现有研究做出边际贡献：一方面，现有研究多通过税收政策变化前后消费中含税量变化进行分析，忽略了居民面对价格变化而实际可能产生的消费行为变化；另一方面，现有文献利用消费需求系统模型分析税收政策多基于线性支出系统，忽略了消费者的恩格尔曲线可能呈现非线性状态，对 QUAIDS 模型运用在中国税收问题上尚有不足。因此本章拟从上述两方面着手对现有文献进行拓展，利用投入产出价格模型和拉氏指数模拟税收政策调整引起的居民各类消费的价格效应，进而通过 QUAIDS 模型分析居民实际消费行为的变化和对消费差距的影响。通过上述研究，可以为政府制定更加精准科学的减税降费政策、加强发挥消费的基础性作用提供有益启示。

6.2　研究设计

6.2.1　二次近乎完美需求系统模型

由于在实际情况中物品的恩格尔曲线更可能呈现出一般的非线性曲

线（Hausman 等，1995），Banks 等（1997）在 AIDS 模型基础上加入一个二次项，将其扩展为二次近乎完美需求系统（QUAIDS），从而能够更好地辨识必需品与奢侈品。模型基本形式为：

$$w_i = \alpha_i + \sum_{j=1}^{k} \gamma_{ij} \ln p_j + \beta_i \ln\left[\frac{x}{a(P)}\right] + \frac{\lambda_i}{b(P)} \left\{\ln\left[\frac{x}{a(P)}\right]\right\}^2 + \varepsilon_i$$

（式 6 - 1）

其中，x 表示家庭名义总消费支出，w_i 表示居民家庭第 i 种消费品占其总消费支出的份额，$P = (p_1, p_2, \cdots, p_k)'$ 表示家庭消费品的价格向量，p_i 表示第 i 种消费品的价格，k 表示消费品的种类，ε_i 表示误差项。α_i、β_i、γ_i 和 λ_i 都为待估参数。当 $\lambda_i = 0$ 时，QUAIDS 模型转化为 AIDS 模型。$\alpha(P)$ 表示综合价格指数；$b(P)$ 表示柯布-道格拉斯型价格集合指数；$\lambda(P)$ 表示价格 p 的零阶齐次函数；$\ln a(P)$ 、$b(P)$ 和 $\lambda(P)$ 的表达式如下所示：

$$\ln a(P) = \alpha_0 + \sum_{i=1}^{k} \alpha_i \ln p_i + \frac{1}{2} \sum_{i=1}^{k} \sum_{j=1}^{k} \gamma_{ij} \ln p_i \ln p_k$$

（式 6 - 2）

$$b(P) = \prod_{i=1}^{k} (p_i)^{\beta_i}$$ （式 6 - 3）

$$\lambda(P) = \sum_{i=1}^{k} \lambda_i \ln p_i$$ （式 6 - 4）

依据 Poi（2012）的研究，可以在 QUAIDS 模型中加入一系列家庭特征变量，比如家庭所在地区和家庭收入等级等，以观测家庭特征变量对商品消费份额的变化。参考赵昕东和汪勇（2013）的研究，本章采用加入家庭特征变量的 QUAIDS 模型来估计居民弹性，其形式如下：

$$w_i = \alpha_i + \sum_{j=1}^{k} \gamma_{ij} \ln p_j + (\beta_i + H_i' Z) \ln\left[\frac{x}{\overline{x_0}(Z) a(P)}\right] +$$

$$\frac{\lambda_i}{b(P) c(P, Z)} \left\{\ln\left[\frac{x}{\overline{x_0}(Z) a(P)}\right]\right\}^2 + \varepsilon_i$$ （式 6 - 5）

其中 $Z = (z_1, z_2, \cdots, z_l)$ 为家庭特征向量，l 为家庭特征的个数；$\overline{x_0}(Z)$ 表示家庭消费支出关于家庭特征变量的函数；H_i 为 $l \times k$ 维矩阵 H 的第 i 列；$c(P, Z) = \prod_{i=1}^{k} p_i^{H_i' Z}$，其中对于 $s = 1, \cdots, l$ 有 $\sum_{i=1}^{k} H_{si} =$

0 以满足加总性约束。

同时，上述 QUAIDS 模型必须满足的约束条件如下：

①对称性：$\gamma_{ij} = \gamma_{ji}$, $i \neq j$ 。

②齐次性：$\sum_{j=1}^{k} \gamma_{ij} = 0$ 。

③加总性：$\sum_{i=1}^{k} \alpha_i = 1, \sum_{i=1}^{k} \beta_i = 0, \sum_{i=1}^{k} \lambda_i = 0, \sum_{i=1}^{k} \gamma_{ij} = 0$ 。

根据引入家庭特征变量的 QUAIDS 模型的参数估计结果，可以分别测算出家庭各类商品的消费支出弹性、马歇尔价格弹性和希克斯价格弹性，具体测算公式依次如下：

$$e_i = 1 + \frac{1}{w_i}\left\{\beta_i + H_i'Z + \frac{2\lambda_i}{b(P)c(P,Z)}\ln\left[\frac{x}{\overline{x_0}(Z)a(P)}\right]\right\} \tag{式 6-6}$$

$$e_{ij}^{u} = -\delta_{ij} + \frac{1}{w_i}\left\langle \gamma_{ij} - \left\{\beta_i + H_i'Z + \frac{2\lambda_i}{b(P)c(P,Z)}\ln\left[\frac{x}{\overline{x_0}(Z)a(P)}\right]\right\}\times \left(\alpha_i + \sum_{j=1}^{k}\gamma_{ij}\ln p_j\right) - \frac{(\beta_i + H_i'Z)\lambda_i}{b(P)c(P,Z)}\left\{\ln\left[\frac{x}{\overline{x_0}(Z)a(P)}\right]\right\}^2 \right\rangle \tag{式 6-7}$$

$$e_{ij}^{c} = e_{ij}^{u} + e_i w_j \tag{式 6-8}$$

其中，δ_{ij}为克罗内克函数，只有当 $i = j$ 时，取值为 1，否则为 0。

6.2.2　投入产出价格模型

投入产出表能够全面反映社会生产过程中不同国民经济各部门之间的经济技术联系，从而被视为分析间接税在各部门流转的重要工具。本章参照聂海峰和刘怡（2010）的研究，采用投入产出价格模型来确定增值税改革引起的各投入产出部门价格效应以及各部门的有效税率。在投入产出价格模型中，包含如下假设：其一，不考虑生产过程中要素之间的替代效应和税收转嫁过程中的成本因素，假设税收通过各行业的投入产出关系完全向前转嫁并传递到最终产品的价格上；其二，市场是完全竞争的，企业能够自由进出市场，从而市场在达到均衡时各行业不存在利润；其三，生产技术规模报酬不变；其四，价格变化不影响各行业之间的中间投入和最终产出关系。鉴于本章主要对“营改增”后的增值税减税进行研究，模型只需引入增值税和消费税，则投入产出价格模型形式①如下：

$$P^{*} = (I - A^{T} - A^{T}\Gamma^{S})^{-1}(I + \Gamma^{VA})V \qquad (式 6-9)$$

其中，P^{*} 代表部门单位产品含税的 n 维价格向量，I 是 n 维单位矩阵，A 是 $n \times n$ 维直接消耗矩阵，V 代表部门单位产品增加值比例 n 维列向量。Γ^{VA} 和 Γ^{S} 都是 n 维对角矩阵，对角元素对应的行业若不征收该项税收，则该元素为 0。Γ^{VA} 为实际征收的增值税税率对角矩阵，按照实际征收的增加值和行业增加值来计算；Γ^{S} 为消费税的实际征收税率，分别按照各部门实际征收的消费税占该部门总产出的比例计算。

6.2.3 拉氏指数

消费价格指数（CPI）是由英国经济学家伏汉（Voughan）提出，用来衡量一揽子代表性商品或服务的价格随着时间变动的相对数。本章利用物价指数的测算思想和方法，用于衡量在城镇居民消费保持恒定下城镇居民面对税收政策调整前后各类商品总体价格百分比。拉氏指数（Laspeyres Index）是测算居民消费价格指数的基本方法（陈晨等，2017），一般表达式为：

$$Index_{t,0} = \frac{\sum_{i} p_{it}\, q_{i0}}{\sum_{i} p_{i0}\, q_{i0}} \times 100 \qquad (式 6-10)$$

其中，$Index_{t,0}$ 表示在基期 0 时测算的报告期 t 的拉氏指数，这里以税收政策调整前为基期，税收政策调整后为报告期；p_{it} 和 p_{i0} 分别表示与城镇居民某一类消费支出对应的第 i 个投入产出部门产品在报告期和基期时的价格，q_{i0} 表示城镇居民在基期从第 i 个投入产出部门购买的人均商品数量，则有 $q_{i0} = m_{i0}/p_{i0}$，m_{i0} 表示城镇居民在基期从第 i 个投入产出部门购买的产品人均支出。将 q_{i0} 的表达式代入式 6-10 中，则式 6-10 可以进一步改写为：

---

① 具体模型推导见：聂海峰和刘怡．城镇居民的间接税负担：基于投入产出表的估算［J］．经济研究，2010（7）：31-42.

$$Index_{t,0} = \frac{\sum_i (p_{it}/p_{i0})\, m_{i0}}{\sum_i m_{i0}} \times 100 = \sum_i (p_{it}/p_{i0})\, w_{i0} \times 100$$

（式 6－11）

其中，p_{it}/p_{i0} 表示税收政策调整后的报告期与调整前基期第 i 个投入产出部门的价格变动相对值，可以根据投入产出价格模型得到；w_{i0} 表示城镇居民在基期从第 i 个投入产出部门购买产品支出占所有支出的比重。基期价格指数为 100，则基期与报告期的某类商品的价格指数变化率为 $(Index_{t,0} - 100)/100$ ，以此表示税收政策调整对某类商品的价格变化率。这里进一步以居民食品烟酒类支出为例进行说明。居民食品烟酒类支出涵盖食品加工业、烟酒饮料制造业、居民服务修理和其他服务业以及住宿和餐饮业四个投入产出部门，分别与食品烟酒类中各细项支出对应。首先，通过投入产出价格模型可计算得出税率政策调整前后各部门的价格，从而得到每个部门的价格相对值 p_{it}/p_{i0} ；其次，计算可得基期时食品烟酒类各个细项支出占食品烟酒类支出比重；最后，将食品烟酒类支出中各细项占比乘以相对应的投入产出部门价格变化相对值，所得数值进行加总即得到在税收政策调整后报告期价格水平下基期的价格指数。通过与原基期价格指数 100 比较，最终得到税收政策调整对居民食品烟酒类支出产生的价格效应。利用投入产出部门与居民消费支出的匹配关系，通过上述拉氏指数的方法得到税收政策调整对居民各类消费的价格效应，是本章在方法上的创新点。

6.3　数据来源与处理

6.3.1　QUAIDS 模型数据来源与处理

对于 QUAIDS 模型，在 2013 年城乡住户一体化调查制度实施后，2014—2016 年城镇按收入水平分组的生活性消费支出及其构成数据不存在缺失的省份有 17 个（北京、山西、内蒙古、辽宁、江苏、安徽、江西、河南、湖北、湖南、广东、海南、重庆、四川、西藏、陕西、宁夏)，同时自2018年起又有部分省份不再公布有关数据（如北京)，因此本章采用2014—2016年的17省级收入分组城镇居民家庭八大类消费支出平衡面板数据。由于湖南、西藏和宁夏公布的数据是按照收入水平分组进行7分组，与其余14省（市、自治区）按照收入水平5分组数据并不相同，因此以所公布的最低收入户（10%）和低收入户（10%）的均值和高收入户（10%）和最高收入户（10%）的均值作为低收入户（20%）和高收入户（20%）时的数据。经此处理后，每年有85组数据，共255组不同收入分组城镇家庭消费支出数据。同时，本章加入年份（Z_{year}）、地区（Z_{region}）和收入等级的家庭特征变量。在调查年鉴中，城镇居民家庭一般按照收入水平等分为5组，包括：低收入户（20%)、中等偏下收入户（20%)、中等收入户（20%)、中等偏上收入户（20%)、高收入户（20%)，相对应的，本章生成4个收入等级虚拟变量，分别为Z_i，$i=1$，2，3，4，依次对应低收入组和中等偏上收入组，当住户属于低收入组时，$Z_1=1$，否则为0，依次类推。

此外，参考Li等（2015）的研究，利用各地区城镇居民各类消费价格指数取对数纳入模型进行计算，数据来自2014—2017年《中国价格统计年鉴》，均以2013年价格为基期进行调整。值得说明的是，2017年公布的城镇居民各类消费价格指数口径上与以往存在一定差异，主要表现在将食品和烟酒消费价格指数合并为食品烟酒价格指数。因此，本章通过2013年和2014年全国城镇居民消费结构作为权重计算2014年和2015年城镇居民食品烟酒消费价格指数，进一步以与当年城镇居民食品价格指数之比作为调整参数，对2014年和2015年各地区城镇居民食品消费价格指数进行校正，从而得到各地区城镇居民食品烟酒消费价格指数数据。

6.3.2 投入产出数据来源与处理

为了与城镇居民家庭消费数据相匹配，本章利用投入产出价格模型计算各产业部门的有效税率，使用的数据包括《中国投入产出表

(2017)》中 42 部门和 149 部门的投入产出数据以及《中国税务年鉴(2018)》中全国税收收入分税种分产业收入情况表。具体处理方法借鉴聂海峰和刘怡（2010）和倪红福等（2016）的研究，投入产出部门与行业税收收入匹配过程参见附录 6. 6. 1。

6. 3. 3　居民在投入产出部门的支出计算[①]

对于居民在投入产出部门的支出计算，在参考聂海峰和刘怡（2010）研究中附表的对应关系基础上，结合本章所采用的 42 部门进行微调，将居民消费支出项目与各投入产出部门相对应。本章主要使用 2017 年城镇居民家庭消费支出进行研究，由于在 2013 年国家统计局在全国统一实施城乡一体化住户收支与生活状况调查制度之后，《中国住户调查统计年鉴》不再公布与以往《中国城市（镇）生活与价格年鉴》完全一致的城镇居民家庭的详细消费支出，本章以《中国价格统计年鉴》中居民消费价格指数构成为依据来判断居民各类消费包含项目，同时借鉴倪红福等（2016）的数据处理方法，根据 2011 年城镇居民家庭各细项的消费结构，进一步完善 2017 年城镇居民家庭细项支出结构。

6. 4　实证结果与分析

6. 4. 1　QUAIDS 模型估计结果及弹性分析

(1) QUAIDS 模型的参数估计结果

本章参考张颖熙（2014）的研究，采用 Poi（2012）建议的非线性不似相关法（Non - Linear Seemingly Unrelated Regression，NLSUR）对 QUAIDS 模型的参数进行估计，为了防止过度识别造成的奇异矩阵的问题，估计 QUAIDS 模型时只选用八大类消费支出中的七类支出方程，其

① 数据处理中的具体细节及结果可向作者索要。

他商品与服务支出的参数由模型的约束条件求出。

表 6-1　　城镇居民消费需求 QUAIDS 模型估计结果

参数	估计值	Z 值	参数	估计值	Z 值	参数	估计值	Z 值
α_1	0.216	0.74	γ_{71}	-0.338	-0.87	γ_{75}	0.667*	2.73
α_2	0.282*	2.49	γ_{81}	0.026	0.93	γ_{85}	-0.011	-0.34
α_3	-0.128*	-2.29	γ_{22}	0.021	0.36	γ_{66}	0.106	1.16
α_4	-0.325*	-2.47	γ_{32}	0.085*	2.33	γ_{76}	0.538**	2.81
α_5	-0.508***	-3.30	γ_{42}	-0.059	-1.07	γ_{86}	-0.025	-1.19
α_6	-0.263*	-1.81	γ_{52}	0.248***	3.55	γ_{77}	-1.629**	-2.89
α_7	1.756***	7.76	γ_{62}	0.071	1.59	γ_{87}	0.045	0.57
α_8	-0.030	-0.57	γ_{72}	-0.300*	-2.04	γ_{88}	0.027	1.18
β_1	0.160	0.71	γ_{82}	0.052*	2.10	λ_1	-0.047	-1.10
β_2	-0.152*	-1.74	γ_{33}	-0.217***	-5.45	λ_2	0.026	1.56
β_3	0.139**	3.22	γ_{43}	-0.003	-0.08	λ_3	-0.024**	-2.96
B_4	0.295**	2.91	γ_{53}	-0.055	-1.48	λ_4	-0.057**	-2.95
β_5	0.464***	3.93	γ_{63}	-0.019	-0.65	λ_5	-0.079***	-3.55
β_6	0.289*	2.57	γ_{73}	0.314***	3.58	λ_6	-0.056*	-2.62
β_7	-1.236***	-7.27	γ_{83}	-0.016	-0.75	λ_7	0.244***	7.68
β_8	0.040	1.00	γ_{44}	-0.062	-0.61	λ_8	-0.005	-0.67
γ_{11}	2.067***	11.98	γ_{54}	-0.051	-0.59	ρ_1	-0.051***	-7.60
γ_{21}	-0.119*	-1.82	γ_{64}	0.085	1.24	ρ_2	0.007	0.88
γ_{31}	-0.087*	-1.83	γ_{74}	0.703***	3.82	ρ_3	-0.611***	-34.68
γ_{41}	-0.516***	-5.01	γ_{84}	-0.097***	-3.86	ρ_4	-0.488***	-25.11
γ_{51}	-0.352*	-2.42	γ_{55}	-0.370*	-2.41	ρ_5	-0.399***	-19.18
γ_{61}	-0.681***	-7.13	γ_{65}	-0.075	-0.9	ρ_6	-0.278***	-12.18

注：（1）QUAIDS 模型估计中，α_0的初始值取 8[①]。（2）*、** 和 *** 分别表示在 $p<10\%$、$p<5\%$ 和 $p<1\%$ 的水平上显著。（3）α_i代表常数项系数，β_i代表消费支出的系数，γ_{i1}、…、γ_{i8}分别表示食品烟酒、衣着、生活用品及服务、医疗保健、交通通信、文教娱乐、居住和其他商品服务价格项系数；λ_i代表消费支出的二次项系数；ρ_1和ρ_2分别表示地区和年份特征变量的系数；ρ_3、…、ρ_6分别表示低收入组（Z_1）、…、中高收入组（Z_4）虚拟变量的系数。

① 根据 Banks 等（1997）和 Poi（2012）的研究，α_0略低于样本数据中消费支出对数的最小值，本章样本数据中消费支出对数最小值为 8.88，因此本章以 8 作为α_0的初始值。

表6－1汇报了以全部收入分组城镇居民为样本的QUAIDS模型的参数估计结果。从中可以看出，大多数参数在1%水平上显著，说明各变量的系数大小及符号方向能够较好反映城镇居民家庭消费需求份额的变化。进一步地，表6－2汇报了QUAIDS模型的相关检验结果。检验1和检验2关于需求系统模型中是否应该包含消费支出二次项的检验，结果说明需求系统模型中应该包含消费支出的二次项，意味着采用QUAIDS模型比AIDS模型更为恰当。检验3至检验6是对收入等级虚拟变量进行显著性检验，以低收入户虚拟变量 Z_1 为例，如果 Z_1 不对城镇居民消费需求份额产生显著性影响，则 H_i 中所有对应 Z_1 的元素以及 Z_1 的系数向量应该联合等于0。根据检验3、检验4的结果，在1%的显著水平下拒绝收入等级虚拟变量相关系数全为0的假设，说明收入等级会显著影响城镇居民家庭消费需求结构。

表6－2　QUAIDS模型检验结果

检验序号	项目	χ^2	Prob > χ^2
1	商品消费支出二次项系数联合Wald检验	160.12	0.000
2	QUAIDS模型与AIDS模型LR检验	100.54	0.000
3	收入等级虚拟变量 Z_1 的系数 ρ_3 与 H_{Z1_i} 联合Wald检验	1358.57	0.000
4	收入等级虚拟变量 Z_2 的系数 ρ_4 与 H_{Z3_i} 联合Wald检验	695.02	0.000
5	收入等级虚拟变量 Z_3 的系数 ρ_5 与 H_{Z1_i} 联合Wald检验	389.73	0.000
6	收入等级虚拟变量 Z_4 的系数 ρ_6 与 H_{Z3_i} 联合Wald检验	158.46	0.000

注：检验1和检验2的 χ^2 为 χ^2（7），检验3至检验6的 χ^2 为 χ^2（8）。

（2）弹性分析

在QUAIDS模型参数估计结果的基础上，利用式6－7至式6－9能够计算出样本总体及观测值层面上的城镇居民家庭对八大类商品的支出弹性与价格弹性，具体结果如表6－3[①]所示。

对于全体城镇居民来说，居民在生活用品及服务、医疗保健、交通通信、文教娱乐和其他商品方面的支出弹性大于1，意味着随着消费支出的增长，城镇居民更倾向于在新增消费中提高在这些消费支出上的份

① 表6－3中，不同收入等级城镇居民的消费支出和价格弹性，是全样本下模型估计出的观测值层面的弹性结果在各收入等级子样本中的样本均值。

额。其中，又以在交通通信和其他商品及服务方面的支出最富有弹性，分别为1.474和1.403，意味着城镇居民会以支出增加额的1.474倍和1.403倍的幅度来提高在交通通信和其他商品及服务方面的支出。反之，城镇居民在食品、衣着和居住方面支出弹性小于1，分别为0.790、0.841、0.779，表明会在新增消费中降低这些消费支出的比重。通过比较可以看出，富有弹性的消费种类都属于居民的发展型消费支出，缺乏弹性的食品、衣着和居住都属于生存性消费支出，体现出随着支出水平的提高，我国城镇居民对于美好生活品质的追求增强，而对于维持生存的基本消费支出趋于稳定。

表6-3　不同收入等级城镇居民各类商品的消费支出弹性和价格弹性

指标	收入分组	食品烟酒	衣着	居住	生活用品和服务	医疗保健	交通通信	文教娱乐	其他用品和服务	均值
消费支出弹性	低收	0.828	0.775	0.921	1.216	1.292	1.457	1.114	1.408	1.126
	中低	0.801	0.841	0.878	1.225	1.264	1.453	1.099	1.428	1.124
	中等	0.770	0.883	0.930	1.212	1.227	1.400	1.060	1.405	1.111
	中高	0.720	0.905	0.969	1.193	1.193	1.370	1.041	1.391	1.098
	高收	0.618	0.945	0.995	1.202	1.177	1.362	1.031	1.386	1.090
	全国	0.790	0.841	0.779	1.262	1.314	1.474	1.136	1.403	1.125
马歇尔价格弹性	低收	5.167	-0.320	0.378	-4.634	-0.216	-2.398	0.873	0.531	-0.077
	中低	5.415	-0.402	0.451	-4.459	-0.160	-2.065	0.923	0.344	0.006
	中等	5.675	-0.428	0.549	-4.202	-0.170	-2.018	0.966	0.162	0.067
	中高	6.147	-0.431	0.608	-4.139	-0.161	-1.865	1.047	0.055	0.158
	高收	7.188	-0.461	0.687	-3.797	-0.209	-1.746	1.093	-0.126	0.329
	全国	5.626	-0.453	0.135	-4.184	-0.317	-2.021	0.823	0.076	-0.039
希克斯价格弹性	低收	5.465	-0.258	0.563	-4.568	-0.131	-2.255	1.007	0.531	0.044
	中低	5.691	-0.329	0.624	-4.389	-0.086	-1.889	1.049	0.344	0.127
	中等	5.931	-0.351	0.738	-4.128	-0.092	-1.846	1.083	0.162	0.187
	中高	6.374	-0.351	0.808	-4.065	-0.079	-1.679	1.157	0.055	0.278
	高收	7.362	-0.375	0.890	-3.713	-0.115	-1.542	1.202	-0.126	0.448
	全国	5.880	-0.381	0.288	-4.106	-0.226	-1.832	0.951	0.112	0.086

对于城镇居民整体而言，在衣着、生活用品及服务、医疗保健和交

通通信这些消费支出的价格弹性表现出负值，说明随着这些消费品价格的上涨，城镇居民会减小在对应消费品方面的支出，符合家庭生活消费价格弹性的一般特征。具体来说，以马歇尔价格弹性为例，生活用品及服务类和交通通信类商品的消费需求自价格弹性分别为 -4.184 和 -2.021，绝对值明显大于1，富有弹性。这表示城镇居民家庭对生活用品及服务类和交通通信类商品的价格变化较为敏感，当这两类商品价格上升时，会明显降低这两方面支出；反之，当这两类商品价格下跌时，居民在这两方面消费会显著提高。同时，衣着类和医疗保健类的消费自价格弹性的绝对值明显小于1，表现为缺乏弹性，说明城镇居民对这些消费品价格变化相对不敏感。此外，城镇居民在食品烟酒、居住、文教娱乐和其他用品及服务的价格弹性为正值，意味着当这些商品价格上涨，城镇居民会增加在这些商品上的支出，这一结果与赵昕东和汪勇（2013）研究中展示的居住类和 Li 等（2015）研究中展示的食品类消费自价格弹性表现一致，比如本章得到的食品烟酒的自价格弹性为5.626，接近 Li 等（2015）得到的7.218。此外，对于马歇尔自价格弹性为负的商品，其希克斯价格弹性的绝对值要小于马歇尔价格弹性，这与谭涛等（2014）的结果相一致。希克斯价格弹性也是补偿弹性，“补偿”表示当价格发生变化时，为了保证消费者消费量不发生改变而进行一定的收入补偿。经过补偿后的各类消费的自价格弹性绝对值变小，意味着补偿能够在一定程度上降低城镇居民对价格变化的敏感度。与之相反的是，对于原本马歇尔自价格弹性为正的商品，在得到收入补偿后，居民会增加这些商品的消费量，从而其希克斯弹性的绝对值相对更大。

进一步地，可以对不同收入水平城镇居民家庭对八大类消费的支出弹性和价格弹性进行分析。由表6-3结果可以看出，就支出弹性而言，虽然各类消费品支出弹性均值随着收入水平的提高而逐渐降低，但并不是所有消费的边际支出份额都必然呈现线性变化，说明基于3秩的需求系统的 QUAIDS 模型相比只能反映线性需求的 AIDS 模型或 ELES 模型更能体现出城镇居民不同收入等级变化对消费结构的影响。具体而言，食品、衣着和居住的支出弹性在不同收入水平城镇居民中都呈现缺乏弹性状态，说明随着我国经济水平的提高，城镇居民的基本的生存温饱需求已经得到满足，包括收入水平较低的城镇居民；同时，食品烟酒、衣着和居住的边际支出份额随着收入水平的提高分别呈现出单边降低、单边上涨和先减后增的态势。就发展型消费而言，在新增消费中增加这方面的支出比例是不同收入水平城镇居民的共同选择，同时中等及以下收入群体在新增消费中对这些商品的支出比例普遍高于中等以上收入群体，表现出更强的消费需求。

就价格弹性而言，不同收入水平的城镇居民对八大类消费的价格敏感程度同样存在差异。以马歇尔价格弹性为例，城镇居民家庭在食品烟酒、衣着、文教娱乐和居住类商品的价格弹性绝对值与收入水平呈现正相关，意味着收入水平越高的城镇居民对这些商品的价格变动更敏感。比如就食品烟酒类商品而言，当其价格上涨时，不同收入水平居民都会相应增加在这方面的花费，且收入水平更高的城镇居民会对应增加更多食品烟酒的消费量。其中的原因可能是：一方面，物流网络和冷链技术等经济科技因素的飞速发展使得越来越多的高品质食材进入百姓家厨房，不仅提高了居民的幸福感，且相对于昂贵的奢侈品，也能够被大多数城镇家庭所承担。因此，面临食品价格水平上涨，城镇居民不会降低其对品质的追求，反而增加相应支出。另一方面，外出就餐和高档烟酒在高收入群体的食品烟酒消费中占比高于低收入群体，以河南省为例，2016 年城镇高收入户的烟酒和饮食服务消费是低收入户的 3.41 倍，而前者的全部食品烟酒消费仅是后者的 2.52 倍，因此这类价格上涨的增加对高收入群体的影响更显著。对于生活用品及服务和交通通信类商品，收入水平与对这些商品价格的敏感程度呈反向关系，即低收入群体对这些商品的价格变化更敏感。此外，虽然都表现出缺乏弹性状态，城镇居民的收入水平与医疗保健类商品价格弹性之间呈现非线性关系，低收入和高收入群体对医疗保健类商品的价格敏感程度都要高于中等收入群体。

6.4.2 减税降费对城镇居民消费差距的影响分析

（1）减税降费对投入产出部门的价格效应分析

在“营改增”之后，减税降费成为市场化改革的重头戏。2018 年

《政府工作报告》提出“大力简政减税减费”，2019 年《政府工作报告》提出“实施更大规模的减税”，2020 年《政府工作报告》提出“加大减税降费力度”，2021 年《政府工作报告》提出“继续执行制度性减税政策，实施新的结构性减税举措”，2022 年《政府工作报告》提出“实施新的组合式税费支持政策”，2023 年《政府工作报告》提出“完善税费优惠政策”，减税降费连续六年被写入政府工作报告，彰显政府在此方面的决心。其中，增值税作为我国第一大税种，是实施减税降费的重点，其中调整增值税税率是减税的重要举措，先后发布了《关于简并增值税税率有关政策的通知》（财税〔2017〕37 号）、《关于调整增值税税率的通知》（财税〔2018〕32 号）以及《关于深化增值税改革有关政策的公告》（财政部、税务总局、海关总署公告 2019 年第 39 号）等多项文件。本章使用上述三份文件确定各投入产出部门适用的增值税法定税率，以 2017 年完成“营改增”及增值税税率简并后作为基准情景，分别探索 2018 年增值税税率调整情景（情景一）和 2019 年增值税税率调整情景（情景二）下的价格效应。

由于税收优惠及征管水平的原因，税收的实际征收率往往小于法定税率。考虑到这些因素，本章根据前文数据处理测算出的实际征收率与法定税率的比值作为衡量征管水平的能力参数，利用该参数乘以表 6 – 4 两种情景下的各投入产出部门的法定税率，从而得到税收政策调整后的实际征收的增值税税率。将上述得到的实际增值税征收税率代入式 6 – 10 即可得到两种税收政策调整后情景下投入产出部门的价格，从而计算出价格变化率。

表 6 – 4　　投入产出表各部门增值税法定税率　　单位：%

部门代码	部门	“营改增”后增值税简并	情景一：2018 年税率调整	情景二：2019 年税率调整
1	农林牧渔产品和服务	0	0	0
2	煤炭采选产品	17	16	13
3	石油和天然气开采产品	17	16	13
4	金属矿采选产品	13	10	10
5	非金属矿和其他矿采选产品	13	10	10

续表

部门代码	部门	“营改增”后增值税简并	情景一：2018年税率调整	情景二：2019年税率调整
6	食品加工	17	16	13
7	烟酒饮料制造	17	16	13
8	纺织品	17	16	13
9	纺织服装鞋帽皮革羽绒及其制品	17	16	13
10	木材加工品和家具	17	16	13
11	造纸印刷和文教体育用品	17	16	13
12	石油、炼焦产品和核燃料加工品	17	16	13
13	化学产品	17	16	13
14	非金属矿物制品	17	16	13
15	金属冶炼和压延加工品	17	16	13
16	金属制品	17	16	13
17	通用专用设备	17	16	13
18	仪器仪表和文化办公机械	17	16	13
19	交通运输设备	17	16	13
20	电气机械和器材	17	16	13
21	通信设备、计算机和其他电子设备	17	16	13
22	其他制造产品	17	16	13
23	废品废料	0	0	0
24	电力、热力的生产和供应	17	16	13
25	燃气生产和供应	13	10	9
26	水的生产和供应	13	10	9
27	建筑	11	10	9
28	批发和零售	17	16	13
29	交通运输、仓储和邮政	11	10	9
30	邮政业	11	10	9
31	住宿和餐饮	6	6	6
32	信息传输、软件和信息技术服务	11 或 6	10 或 6	9 或 6
33	金融	6	6	6
34	房地产	6	6	6
35	租赁和商务服务	6	6	6

续表

部门代码	部门	“营改增”后增值税简并	情景一：2018年税率调整	情景二：2019年税率调整
36	科学研究和技术服务	6	6	6
37	水利、环境和公共设施管理	6	6	6
38	居民服务、修理和其他服务	6	6	6
39	教育	6	6	6
40	卫生、社会工作和社会保障	6	6	6
41	文化、体育和娱乐	6	6	6
42	公共管理和社会组织	6	6	6

表 6-5　　不同情景下各投入产出部门的相对价格变化率　　单位：%

部门代码	部门	情景一：2018 年税率调整	情景二：2019 年税率调整
1	农林牧渔产品和服务	-0.13	-0.48
2	煤炭采选产品	-0.71	-2.83
3	石油和天然气开采产品	-0.44	-1.70
4	金属矿采选产品	-0.53	-1.50
5	非金属矿和其他矿采选产品	-0.45	-1.40
6	食品加工	-0.24	-0.91
7	烟酒饮料制造	-0.53	-2.08
8	纺织品	-0.39	-1.49
9	纺织服装鞋帽皮革羽绒及其制品	-0.47	-1.81
10	木材加工品和家具	-0.39	-1.55
11	造纸印刷和文教体育用品	-0.44	-1.67
12	石油、炼焦产品和核燃料加工品	-0.60	-2.34
13	化学产品	-0.49	-1.91
14	非金属矿物制品	-0.46	-1.76
15	金属冶炼和压延加工品	-0.44	-1.63
16	金属制品	-0.49	-1.83
17	通用专用设备	-0.56	-2.15
18	仪器仪表和文化办公机械	-0.51	-2.00

续表

部门代码	部门	情景一：2018 年税率调整	情景二：2019 年税率调整
19	交通运输设备	-0.58	-2.23
20	电气机械和器材	-0.53	-2.03
21	通信设备、计算机和其他电子设备	-0.50	-1.96
22	其他制造产品	-1.04	-4.10
23	废品废料	-0.03	-0.11
24	电力、热力的生产和供应	-0.62	-2.46
25	燃气生产和供应	-0.52	-1.61
26	水的生产和供应	-0.61	-1.62
27	建筑	-0.53	-1.62
28	批发和零售	-0.57	-2.27
29	交通运输、仓储和邮政	-0.37	-1.10
30	邮政业	-0.23	-0.77
31	住宿和餐饮	-0.20	-0.78
32	信息传输、软件和信息技术服务	-0.13	-0.48
33	金融	-0.08	-0.31
34	房地产	-0.04	-0.17
35	租赁和商务服务	-0.23	-0.86
36	科学研究和技术服务	-0.23	-0.86
37	水利、环境和公共设施管理	-0.21	-0.77
38	居民服务、修理和其他服务	-0.18	-0.72
39	教育	-0.10	-0.35
40	卫生、社会工作和社会保障	-0.27	-1.06
41	文化、体育和娱乐	-0.17	-0.64
42	公共管理和社会组织	-0.12	-0.45

注：在计算时，信息传输、软件和信息技术服务部门法定增值税率取 6%。

表 6-5 显示，相较于“营改增”后，2018 年以来实施的增值税减税使所有投入产出部门的价格都有不同程度的下降。对于制造业部门来说，“营改增”后完善了制造业部门在生产过程中的抵扣链条，允许其

对服务业部门的中间投入进行抵扣，降低了制造成本，2018年的税率下能够促进制造业部门的价格平均较“营改增”税率简并后下降0.48%。对于服务业[①]来说，各部门平均价格下降幅度为0.23%，低于制造业部门价格下降幅度，其中的原因可能是服务业部门的中间投入率相对较低（倪洪福等，2016），能够被抵扣的进项较少，因此税率降低虽然能够降低部门成本，但影响程度相对有限，从而对部门价格的影响也较小。进一步地，2019年增值税税率下调对于降低各投入产出部门的价格效果显著，相较于基准情景，42个部门价格降幅平均值达到1.44%，在2018年减税降幅的基础上增加1.05个百分点，其中制造业部门和服务业部门价格分别进一步下降1.38个和0.60个百分点。结合倪红福等（2016）的结果可以看出，2018年以后实施的增值税税率下调能够有效弥补“营改增”后可能由征收能力提升导致的服务业部门价格上涨，切实降低行业价格和企业成本。

（2）减税降费对居民各类消费的价格效应分析

在前文得到各投入产出部门税制改革前后产品价格变化的基础上，利用式6-12可以计算出税收政策调整对城镇居民八大类消费的价格效应。表6-6展示了在税收政策调整的两个情景下居民各类消费价格指数的变化。结果显示，减税降费政策实施后，如果城镇居民保持政策实施前各类商品的购买量，城镇居民各类消费的价格指数都得到不同程度的下降。从整体来说，2018年增值税税率调整能够促进八大类消费价格指数平均下降0.33%，2019年进一步减税所产生的价格下降效应较2018年显著提高，平均降幅相对于基准情景达1.25%。分消费品类别而言，增值税税率下调对生活用品及服务类商品价格指数影响最大，两种情景下较基准情景的降幅分别为0.48%和1.87%，其中的原因是城镇居民的生活用品及服务类消费中，用品类消费远高于服务类消费，涉及较多的是投入产出部门中的制造业部门，得益于制造业部门价格下降效应较大，因此此类消费品的价格指数降低也更明显。与之相反，如果各类消费支出中结构中服务类支出比重较大，则此类消费价格下降效应

① 根据国家统计局关于修订《三次产业划分规定（2012）》（国统设管函〔2018〕74号）的通知，这里服务业指代本章中部门代码为28—42的投入产出部门。

相对较低，如主要由房地产部门和教育及文化、体育和娱乐部门分别主导的居住类和文教娱乐类商品。值得注意的是，结合表6-5与表6-6，制造业中的通用专用设备部门和服务业中的卫生、社会工作和社会保障部门分别是在本轮减税降费下各产业中价格下降幅度较突出的部门，且都与居民消费中的医疗保健支出紧密相关，由此造成医疗保健消费价格指数下降1.23%，意味着本轮减税降费对降低城镇居民的医疗保健支出负担具有积极作用。

表6-6　不同情景下城镇居民八大类消费的价格指数及变化率

类别	情景一：价格指数	情景二：价格指数	情景一：价格指数变化	情景二：价格指数变化
食品	99.74	98.99	-0.26%	-1.01%
衣着	99.60	98.44	-0.40%	-1.56%
居住	99.82	99.35	-0.18%	-0.65%
生活用品和服务	99.52	98.13	-0.48%	-1.87%
医疗保健	99.69	98.77	-0.31%	-1.23%
交通通信	99.57	98.39	-0.43%	-1.61%
文教娱乐	99.81	99.28	-0.19%	-0.72%
其他商品和服务	99.64	98.60	-0.36%	-1.40%

（3）减税降费对城镇居民消费差距的影响分析

结合各类消费价格指数的变化及前文计算出的不同收入水平城镇居民的八大类消费的马歇尔需求价格弹性，本章在局部均衡的框架里估计城镇居民消费的改变，以此探究对居民实际消费差距的影响。表6-7汇报了不同情景下城镇居民整体及各类消费差距。在减税降费后，就城镇居民八大类消费基尼系数而言，食品烟酒、生活用品和服务、交通通信和其他商品和服务的消费基尼系数变化较为明显，其中前三类商品消费基尼系数有所降低，而其他商品和服务类消费基尼系数反而升高，比如在2019年增值税税率下调后，城镇居民消费变化后的实际食品烟酒、生活用品和服务和交通通信的消费基尼系数较原状况会分别下降0.0041、0.0046和0.0015，而其他商品和服务消费变化后的基尼系数较原本会增长0.0014。

表 6－7　　　　　不同情景下城镇居民整体及各类消费差距

情景	指标	消费支出	食品	衣着	居住	生活用品和服务	医疗保健	交通通信	文教娱乐	其他商品和服务
2017 消费差距	消费基尼系数	0. 2225	0. 1670	0. 2438	0. 2231	0. 2664	0. 2632	0. 2840	0. 2072	0. 3167
	中等/低收	1. 767	1. 619	1. 986	1. 722	1. 977	1. 708	2. 184	1. 629	2. 355
	高收/中等	1. 859	1. 519	1. 929	1. 881	2. 097	2. 216	2. 248	1. 831	2. 440
	高收/低收	3. 286	2. 459	3. 831	3. 239	4. 145	3. 785	4. 910	2. 982	5. 746
2018 税率下调	消费基尼系数	0. 2225	0. 1660	0. 2438	0. 2230	0. 2637	0. 2633	0. 2835	0. 2071	0. 3170
	中等/低收	1. 768	1. 617	1. 987	1. 722	1. 972	1. 707	2. 181	1. 628	2. 358
	高收/中等	1. 859	1. 513	1. 929	1. 880	2. 093	2. 217	2. 245	1. 831	2. 443
	高收/低收	3. 286	2. 446	3. 833	3. 237	4. 129	3. 785	4. 896	2. 981	5. 759
2019 税率下调	消费基尼系数	0. 2224	0. 1629	0. 2441	0. 2228	0. 2618	0. 2633	0. 2825	0. 2069	0. 3181
	中等/低收	1. 768	1. 610	1. 989	1. 720	1. 962	1. 707	2. 172	1. 627	2. 367
	高收/中等	1. 858	1. 494	1. 930	1. 879	2. 083	2. 218	2. 238	1. 829	2. 450
	高收/低收	3. 285	2. 406	3. 839	3. 233	4. 086	3. 785	4. 860	2. 977	5. 799

进一步地，本章通过分位数之比的变化来探索不同情景下的城镇不同收入水平居民的消费差距改变。从整体而言，增值税改革会缩小高收入户与低收入户之间以及高收入户与中等收入户之间的消费差距，但是会加剧中等收入户与低收入户之间的消费差距。该结果表明，增值税改革从“扩中”和“限高”的途径有效缓解了城镇居民消费差距，对促进消费公平具有积极影响，但对“提低”方面影响有限。就居民各类消费的分位数比值结果来说，基本与消费基尼系数的变化相一致。食品烟酒、生活用品和服务以及交通通信的消费三项分位数之比下降较为明显；以食品烟酒消费为例，由 2019 年增值税税率下调产生的食品烟酒类消费价格下降能够使中等收入与低收入之间、高收入与中等收入之间以及高收入与低收入之间的食品烟酒消费之比分别降低 0. 54%、1. 61% 和 2. 14%，其中高收入与低收入群体之间的消费差距改善最为显著，也是促进该项消费基尼系数的主要原因，类似的情形同样发生在生活用品和服务和交通通信的消费差距上。城镇居民在居住和文教娱乐

上的三项消费分位数之比同样表现出下降态势，但幅度相对较小。对于衣着消费而言，在增值税改革中，三项分位数指标都有所提高，与该项支出消费基尼系数的增加相对应，其中的主要原因在于高收入群体对衣着类商品的价格变化更为敏感，此类价格下降使得高收入群体会在高品质衣着上产生更多消费，从而导致衣着消费差距的增大。此外，得益于减税降费政策，医疗保健类商品消费价格的下降能够促进城镇居民在此类商品方面的支出，尽管由于城镇中等收入群体对此类商品价格变化敏感程度低于低收入和高收入群体，使得中等收入与高收入群体之间此项消费之比轻微上涨，但低收入与中等收入群体之间和高收入群体与低收入群体之间的医疗保健消费之比得到缩小，城镇居民整体医疗保健消费基尼系数基本保持不变。

6.5 本章小结

本章通过研究不同收入水平城镇居民在面对由减税降费引起的八大类消费品价格效应红利时消费行为的变化，来分析税收政策调整对城镇居民消费差距的影响。研究发现，第一，城镇居民所有消费品的支出弹性均值随着收入水平的提高而逐渐降低，表明低收入群体具有更强烈的消费意愿，但具体到各类消费品，其边际支出份额并不必然随着收入水平的上升呈现线性变化，表现出消费种类之间的异质性；不同收入水平城镇居民家庭的消费行为也显著不同，尽管城镇居民都愿意在新增支出中提高发展性消费占比，但低收入群体在程度上相对较高，此外高收入群体相对更愿意为高档服饰和高品质居住环境买单。第二，当前减税降费能够切实有效地降低所有行业的价格水平，对降低企业成本具有积极影响；同时，得益于投入产出部门价格的下降，居民八大类消费价格指数会随之下降，其中生活用品和服务类消费价格指数下降最为明显，居住类消费价格下降幅度最小，此外医疗保健消费价格的下降能够降低城镇居民医疗支出负担。第三，受益于增值税税率下调带来的消费价格下降，城镇居民整体消费差距得到轻微改善，低收入群体与高收入群体之间消费之比的下降是其中的主要原因，但是中低收入者之间消费差异的加大，意味着距离完全达到“提低”“扩中”和“限高”的收入分配制度尚存差距。

6.6　本章附录

6.6.1　投入产出部门实际税收收入的确定

通过把《中国税务年鉴（2018）》中全国税收收入分税种分行业情况统计表和《中国投入产出表（2017）》中149部门重新拆分与合并后的42部门投入产出表进行匹配[①]，有如下对应关系：

（1）增值税的对应情况

第一，与税收行业一对一对应关系的投入产出部门有23个：12个传统征收增值税的行业，包括煤炭采选产品、石油和天然开采产品、纺织品、石油、炼焦产品和核燃料加工品、非金属矿物制品、金属制品、电气机械和器材、通信设备、计算机和其他电子设备、电力、热力的生产和供应、燃气生产和供应、水的生产和供应、批发和零售；11个“营改增”行业，包括建筑业、住宿和餐饮、信息传输、软件和信息技术服务、金融、房地产、租赁和商务服务、科学研究和技术服务、居民服务、修理和其他服务、教育。

第二，金属矿采选产品税收来自黑色金属矿采选业和有色金属矿采选业两个小类。

第三，非金属矿采选产品税收来自非金属矿采选业和其他采矿业两个小类。

第四，食品加工业税收来自农副食品加工业和食品制造业量两个

① 数据处理中的具体细节可向作者索取。

小类。

第五，烟酒饮料制造税收来自酒、饮料、精制茶制造业和烟草制品业两个小类。

第六，纺织服装鞋帽皮革羽绒及其制品税收来自纺织服装、服饰业和皮革、毛皮、羽毛及其制品和制鞋业两个小类。

第七，木材加工和家具税收来自木材加工和木竹藤棕草制品业和家具制造业两个小类。

第八，造纸印刷和文教体育用品税收来自造纸和纸制品业、印刷和记录媒介复制业和文教、工美、体育和娱乐用品制造业三个小类。

第九，化学产品税收来自化学原料和化学制品制造业、医药制造业、化学纤维制造业和橡胶和塑料制品业四个小类。

第十，金属矿物制品税收来自黑色金属冶炼和压延加工业、有色金属冶炼和压延加工业两个小类。

第十一，交通运输设备行业税收来自汽车制造业和铁路、船舶、航空航天和其他运输设备制造业两个小类。

第十二，通用专用设备税收来自通用设备制造业中除去文化办公机械行业的税收部分以及专用设备制造业的全部税收收入。

第十三，仪器仪表和文化办公机械税收来自仪器仪表行业以及通用设备中文化办公机械行业的税收收入。

第十四，其他制造业部门来自其他制造业中除去废品废料行业的税收收入。

第十五，交通运输及仓储税收收入对应交通运输、仓储及邮政行业下交通运输和仓储两个小类。

第十六，邮政业的税收收入对应交通运输、仓储及邮政行业下邮政业。

第十七，卫生、社会保障和社会工作的税收来自卫生和社会工业与公共管理、社会保障和社会组织中的社会保障业。

第十八，公共管理和社会组织的税收收入来自公共管理、社会保障和社会组织业中剔除社会保障的部分。

第十九，水利、环境和公共设施管理税收对应第三产业中其他行业的税收收入。

(2) 消费税的对应情况

第一，烟酒饮料制造业税收来自酒、饮料和精制茶制造业、烟草制造业、批发业中的烟草制品批发以及零售业中的烟草零售的税收。

第二，木材加工品和家具部门的税收来自木材加工和木竹藤棕草制品业、家具制造业以及批发零售业里的家具部分。

第三，造纸印刷和文教体育用品部门的税收主要来自文教、工美、体育和娱乐用品制造业以及批发零售业中文化体育用品及器材部分的收入，涉及消费税目高尔夫球及球具、珠宝首饰。

第四，石油、炼焦产品和核燃料加工品的税收来自石油加工、炼焦和核燃料加工业、批发业中的石油及其制品批发。

第五，化学产品部门税收来自化学原料和化学制品制造业、橡胶以及塑料制品业以及批发零售业中的化学产品部分的税收，涉及消费税税目中化妆品、汽车轮胎和焰火鞭炮产品。

第六，交通运输设备部门的税收来自交通运输设备以及批发和零售业中汽车、摩托车及零配件的税收。

第七，仪器仪表和文化办公机械的税收来自仪器仪表和手表的税收收入。

对应后的各投入产出部门2012年税收收入见附表6-1。

附表6-1　　2017年投入产出各部门税收收入

部门代码	部门	增值税（万元）	消费税（万元）
1	农林牧渔产品和服务	0	0
2	煤炭采选产品	16004574	0
3	石油和天然气开采产品	4964912	0
4	金属矿采选产品	2725842	0
5	非金属矿和其他矿采选产品	1468028	0
6	食品加工	6978652	0
7	烟酒饮料制造	13952196	56308034
8	纺织品	4947739	0
9	纺织服装鞋帽皮革羽绒及其制品	7431662	0

续表

部门代码	部门	增值税（万元）	消费税（万元）
10	木材加工品和家具	3149813	21817
11	造纸印刷和文教体育用品	6506684	617153
12	石油、炼焦产品和核燃料加工品	13989656	36029215
13	化学产品	29759750	416019
14	非金属矿物制品	10712610	0
15	金属冶炼和压延加工品	14390728	0
16	金属制品	8718538	0
17	通用专用设备	21598107	0
18	仪器仪表和文化办公机械	2203599	299
19	交通运输设备	23289520	10189288
20	电气机械和器材	13057009	373763
21	通信设备、计算机和其他电子设备	14510742	0
22	其他制造业	6236545	0
23	废品废料	0	0
24	电力、热力的生产和供应	20212276	0
25	燃气生产和供应	908797	0
26	水的生产和供应	907900	0
27	建筑	47082306	0
28	批发和零售	87349960	0
29	交通运输及仓储	12763243	0
30	邮政业	369626	0
31	住宿和餐饮	2559764	0
32	信息传输、软件和信息技术服务	10101217	0
33	金融	45391075	0
34	房地产	61562091	0
35	租赁和商务服务	23204255	0
36	科学研究和技术服务	9804693	0
37	水利、环境和公共设施管理	731228	0
38	居民服务、修理和其他服务	5794914	0
39	教育	713779	0
40	卫生、社会保障和社会工作	133491	0

续表

部门代码	部门	增值税（万元）	消费税（万元）
41	文化、体育和娱乐	1766643	0
42	公共管理和社会组织	1873758	0
总计		559827926	103955589

6.6.2　投入产出部门消费税法定税率的确定

附表 6－2 中还给出了各投入产出部门消费税的法定税率，具体设定如下：

第一，烟酒饮料制造业涉及的消费税目包含有：烟，根据子税目不同有 25%、30% 和 45% 三档，根据杨虹（2011）的方法，卷烟类适用 35% 比例税，忽略定额税率。酒类比例税根据子税目有 5%、10% 和 20% 三档，根据杨虹（2011）方法，取 10% 并忽略定额税率。结合本章，我们将烟酒饮料制造业的行业税率设定为 30%。

第二，木材加工品和家具包含消费税应税项目：木制一次性筷子（5%）和实木地板（5%），本章对该部门设定消费税法定税率为 5%。

第三，造纸印刷和文教体育用品业涉及的消费税目包括：贵重首饰及珠宝玉石，适用 5% 和 10% 两档税率；高尔夫球及球具，适用 10% 税率。本章对造纸印刷和文教体育用品业取 10% 消费税税率。

第四，石油、炼焦产品和核燃料加工品主要包含消费税应税项目成品油，采用的是定额税率。本章参考刘成龙（2014）中对汽车用燃料采用 8% 的消费税，对石油、炼焦产品和核燃料加工品适用 8% 税率。

第五，化学产品制造业包含的消费税应税项目有：汽车轮胎（3%）、鞭炮和焰火（15%）和化妆品（30%）。参考杨虹（2011）、刘成龙和王周飞（2014）的设定，本章对化学产品制造业的消费税取 20%。

第六，仪器仪表和文化办公机械业主要包含应税项目高档手表，适用 20% 的法定税率。

第七，交通运输设备制造业涉及的消费税应税项目包括：小汽车，根据汽车排放量大小有 1% 至 40% 七档；游艇，适用 10% 法定税率。参考陈建东（2014）的设定方法，交通运输设备制造业采取5%的法定消费税税率。

附表6-2　　投入产出表各部门法定税率

部门代码	部门	消费税（%）	部门代码	部门	消费税（%）
1	农林牧渔产品和服务	0	22	其他制造产品	0
2	煤炭采选产品	0	23	废品废料	0
3	石油和天然气开采产品	0	24	电力、热力的生产和供应	0
4	金属矿采选产品	0	25	燃气生产和供应	0
5	非金属矿和其他矿采选产品	0	26	水的生产和供应	0
6	食品加工	0	27	建筑	0
7	烟酒饮料制造	30	28	批发和零售	0
8	纺织品	0	29	交通运输、仓储和邮政	0
9	纺织服装鞋帽皮革羽绒及其制品	0	30	邮政业	0
10	木材加工品和家具	5	31	住宿和餐饮	0
11	造纸印刷和文教体育用品	5	32	信息传输、软件和信息技术服务	0
12	石油、炼焦产品和核燃料加工品	8	33	金融	0
13	化学产品	20	34	房地产	0
14	非金属矿物制品	0	35	租赁和商务服务	0
15	金属冶炼和压延加工品	0	36	科学研究和技术服务	0
16	金属制品	0	37	水利、环境和公共设施管理	0
17	通用专用设备	0	38	居民服务、修理和其他服务	0
18	仪器仪表和文化办公机械	20	39	教育	0
19	交通运输设备	5	40	卫生、社会工作和社会保障	0
20	电气机械和器材	0	41	文化、体育和娱乐	0
21	通信设备、计算机和其他电子设备	0	42	公共管理和社会组织	0

第 7 章

研究结论与政策建议*

7.1 研究结论

缩小居民消费差距是扎实推动共同富裕的内在要求。本书首先通过对我国居民消费差距进行测度和分析，系统性刻画了当前居民消费不平等的全貌，接着分别从主要矛盾城乡居民消费差距和次要矛盾城镇居民消费差距入手，分析了我国税制主要税种和主要减税降费政策对居民消费差距的调节作用。本章将对上述研究的主要结论进行梳理，并提出相应的政策建议。本章的结论如下：

第一，城镇居民内部消费差距、农村内部消费差距、城乡居民消费差距以及全体居民消费差距在研究期间内基本呈现下降趋势，总体居民消费差距降低到警戒线（0.3546）以下，其中城乡居民消费差距和农

* 本章部分观点与内容见：马海涛，王斐然．关于“十四五”时期我国税制结构的思考［J］．财经问题研究，2021，456（11）：88—98.

村居民内部消费差距分别位列下降幅度的前两位。但值得注意的是，城镇居民内部消费差距在2014—2016年表现出上升迹象，反映出随着城镇化的推进，城镇居民群体增加的同时出现财富与消费的分化现象。对全体居民消费差距的群体分解结果显示，虽然城乡居民消费差距在全体居民消费差距中仍占据主导地位，但其贡献率不断下降，而城镇居民内部消费差距对全体居民消费差距的贡献率不断上升，未来很可能超过城乡居民差距，成为构成全体居民消费差距的主要来源，该情形已经出现在北京市和上海市等高度城镇化的地区。对全体居民消费差距的要素分解结果显示，城镇居民和农村居民在不同类别支出的消费差距上表现出异质性，农村居民在食品、衣着和居住等生存性支出方面的消费差距从数值和对总体消费差距的贡献率都要大于城镇居民。此外，无论是对总体还是城镇和农村，虽然消费结构升级带来的结构效应对消费公平表现出负效应，但各项消费的伪基尼系数减小带来的集中效应是最终居民消费差异得以改善的主要途径。总的来说，虽然城镇居民和农村居民消费水平的提高及城镇化进程的推进成就了我国居民消费差距得到改善的良好局面，但两极分化仍是政府应该警惕的关键。

第二，虽然城乡居民消费差距在全体居民消费差距中的贡献率在不断降低，但就目前而言，城乡居民消费差距仍旧是造成我国居民消费不均衡的主要矛盾。

从变化趋势看，城乡居民消费差距呈现倒U型状态，会随着城镇化进程的推进先上升后下降。从分解结果看，虽然城乡消费之比的降低是促使城乡居民消费基尼系数下降的重要因素，但是城镇化进程的推进才是近年来改善城乡居民消费差距局面的主要原因。上述结果与Ma等（2017）对城乡居民收入差距的变化趋势的研究结论具有高度一致性。此外，通过构建和分解城乡居民消费差距综合指标，本书发现城乡居民在工资性收入和财产性收入的差距虽然仍会加大城乡居民消费差距，可这种负向作用在逐步减弱；农村居民在经营性收入方面的优势是拉近其与城镇居民消费水平的重要原因，但这种优势正在逐渐缩小；而转移性收入差距对综合消费差距的调节方向则由负转正。

第三，我国税制整体有助于改善城乡居民消费差距。个人所得税、企业所得税、增值税和消费税对我国城乡居民消费差距都起着正向调节作用，且前两者的正向调节作用显著高于后两者。其中，企业所得税对城乡居民消费差距的调节作用经历了由负向正的转变，主要因素在于资本性收入在城乡居民收入结构中占比的提升。此外，本书与陈建东等（2015）发现增值税、营业税和消费税等间接税对城乡居民收入差距起到负面调节作用的结果不一致的可能原因在于城乡居民的消费倾向差异，随着收入水平的提高，城镇居民的可支配收入用于消费的比重在减小，而间接税主要通过影响居民在消费中实际购买力来影响收入分配，因此当消费在城镇居民收入中比重降低时，就会影响其对城乡居民之间收入差距的调节方向。分税种来看，在“营改增”以前，营业税不利于促进城乡居民的消费公平，而“营改增”的施行在稳定增值税原有的均衡效应的同时有效避免了营业税的分化效应，同时消费税对城乡居民消费差距的正向调节作用逐渐增强。从城乡居民在各类支出的消费差距来看，以增值税和消费税为代表的间接税不利于促进城乡居民在文教娱乐类和医疗保健类方面的消费公平，全面“营改增”的实施能够略微缓解这种负面效应，但不能完全扭转。对于实现“教育强国”和“健康中国”战略意图，未来我国的间接税制度还需进一步改革优化。

第四，城镇居民内部消费差距数值的提高以及其对整体居民消费差异贡献率的上升意味着其在未来可能成为阻碍消费公平的主要因素。本书通过研究不同收入水平城镇居民家庭的消费需求弹性和减税降费带来的价格效应，综合分析减税降费对城镇居民消费差距的影响。研究发现，城镇居民家庭各类消费的边际支出份额并不必然与收入水平之间呈现线性关系，且消费行为在不同收入水平之间存在异质性；增值税税率下调能有效降低投入产出部门的成本和价格，促进城镇居民各类消费价格指数下降，其中卫生、社会工作和社会保障部门的价格下降效应在服务业中表现较为突出，推动医疗保健消费价格的降低，减少城镇居民相应的支出负担；减税降费从整体上能够有效改善城镇居民消费差距，但仍须密切关注中等收入户与低收入户之间的消费差距。鉴于此，相关政策可以从提高公共服务均等化、落实减税降费效果和完善消费税制度着手，进一步缓解消费差距问题。

7.2 政策建议

为更好地促使居民共享改革开放发展成果，扎实推动共同富裕，本书以党的二十大精神为根本遵循，按照“构建初次分配、再分配、第三次分配协调配套的制度体系”的要求，结合本书研究结论提出如下政策建议：

（1）完善个人所得税制度

从前文的研究中可以发现，以个人所得税对缩小居民消费差距的作用要显著强于其他税种，能够有效促进消费公平。然而随着居民收入水平的提高，现行个人所得税制已经不能很好履行这一职能，因此个人所得税制的改革迫在眉睫。

一是加快推进综合与分类相结合的个人所得税改革，扩大综合征收范围，争取纳入更多所得尤其是非劳动所得。当前尚未纳入个人所得税综合征收范围的包括经营所得、利息股息和红利所得、财产租赁所得、财产转让所得和偶然所得，鉴于非农经营收入和财产性收入成为推动总体收入差距的重要因素（罗楚亮等，2021），可考虑将经营所得、财产租赁所得和财产转让所得纳入综合征收范围。一方面，经营所得中有相当的部分应归属于劳动所得，然而适用的税率级次却与劳动所得不同，且最高边际税率低10个百分点，容易诱使高收入群体通过注册个人独资企业、合伙企业和个体工商户形式进行避税。从现实状况来看，此种情况已经较为普遍，比如艺人通过成立个人工作室的名义对外签署协议及收取报酬，造成大量税收流失，社会影响较为恶劣。另一方面，财产性收入在我国居民收入来源中占比不断提升，2015—2019年增幅达7.61%，对于高收入群体可能更是如此，这无疑对促进消费公平产生负面调节作用，而完善的资本利得税制度的缺失导致这种负面作用很难被有效抵消。因此，应及早开启对股票和基金单位转让等资本利得征税的论证与设计。

二是优化捐赠税前扣除制度，积极发挥公益慈善对改善贫富差距的三次分配作用。我国当前实施的捐赠税前扣除，除了对中国红十字事业、农村义务教育事业、中国残疾人事业等11个项目进行捐赠可以进行全额扣除以外，一般性公益捐赠税前扣除为应纳税所得额30%，且超出部分不能够跨年结转，相较于美国、荷兰、新加坡等国家个人捐赠的扣除比例较低（樊丽明和郭健，2008）。建议适当提高一般性公益捐赠的税前扣除比例，或参照企业慈善捐赠扣除政策，允许个人捐赠扣除超限额部分进行跨年度结转，从而鼓励高收入群体进行慈善捐赠。

（2）健全财产税体系

一是积极稳妥推进房地产税改革，发挥其收入分配作用，促进社会公平。从我国居民消费差距现状可以看出，居住类支出的消费差距在居民各类支出消费差距中排序较高，对整体消费不平等的贡献较大；同时，中等收入群体和低收入群体的居住类消费平均支出弹性也要小于高收入群体，消费意愿相对较弱。造成这一结果的一项重要因素便是当前房价较高且存在泡沫现象，导致房地产市场呈现割裂现象，低收入群体甚至中等收入群体或买不起或不敢买房，高收入群体热衷炒房，引发社会财富分配失衡。因此，需要稳妥推进房地产税改革，适当扩大试点，同时需秉持系统性思维，做好相关配套政策；如需考虑到与其他税种的相互关系，通过将房产税、城镇土地使用税与房地产税合并避免重复征税，严厉打击投机炒房行为；多措并举，稳定居民对于房地产信心，促进消费。

二是适时开启对遗产税与赠与税的论证与设计。遗产税作为针对财产代际转移征收的一种税收，是减弱不平等的代际传递的有效手段。杨沫和王岩（2020）研究表明，我国近年来代际收入流动性有所提高，代际收入不平等呈现下降趋势，但相较于中等收入群体，高收入群体与低收入群体的代际收入流动性较差。作为一种对富人群体财产代际转移调节作用更明显的税收政策，遗产税可以“对症下药”，能够很好地实现促进社会公平的政策目标。国际经验显示开征遗产税和赠与税是促进慈善捐赠事业的有效手段（李贞等，2021），能够与个人所得税的捐赠优惠政策形成政策合力，更好地激发高收入群体的捐赠热情，发挥慈善事业第三次分配的作用。因此，遗产税一方面可以减少既得利益者的资源优势从而削弱不平等的代际传递，另一方面为政府开辟新的收入再分配途径，从而对改善居民消费不平等产生积极影响。

（3）继续优化增值税税率

一是推动增值税税率三档向两档简并，优化增值税税率设置。一方面，经历过简并及多次调整，我国目前增值税税率为三档。但是，从国际发展趋势来看，目前我国增值税税率档次仍偏多。在全球开征增值税的188个国家和地区中，实施一、二、三和四档及以上的国家和地区比重分别为47.34%、28.19%、18.61%和5.85%。因此，现行的三档税率在未来有必要进一步优化，而三档并两档则有利于发挥增值税的“税收中性”的特征。

二是优化税率设置。出于扶持服务业发展的考虑，当前我国服务业基本实行6%增值税税率，而对粮食农产品、自来水、天然气等生活必需商品实行9%增值税税率，不利于促进消费公平。下一步可以对服务业采用差异化税率，其中非基础生活性服务业与非生活必需品货物一样适用标准税率，而对与居民生活必需的货物和劳务采用低税率甚至零税率，以改善增值税税制的累退性，促进消费公平。

（4）推进消费税改革

一是优化当前消费税税目的税率设定。首先，出于对促进消费升级的考虑，可以适当降低逐渐成为居民生活必需品的高档商品的税率，并提高对高档商品的认定门槛，比如高档手表、高档化妆品等。其次，强化对收入分配的调节作用，对已经明显出现奢侈品属性的商品，适当提高税率或制定差异化税率。以白酒来说，我国白酒消费已经表现出较为明显的轻奢消费趋势，甚至出现“炒酒”的投机行为，高档白酒已经远远脱离生活必需品的内涵。同时，伴随白酒市场价格的持续上涨，出厂价格和市场价格的巨大差异使得白酒具有明显的增税潜力。2017年我国酒制造业的消费税收入占GDP的比值仅为0.04%，较2013年不升反降20%，体现了酒制造业对税收的边际贡献不足。另外，我国奢侈品科目税率在5%—20%，而同样处于发展中国家的印度对奢侈品的税率为28%。根据要客研究院发布的《2022中国奢侈品报告》，2022年中国消费者奢侈品牌市场销售额为 9560 亿元，虽然出现略微下滑，但在全球奢侈品市场占比仍高达 38%；其中中国境内奢侈品销售额为 5475 亿元。可见我国奢侈品消费税征收潜力巨大。

二是扩大对高档商品征税的覆盖范围，如私人飞机、私人帆船、高档服饰等，并且可考虑从商品扩大到服务领域，将高档服务纳入征收范围。黄国龙和汪松玲（2011）认为奢侈品消费税税基过窄是制约消费税发挥其收入分配调节作用的重要因素。我国现行的消费税税目主要针对部分高档商品，并没有包括高档服务消费。在“营改增”后，原文化娱乐业适用的 5% 至 20% 的营业税税率统一改为适用 6% 增值税，居民在文教娱乐类消费的税负应该明显降低。但由于高收入群体和低收入群体在文教娱乐类支出的消费结构不同，文化娱乐服务是高收入群体的文教娱乐消费的主要构成，教育支出是低收入群体的文教娱乐消费主要构成，使得高收入群体成为娱乐业税率降低的主要受益者，不利于消费公平。因此，对主要面向高收入群体的高档服务业征收消费税，不仅可以保证中低收入群体继续享受“营改增”带来的一般娱乐服务税率降低的红利，又能调节高收入群体对具有炫耀色彩的高档娱乐服务消费，从而促进消费均衡。同时，相对于流动性较强的高档商品，高档服务的体验往往需要依附于固定的空间，不易产生消费外流。此外，从社会意义上来说，对奢侈品与高档服务征收消费税有利于缓解由于“炫富”现象对低收入群体的神经刺激以及继而产生的仇富心理，缓和社会矛盾。正如制度经济学派创始人凡勃伦（Veblen）在《有闲阶级论》提到，富裕的上层阶级往往通过超出实用和生存所必需的浪费性、奢侈型和铺张浪费以显示自己的金钱财力和社会地位，因此政府应该通过对炫耀性消费征税，以对那些见到别人炫耀性消费而减少满足的人进行补偿，从而提高整体生活幸福感。

（5）加大对民生保障领域的投入力度

一是增加教育投入，优化教育的资源配置。教育公平是实现社会公平的基石，也是社会公平的起点。本书研究发现，居民文教娱乐支出弹性随着收入降低而提高，印证了“再穷不能穷教育”这句名言，越是收入水平低的群体，越希望通过教育投入来提高所在社会阶级。但是，自身经济预算约束又限制了其对子女的教育投入，降低了子女在义务教育阶段可获得的人力资本存量，从而减少子女高等教育参与率，进而造成收入差异和阶级固化（杨娟等，2015）。可见，教育是造成消费区隔的重要因素（刘尚希，2013），这就要求政府通过行政手段来促进教育公平。首先，加强对农村地区、偏远地区、欠发达地区的教育投入支持力度，确保这些地区义务教育基本保障，以此改善教育机会不平等；其次，通过促进优秀师资流动、均衡师资分配、统一城乡工资标准和职称评定倾斜的措施来提高乡村和贫困地区师资队伍质量，利用数字信息化的途径扩大优质教育资源覆盖面，同时提高教育硬件设施和校园餐饮营养水平，三者结合以促进教育条件和质量公平；最后，深化考试招生制度改革，健全选才机制，完善监督机制，克服人为因素造成的教育不平等，强化教育规则公平。

二是完善民生保障体系，努力推进公共服务的均等化。关注医疗、养老、住房保障等社会保障体系重点领域对低收入群体的覆盖率，在缓解低收入者的收入压力和提高其购买力的同时，使之形成乐观的消费预期，降低其预防性储蓄需求，更好释放其消费潜力。此外，雷根强和蔡翔（2012）的研究显示，完善的民生保障体系是居民进行人力资本积累的基础。因此，这些民生财政的投入能够改善居民人力资本积累状况，减少由于人力资本缺陷而丧失的提高收入水平的机会。

三是加大对农村偏远地区转移支付的支持力度，完善转移支付制度。一方面，应加大财政区域转移支付力度，支援农村偏远地区的乡村建设，缩小区域差距。同时，为巩固脱贫攻坚成果，确保向乡村振兴的顺利过渡，需加强对重点领域的转移支付绩效评价，避免地方政府发生政策偏离。另一方面，优化转移支付的分配方式。鉴于价格水平对居民消费差距具有重要影响，可考虑在目前转移支付分配公式的支出成本系数的计算中，添加地区间价格水平差异的因素，确保转移支付水平与居民生活成本相挂钩，更好实现转移支付促进区域均衡发展的目标。

（6）全面落实以人为核心的新型城镇化战略

一是积极发挥城镇化战略对农业农村发展的引领带动作用。当前城乡居民消费差距仍是造成我国居民消费不平等的主要原因，因此为实现城乡共同富裕，必须协调推进新型城镇化。一方面，完善城乡统一的劳动力市场建设，破除阻碍城乡居民流动的难点堵点，确保城市能够充分吸纳农村剩余劳动力，为农民工创造更多更好的“走出去”机会，提高其收入水平。另一方面，完善激励机制，为农村“引进来”更多人才和技术，为促进农业农村发展提供人才支撑和技术支撑。此外，通过财政资金撬动社会资金入乡，支持农业农村发展，同时建立健全监管机制，防止资本无序扩张，损害农民利益。

二是确保新进城镇人口的市民化进程有序推进。为防止出现部分南美国家在城镇化过程中将农村贫困人口直接转化为城镇贫困人口，把城乡居民消费差距内部转化为城镇居民消费差距，陷入“中等收入陷阱”的现象，在规划城镇发展战略中，应充分考虑到城镇人口增加对城镇公共产品和公共服务需求的急剧上升以及对社会保障制度的冲击，因此应尽力完善城镇公共基础设施建设以及公共产品与公共服务的供给能力建设。只有这样才能更好地帮助农村居民融入城市，释放城镇化人口消费潜力，促进消费公平。

参考文献

［1］陈晨，刘强，姜玉英．英国价格指数体系的编制与借鉴［J］．统计与决策，2017（04）：11—17.

［2］陈建东．收入分布函数和基尼系数分解的研究及在中国的应用［M］．北京：经济科学出版社，2016.

［3］陈建东，孙克雅，马骁，冯瑛，成树磊．直接税和间接税对城乡居民收入差距的影响分析［J］．税务研究，2015（07）：43—53.

［4］陈志刚，吕冰洋．中国城镇居民收入和消费不平等的构成及其关系［J］．经济理论与经济管理，2016（12）：32—45.

［5］陈宗胜，周云波．再论改革与发展中的收入分配［M］．北京：经济科学出版社，2002.

［6］程名望，张家平．新时代背景下互联网发展与城乡居民消费差距［J］．数量经济技术经济研究，2019，36（07）：22—41.

［7］范晶，高艳云．中国家庭消费不平等：程度测度、形成机制及政策启示［J］．消费经济，2023，39（01）：58—70.

［8］方福前，张艳丽．城乡居民不同收入的边际消费倾向及变动趋势分析［J］．财贸经济，2011（04）：22—30+136.

［9］方福前，张艳丽．中国农业全要素生产率的变化及其影响因素分析——基于1991—2008年Malmquist指数方法［J］．经济理论与经济管理，2010（09）：5—12.

［10］高帆．中国城乡消费差距的拐点判定及其增长效应［J］．统计研究，2014，31（12）：41—46.

［11］高锡文．共同富裕背景下收入分配的实践路径［J］．人民论

坛，2022（24）：101—103.

［12］郭佩霞，梁倩．三次分配中的税收公平取向、约束条件与提升路径［J］．税务研究，2015（07）：66—70.

［13］韩昕儒，陈永福．基于收入分层 QUAIDS 模型对农民工家庭内食物消费影响因素的实证分析［J］．农村经济，2016（03）：61—66.

［14］洪兴建．基尼系数理论研究［M］．北京：经济科学出版社，2008.

［15］胡发刚．中国农村居民食品消费行为与消费结构分析——基于二阶段需求系统模型与二次几乎完美需求系统模型［J］．财经科学，2016（02）：93—102.

［16］胡日东，钱明辉，郑永冰．中国城乡收入差距对城乡居民消费结构的影响——基于 LA/AIDS 拓展模型的实证分析［J］．财经研究，2014，40（05）：75—87.

［17］胡志军，刘宗明，龚志民．中国总体收入基尼系数的估计：1985—2008［J］．经济学（季刊），2011，10（04）：1423—1436.

［18］黄国龙，汪松玲．对我国完善奢侈品消费税的思考［J］．税务研究，2011（11）：52—54.

［19］黄嘉文．收入不平等对中国居民幸福感的影响及其机制研究［J］．社会，2016，36（02）：123—145.

［20］纪江明．从再分配制度安排剖析我国居民消费差距扩大的原因［J］．经济体制改革，2011（02）：5—10.

［21］贾康，程瑜，于长革．优化收入分配的认知框架、思路、原则与建议［J］．财贸经济，2018，39（02）：5—20.

［22］江小涓，李辉．我国地区之间实际收入差距小于名义收入差距——加入地区间价格差异后的一项研究［J］．经济研究，2005（09）：11—18＋65.

［23］揭昌亮，石峰．国内外消费不平等问题研究趋势与展望［J］．江西社会科学，2015，35（12）：179—183.

［24］雷根强，蔡翔．初次分配扭曲、财政支出城市偏向与城乡收

入差距——来自中国省级面板数据的经验证据［J］．数量经济技术经济研究，2012，29（03）：76—89.

［25］李冬妍．加强政府与非营利组织合作伙伴关系的财税政策探析［J］．财贸经济，2008（10）：75—81.

［26］李林木，汤群群．1994 年税制改革以来我国直接税的收入分配效应［J］．税务研究，2010（03）：32—37.

［27］李齐云，迟诚．城乡收入差距的总体分解及地区差异——基于收入来源的视角［J］．经济体制改革，2015（06）：47—54.

［28］李清彬．中国居民实际消费水平差距问题初探［J］．宏观经济研究，2023（04）：53—68 + 127.

［29］李实，罗楚亮．中国城乡居民收入差距的重新估计［J］．北京大学学报（哲学社会科学版），2007（02）：111—120.

［30］李旭红．三次分配视角下促进共同富裕的税收政策选择［J］．税务研究，2021（11）：14—17.

［31］李亚玲，汪戎．人力资本分布结构与区域经济差距——一项基于中国各地区人力资本基尼系数的实证研究［J］．管理世界，2006（12）：42—49.

［32］李贞，莫松奇，郭钰瑛．我国慈善捐赠税收政策体系的完善研究［J］．税务研究，2021（02）：127—132.

［33］梁季．税收促进第三次分配与共同富裕的路径选择［J］．人民论坛，2021（28）：34—39.

［34］刘成龙，王周飞．基于收入分配效应视角的税制结构优化研究［J］．税务研究，2014（06）：15—22.

［35］刘鹏岩，杨晓妹．直接税促进共同富裕的内在逻辑与优化路径［J］．税务研究，2022（10）：12—17.

［36］刘蓉，熊阳．消费税对收入再分配的公平与福利效应——基于 2017 年中国家庭金融调查数据的分析［J］．税务研究，2020（06）：45—50.

［37］刘尚希，樊轶侠．税收与消费：从理论反思到政策优化［J］．税务研究，2013（05）：3—9.

［38］鲁钊阳，黄津．城乡金融发展非均衡化与城乡居民消费差距——基于省级动态面板数据模型的研究［J］．当代经济研究，2012（07）：40—44.

［39］陆铭，陈钊．城市化、城市倾向的经济政策与城乡收入差距［J］．经济研究，2004（06）：50—58.

［40］陆远权，张德钢．民生财政、税制结构与城乡居民消费差距［J］．经济问题探索，2015（07）：30—37.

［41］罗楚亮．城乡居民收入差距的动态演变：1988～2002年［J］．财经研究，2006（09）：103—112.

［42］罗楚亮，李实，岳希明．中国居民收入差距变动分析（2013—2018）［J］．中国社会科学，2021（01）：33—54＋204—205.

［43］罗楚亮，颜迪．消费结构与城镇居民消费不平等：2002—2018年［J］．消费经济，2020，36（06）：3—16.

［44］罗美娟，何姣．税收努力、财政支出与城乡消费差距［J］．云南财经大学学报，2021，37（11）：1—12.

［45］吕冰洋，郭雨萌．税收原则发挥与共同富裕——基于国民收入循环框架分析［J］．税务研究，2022（04）：12—18.

［46］吕冰洋，刘潘，赵厉，张经纬．中国居民资本要素收入有多少？［J］．统计研究，2020，37（04）：3—17.

［47］吕冰洋，禹奎．我国税收负担的走势与国民收入分配格局的变动［J］．财贸经济，2009（03）：72—77.

［48］吕炜，杨林林，齐鹰飞．税制结构调整的财富分布效应与福利影响——以通过财产税提高直接税比重为例［J］．财贸经济，2022，43（07）：5—20.

［49］马骁，王斐然，陈建东，孙克雅．直接税和间接税对城乡居民消费差距的影响分析［J］．税务研究，2017（08）：21—27.

［50］倪红福，龚六堂，王茜萌．“营改增”的价格效应和收入分配效应［J］．中国工业经济，2016（12）：23—39.

［51］聂海峰，刘怡．城镇居民的间接税负担：基于投入产出表的估算［J］．经济研究，2010，45（07）：31—42.

［52］彭定赟，陈玮仪．基于消费差距泰尔指数的收入分配研究［J］．中南财经政法大学学报，2014（02）：30—37.

［53］曲兆鹏，赵忠．老龄化对我国农村消费和收入不平等的影响［J］．经济研究，2008，43（12）：85—99＋149.

［54］荣晨，盛朝迅，易宇，靳晨鑫．国内大循环的突出堵点和应对举措研究［J］．宏观经济研究，2021（01）：5—18＋78.

［55］阮敬，王继田．收入分布尾部参数表示与不平等估计——共同富裕进程中合理调节过高收入的依据［J］．统计研究，2023，40（04）：46—59.

［56］宋泽，刘子兰，邹红．空间价格差异与消费不平等［J］．经济学（季刊），2020，19（02）：591—616.

［57］苏京春．上中等收入阶段我国第三次分配的全方位考量［J］．地方财政研究，2017（03）：37—44＋68.

［58］孙豪，胡志军，陈建东．中国消费基尼系数估算及社会福利分析［J］．数量经济技术经济研究，2017，34（12）：41—57.

［59］孙豪，毛中根．中国居民消费不平等的多维分解及成因分析［J］．山西财经大学学报，2017，39（11）：1—14.

［60］谭涛，张燕媛，唐若迪，侯雅莉．中国农村居民家庭消费结构分析：基于 QUAIDS 模型的两阶段一致估计［J］．中国农村经济，2014（09）：17—31＋56.

［61］田志伟，汪豫．中国税制的居民收入分配效应研究［J］．国际税收，2020（07）：12—17.

［62］童锦治，李星，王佳杰．关于增值税“扩围”的税率选择与居民消费变动的研究［C］//南昌工程学院经济贸易学院．2012 管理创新、智能科技与经济发展研讨会论文集．2012 管理创新，2012：58—63.

［63］童锦治，李星，王佳杰．关于增值税“扩围”的税率选择与居民消费变动的研究［A］．中国管理创新、智能科技与经济发展研讨会论文集［C］，2012.

［64］万广华．城镇化与不均等：分析方法和中国案例［J］．经济

研究，2013，48（05）：73—86.

［65］万莹．我国企业所得税收入分配效应的实证分析［J］．中央财经大学学报，2013（06）：18—22.

［66］万莹，陈恒．2019年我国增值税减税改革的政策效应——基于CGE模型的分析［J］．当代财经，2020（04）：27—37.

［67］万莹，徐崇波．我国消费税收入分配效应再研究［J］．税务研究，2020（01）：50—56.

［68］王健，赵凯．城市化和老龄化对城乡居民消费差距影响研究——理论模型与实证分析［J］．云南财经大学学报，2020，36（08）：38—54.

［69］王梦珂，唐爽．稳定税负约束下税率调整对居民消费的影响［J］．统计与决策，2021，37（23）：126—131.

［70］王少平，欧阳志刚．我国城乡收入差距的度量及其对经济增长的效应［J］．经济研究，2007，42（10）：44—55.

［71］解垩．城乡居民健康消费差异与分解［J］．农业技术经济，2008（05）：57—66.

［72］徐建炜，马光荣，李实．个人所得税改善中国收入分配了吗——基于对1997—2011年微观数据的动态评估［J］．中国社会科学，2013（06）：53—71+205.

［73］徐敏，姜勇．中国产业结构升级能缩小城乡消费差距吗?［J］．数量经济技术经济研究，2015，32（03）：3—21.

［74］徐明．城镇化中的增长与城乡消费差距——来自省际对口支援影响新疆发展的证据［J］．产业经济评论，2022（05）：174—188.

［75］徐润，陈斌开．个人所得税改革可以刺激居民消费吗?——来自2011年所得税改革的证据［J］．金融研究，2015（11）：80—97.

［76］许宪春．准确理解中国的收入、消费和投资［J］．中国社会科学，2013（02）：4—24+204.

［77］杨虹．论货物与劳务税对居民收入分配的调节——以北京市城镇居民为例［J］．财政研究，2011（07）：64—68.

［78］杨继东．中国消费不平等演变趋势及其原因［J］．财贸经

济，2013（04）：111—120.

［79］杨娟，赖德胜，邱牧远．如何通过教育缓解收入不平等？［J］．经济研究，2015，50（09）：86—99.

［80］杨俊，黄潇，李晓羽．教育不平等与收入分配差距：中国的实证分析［J］．管理世界，2008（01）：38—47＋187.

［81］杨沫，王岩．中国居民代际收入流动性的变化趋势及影响机制研究［J］．管理世界，2020，36（03）：60—76.

［82］杨中卫，胡浩，范金．基尼系数视阈下中国居民消费差异研究［J］．经济问题探索，2016（01）：27—32.

［83］阳义南，章上峰．收入不公平感、社会保险与中国国民幸福［J］．金融研究，2016（08）：34—50.

［84］尹清非．西方主要发达国家居民消费结构探析［J］．消费经济，2006（04）：89—93.

［85］于海峰，葛立宇．加大税收调节力度促进全体人民共同富裕［J］．税务研究，2023（01）：12—14.

［86］于井远，王金秀．基础公共服务支出对城乡消费差距的影响研究［J］．统计与决策，2020，36（11）：114—118.

［87］余乐，贾康．我国城乡居民收入差距与消费差距的考察［J］．河北经贸大学学报，2022，43（05）：25—35.

［88］岳希明，徐静．我国个人所得税的居民收入分配效应［J］．经济学动态，2012（06）：16—25.

［89］岳希明，张斌，徐静．中国税制的收入分配效应测度［J］．中国社会科学，2014（06）：96—117＋208.

［90］张车伟，赵文，李冰冰．国民收入在部门间的分配及减税降费的影响——基于七部门资金流量表的测算与分析［J］．中国人口科学，2020（06）：16—28＋126.

［91］张萌旭，陈建东，蒲明．城镇居民收入分布函数的研究［J］．数量经济技术经济研究，2013，30（04）：57—71.

［92］张平，侯一麟．房地产税的纳税能力、税负分布及再分配效应［J］．经济研究，2016，51（12）：118—132.

[93] 张颖熙．中国城镇居民服务消费需求弹性研究——基于 QUAIDS 模型的分析 [J]．财贸经济，2014 (05)：127—135.

[94] 赵昕东，汪勇．食品价格上涨对不同收入等级城镇居民消费行为与福利的影响——基于 QUAIDS 模型的研究 [J]．中国软科学，2013 (08)：154—162.

[95] 周广肃，李沙浪．消费不平等会引发社会信任危机吗？[J]．浙江社会科学，2016 (07)：11—21 +53 +155.

[96] 周广肃，张玄逸，贾珅，张川川．新型农村社会养老保险对消费不平等的影响 [J]．经济学（季刊），2020，19 (04)：1467—1490.

[97] 周小林，胡斌．货物劳务税税负对城镇居民收入分配的影响 [J]．税务研究，2011 (09)：3—7.

[98] 朱琛．城乡居民收入与消费差距的动态相关性——基于 1992—2009 年经验数据的考察 [J]．财经科学，2012 (08)：39—48.

[99] 邹红，李奥蕾，喻开志．消费不平等的度量、出生组分解和形成机制——兼与收入不平等比较 [J]．经济学（季刊），2013，12 (04)：1231—1254.

[100] Ahmed, E., Jalil, A., Idress, M. Almost Ideal Demand System and Uniform Taxation in Pakistan: Econometric Evidence for Consumer Goods in Pakistan, 1984—2008 [J]. *Applied Econometrics and International Development*. 2013, 13 (2): 207—216.

[101] Apeli, M. Consumer demand for alcoholic beverages in Switzerland: a two - stage quadratic almost ideal demand system for low, moderate, and heavy drinking households [J]. *Agricultural and Food Economics*, 2014, 2 (1): 1—27.

[102] Asad, M. A., Ahmad, M. Growth and Consumption Inequality in Pakistan [J]. *Pakistan Economic and Social Review*, 2011, 49 (1): 69—89.

[103] Attanasio, O., Pistaferri, L. Consumption Inequality over the Last Half Century: Some Evidence Using the New PSID Consumption Measure

[J]. *The American Economic Review*, 2014, 104 (5), 122—126.

[104] Banks, J., Blundell, R., Lewbel, A. Quadratic Engel Curves and Consumer Demand [J]. *Review of Economics and Statistics*, 1997, 79 (4), 527—539.

[105] Barrett, G., Crossley, T., Worswick, C. Demographic Trends and Consumption Inequality in Australia between 1975 and 1993 [J]. *Rewiew of Income and Wealth*, 2000, 46 (4): 437—456.

[106] Batchelder, L. L. What Should Society Expect from Heirs? A Proposal for a Comprehensive Inheritance Tax [J]. *Tax Law Review*, 2009, 63 (1), 1—111.

[107] Blundell, R., Etheridge, B. Consumption, Income and Earnings Inequality in Britain [J]. *Review of Economic Dynamics*, 2010, 13 (1): 76—102.

[108] Blundell, R., Pistaferri, L., Preston, P. Consumption Inequality and Partial Insurance [J]. *The American Economic Review*, 2008, 98 (5): 1887—1921.

[109] Blundell, R., Robin, J. Estimation in Large and Disaggregated Demand System: An Estimator for Conditionally Linear Systems [J]. *Journal of Applied Econometrics*, 1999, 14 (3): 209—232.

[110] Brzozowski, M., Gervais, M., Klein, P., Suzuki, M. Consumption, Income, and Wealth Inequality in Canada [J]. *Review of Economic Dynamics*, 2010, 13 (1): 52—75.

[111] Cai, H., Chen, Y., Zhou, L. Income and Consumption Inequality in Urban China: 1992—2003 [J]. *Economic Development and Cultural Change*, 2010, 58 (3): 385—413.

[112] Champernowne, D., Cowell, F. *Economic Inequality and Income Distribution* [M]. Cambridge: Cambridge University Press, 1998.

[113] Chen J. D., Cheng S. L., Song M. L., Wu Y. Y. A Carbon Emissions Reduction Index: Integrating the Volume and Allocation of Regional Emissions [J]. *Applied Energy*, 2016, 184 (1): 1154—1164.

[114] Cornia, G. C. , Slade, B. A. Horizontal Inequity in the Property Taxation of Apartment, Industrial, Office, and Retail Properties [J]. *National Tax Journal*, 2006, 59 (1): 33—55.

[115] Cowell, F. *Measuring Inequality* [M]. Oxford: Oxford University Press, 2011.

[116] Cutler, D. , Katz, L. F. Rising inequality? Changes in the Distribution of Income and Consumption in the 1980s [J]. *The American Economic Review*, 1992, 82 (2), 546—551.

[117] Deaton, A. , Muellbauer, J. An almost ideal demand system [J]. *The American Economic Review*, 1980, 70 (3): 312—326.

[118] Deaton, A. , Paxson, C. Intertemporal Choice and Inequality [J]. *The Journal of Political Economy*, 1994, 102 (3): 437—467.

[119] Dharmasena, S. , Capps, O. Intended and Unintended Consequences of a Proposed National Tax on Sugar – Sweetened Beverages to Combat the U. S. Obesity Problem [J]. *Health Economics*, 2012, 21 (6): 669—694.

[120] Dorfman, R. A Formula for the Gini Coefficient [J]. *Review of Economics and Statistics*, 1979, 61 (1), 146—149.

[121] Duesenberry, J. S. *Income, Saving, and the Theory of Consumer Behavior* [M]. Cambridge: Harvard University Press, 1949.

[122] Dybczak, K. , Toth, P. , Vonka, D. Effects of Price Shocks to Consumer Demand Estimating the QUAIDS Demand on Czech Household Budget Survey Data. *Working Paper from Czech National Bank*, Research Department, 2010.

[123] Fischel, W. A. Property Taxation and the Tiebout Model: Evidence for the Benefit View from Zoning and Voting [J]. *Journal of Economic Literature*, 1992, 30 (30): 171—177.

[124] Fotros, M. H. , Maaboudi, R. Impact of Income Inequality on Consumption Expenditures Inequality: A Case Study of Iranian Households, 1966—2008.

[125] Friedam, M. *Theory of the Consumption Function* [M]. Princeton: Princeton University Press, 1957.

[126] Garner, T. I. Consumer Expenditures and Inequality: An Analysis Based on Decomposition of the Gini Coefficient [J]. *The Review of Economics and Statistics*, 1993, 75 (1): 134—138.

[127] Gini, C. Variabilità e mutabilità [J]. Reprinted in *Memorie di metodologica statistica* (*Ed. Pizetti E, Salvemini, T*), Rome: Libreria Eredi Virgilio Veschi, 1912, 1.

[128] Gorodnichenko, Y., Peter, S. K., Stolyarov, D. Inequality and Volatility Moderation in Russia: Evidence from Micro - level Panel Data on Consumption and Income [J]. *Review of Economic Dynamics*, 2010, 13 (1): 209—237.

[129] Harberger, A. The Incidence of the Corporation Income Tax [J]. *Journal of Political Economy*, 1962, 70 (3): 215—240.

[130] Hausman, J., Newey, W., Powell. Nonlinear Errors in Variables: Estimation of Some Engel Curves [J]. *Journal of Economitrics*, 1995, 65 (1): 205—233.

[131] Heathcote, J., Storesletten, K., Violante, G. L. Consumption and labor supply with partial insurance: An analytical framework [J]. *The American Economic Review*, 2014, 104 (7): 2075—2126.

[132] Idrees, M., Ahmad, E. Measurement and Decomposition of Consumption Inequality in Pakistan [J]. *The Lahore Journal of Economics*, 2010, 15 (2): 97—112.

[133] Jansky, P. Consumer Demand System Estimation and Value Added Tax Reforms in the Czech Republic [J]. *Finance a Uver: Czech Journal of Economics and Finance*, 2014, 64 (3): 246—273.

[134] Kaplanoglou, G., Rapanos, V. T. Evolutions in Consumption Inequality and Poverty in Greece: The Impact of the Crisis and Austerity Policies [J]. *Review of Income and Wealth*, 2018, 64 (1): 105—126.

[135] Keane, M. P., Prasad, E. S. Inequality, Transfers, and

Growth: New Evidence from the Economic Transition in Poland [J]. *The Review of Economics and Statistics*, 2002, 84 (2): 324—341.

[136] Keynes, J. M. *The General Theory of Employment, Interest and Money* [M]. New York: Harcourt, Brace and World, 1936.

[137] Khan, A., Riskin, C. *Inequality and Poverty in China in the Age of Globalisation* [M]. Oxford: Oxford University Press, 2001.

[138] Krueger, D. and Perri, F. Does Income Inequality Lead to Consumption Inequality? Evidence and Theory [J]. *Review of Economic Studies*, 2006, 73 (1): 163—193.

[139] Kuznets, S. Economic Growth and Income Inequality [J]. *The American Economic Review*, 1995, 45 (1): 1—28.

[140] Lambert, P., Decoster, A. The Gini Coefficient Reveals more [J]. *International Journal of Statistics*, 2005, LXIII, 373—400.

[141] Lewbel, A. The Rank of Demand System: Theory and Nonparametric Estimation [J]. *Econometrica*, 1991, 59 (3): 711—730.

[142] Li, L., Song, Z., Ma, C. Engel Curves and Price Elasticity in Urban Chinese Households [J]. *Economic Modelling*, 2015 (44): 236—242.

[143] Lin, B, Smith, T., Lee, J., Hall, K. Measuring Weight Outcomes for Obesity Intervention Strategies: The Case of a Sugar - Sweetened Beverage Tax [J]. *Economics and Human Biology*, 2011, 9 (4): 329—341.

[144] Lise, J., Sudo, N., Suzuki, M., Yamada, K., Yamada, Y. Wage, income and consumption inequality in Japan, 1981—2008: From boom to lost decades [J]. *Review of Economic Dynamics*, 2014, 17 (4): 582—612.

[145] Lorenz, M. O. Methods of measuring the concentration of wealth [J]. *Journal of the American Statistical Association*, 1905, 19 (1): 209—219.

[146] Ma, X. Wang, F., Chen, J., Zhang, Y. The Income Gap Be-

tween Urban and Rural Residents in China: Since 1978 [J]. *Computational Economics*, 2017.

[147] Meyer, B. D., Sullivan, J. X. Consumption and Income Inequality and the Great Recession [J]. *The American Economic Review*, 2013, 103 (3): 178—183.

[148] Modigliani, F. *Fluctuation in the Saving Income Ratio: A Problem in Economic Forecasting*, Studies in Income and Wealth, National Bureau in Theory of Consumer of Economic Research, 1949.

[149] Musgrave, R. A., Thin, T. Income Tax Progression, 1929—48 [J]. *The Journal of Political Economy*, 1949, 56 (6): 498—514.

[150] Ohtake, F., Saito, M. Population aging and consumption inequality in Japan [J]. *Review of Income and Wealth*, 1998, 44 (3): 361—81.

[151] Poi, B. P. Easy Demand—System Estimation with QUAIDS [J]. *The Stata Journal*, 2012, 12 (3): 433—466.

[152] Qu, Z., Zhao, Z. Urban Rural Consumption lnequality in China from 1988 to 2002: Evidence from Quantile Regression Decompoition [R]. IZA Discussion Paper No. 3659.

[153] Raimondo, H. J. Federal Tax Policy and Charitable Giving (Book Review), *Southern Economic Journal*, 1986: 294.

[154] Randolph, W. C. Dynamic income, progressive taxes, and the timing of charitable contributions [J]. *Journal of Political Economy*, 1995, 103 (4): 709—738.

[155] Reece, W. S. Charitable contributions: New evidence on household behavior [J]. *The American Economic Review*, 1979, 69 (1): 142—151.

[156] Sen, A. *On Economic Inequality* [M]. Oxford: Clarendon Press, 1997.

[157] Shorrocks, A. F., Wan, G. Spatial Decomposirion of Inequality [J]. *Journal of Economic Geography*, 2005, 5 (1): 59—82.

[158] Silber, J. On Inequality in Consumption Expenditures: The Case of Switzerland [J]. *Swiss Journal of Economics and Statistics*, 1998, 134 (4): 545—564.

[159] Singh, A. , Kumar, L. , Singh, A. Trends in Inequality in Food Consumption and Calorie intake in India: Evidence from the Last Three Decades, 1983—2012 [J]. *Social Indications Research*, 2016, 128 (3): 1319—1346.

[160] Sloman, J. *Economics* [M]. London: Prentice Hall, 2000.

[161] Sundrum, M. *Income Distribution in LessDevelopment Countries* [M]. London: Routledge, 1990.

[162] Teng, F. , He, J. , Pan, X. and Zhang, C. How to Measure Carbon Equity: Carbon Gini Index Based on Historical Cumulative Emission Per Capita [J]. *Advances in Climate Change Research*, 2010, 6 (6): 449—454.

[163] Theil H. *Economics and Theory* [M]. Amsterdam: North Holland Publishing, 1967.

[164] Wagstaff, A. , Van Doorslaer, E. , Van Der Burg, H. , et al. Redistributive effect, progressivity and differential tax treatment: Personal income taxes in twelve OECD countries [J]. *Journal of Public Economics*, 1999, 72 (1): 73—98.

[165] Wan, G. , Lu, M. , Chen, Z. Globalization and regional income inequality: empirical evidence from within China [J]. *Review of Income and Wealth*, 2007, 53 (1): 35—59.

[166] Wu, D. , Rao, P. Urbanization and Income Inequality in China: An Empirical Investigation at Provincial Level [J]. *Social Indicators Research*, 2016: 1—26.

[167] Wu, X. , Perloff, J. China's Income Distribution, 1985—2001 [J]. Department of Agricultural & Resource Economics, UC Berkeley, Working Paper Series, 2005.

[168] Zhang, J. W. , Xiang, J. How Aging and Intergeneration Dis-

parity Influence Consumption Inequality in China [J]. *China & World Economy*, 2014, 22 (3): 79—100.

[169] Zhen, C., Finkelstein, E., Nonnemaker, J., Karns, S., Todd, J. Predicting the Effects of Sugar - Sweetened Beverage Taxes on Food and Beverage Demand in a Large Demand System [J]. *American Journal of Agricultural Economics.*, 2014, 96 (1): 1—25.

[170] Zhen, C., Wohlgenant, M., Karns, S., Kaufman, P. Habit Formation and Demand for Sugar - Sweetened Beverages [J]. *American Journal of Agricultural Economics*, 2011, 93 (1): 175—193.

[171] Zhu, C., Wan, G. Rising Inequality in China and the Move to a Balanced Economy [J]. *China &World Economy*, 2012, 20 (1): 83—104.

[172] Zolt, E. M., Bird, R. M. Redistribution Via Taxation: The Limited Role of the Personal Income Tax in Developing Countries [J]. *Social Science Electronic Publishing*, 2005, 52 (6): 625—683.